T0194350

Sammlung Metzler
Band 157

Hugo Aust

Literatur des Realismus

3., überarbeitete und aktualisierte Auflage

Verlag J.B. Metzler Stuttgart · Weimar

Die Deutsche Bibliothek – CIP-Einheitsaufnahme

Aust, Hugo:
Literatur des Realismus / Hugo Aust.
– 3., überarb. und aktualisierte Aufl.
– Stuttgart : Metzler, 2000
   (Sammlung Metzler ; M 157 : Abt. D, Literaturgeschichte)
   ISBN 978-3-476-13157-7

SM 157

ISBN 978-3-476-13157-7
ISBN 978-3-476-01499-3 (eBook)
DOI 10.1007/978-3-476-01499-3
ISSN 0558 3667

© 2000 Springer-Verlag GmbH Deutschland
Ursprünglich erschienen bei J.B. Metzlersche Verlagsbuchhandlung
und Carl Ernst Poeschel Verlag GmbH in Stuttgart 2000

Inhalt

Sie werden uns doch nicht verwehren, unsre Freunde und Nachbarn wieder
zu kennen, und wenn es uns beliebt das Räthsel zu entziffern?
(Goethe: Unterhaltungen, Sophien-A., S. 126)

Es ist doch etwas Großes um die Naturwissenschaften! Sie sind es eigentlich, die uns am gründlichsten auf den Realismus hinweisen.
(Pocci: Hansel und Gretel, Bd.1, S. 273)

Eben, während ich diese Zeilen schrieb, war eine Dame von sechsundvier-
zig bei mir, die mir sagte, »sie sei *Lene*; ich hätte ihre Geschichte geschrie-
ben«. Es war eine furchtbare Szene mit Massenheulerei. Ob sie verrückt
oder unglücklich oder eine Schwindlerin war, ist mit nicht klar geworden.
(Fontane, in einem Brief vom 20.09.1887)

Ich habe das Gefühl, als wenn ich in einem typischen, von Kausalität und
Moralität strotzenden realistischen Text hineingezogen werde.
(Lodge: Saubere Arbeit, S. 295)

Vorwort

Nach fast fünfundzwanzig Jahren dasselbe Bändchen in die Hand zu
nehmen, um es 'erneut' aus der Hand zu geben, kommt einem
Gang durch versunkene Gärten gleich. Was ist geblieben? Das Interesse am Realismus trotz alledem, die Lust am Spiel mit seinen be-
harrlichen Definitionszwickmühlen, die Verblüffung über sein Ver-
wandlungsgeschick, der Ärger am Labyrinth, das eigentlich den
Ausweg versprach. Geblieben sind insbesondere die merkwürdigen
Verschränkungen zwischen Wirklichkeit und Illusion, die mit neuer
Vitalität ihr altes Ringelreihen fortsetzen. Was kam neu hinzu? Die
Zersplitterung der Wirklichkeit und die Wirklichkeit des Fraktalen,
die Scherben der Widerspiegelung und die Widerspiegelung der
Scherben, die Krise der Systeme und das System der Krisen. Hinzu
gekommen sind insbesondere die emsigen Akte der semiotischen
Kartographierung aller Dinge, die 'Vorschreibbarkeit' dessen, was
für gewöhnlich als vorsprachliche Wirklichkeit für jede Abschrift gewiß ist, die Verspiegelung der Originale in der selbstbezüglichen
Kette der Texte, die wachsende Wirklichkeit der Fantasy-Produkte
wider bessern Wissens. Die Entlarvung der Wirklichkeit als Illusion
befördert die Inthronisation der Illusion als Wirklichkeit. Das alles
hat sich früh in der Realismusdiskussion angebahnt und scheint sich
unaufhörlich zu bestätigen oder gar zu verschärfen, aber manchmal
auch sich selbst zu widerlegen.

Zu den vielen Anregungen durch Lektüre und Gespräch gehören nicht zuletzt zwei Tagungen, die auf ihre Art die 'Flamme der Leidenschaft' für alles Realistische geschürt haben: das *Trilaterale Realismus-Kolloquium*, das Prof. Dr. Hans-Jürgen Schrader 1993 in Wolfsberg (Schweiz) ins Leben rief, und das internationale Symposium *Europäischer Realismus – Le réalisme européen*, das Prof. Dr. Uwe Dethloff 1999 mit famoser Gastlichkeit an der Universität des Saarlandes verwirklichte. Ein besonderer Dank gilt Frau Ute Hechtfischer (Lektorat des Metzler-Verlages), die mit viel Geduld und fürsorglichem Geschick den Zeitsprung von der Früh- zur Folgefassung zu bewältigen half.

Abkürzungen

AUMLA	Journal of the Australasien Universities Modern Language Association
DU	Der Deutschunterricht. Stuttgart
DVjs	Deutsche Vierteljahrsschrift für Literaturwissenschaft und Geistesgeschichte
GLL	German Life & Letters
GR	The Germanic Review
GRM	Germanisch-Romanische Monatsschrift
IASL	Internationales Archiv für Sozialgeschichte der deutschen Literatur
JDSG	Jahrbuch der deutschen Schillergesellschaft
JEGP	Journal of English and Germanic Philology
JIG	Jahrbuch für Internationale Germanistik
LiLi	Zeitschrift für Literaturwissenschaft und Linguistik
MLF	Modern Language Forum
MLQ	Modern Language Quarterly
MLR	Modern Language Review
OL	Orbis litterarum
PMLA	Publications of the Modern Language Association
RL	Reallexikon der deutschen Literaturgeschichte
WB	Weimarer Beiträge
WW	Wirkendes Wort
ZfdPh	Zeitschrift für deutsche Philologie

Grundlegende Literatur

Begriffsbestimmung des literarischen Realismus. Hrsg. von Richard Brinkmann. Darmstadt 1969, [3]1987 = Wege der Forschung 212.

Bernd, Clifford Albrecht: *Poetic Realism in Scandinavia and Central Europe 1820-1895.* Columbia 1995.

Brinkmann, Richard: *Wirklichkeit und Illusion. Studien über Gehalt und Grenzen des Begriffs Realismus für die erzählende Dichtung des neunzehnten Jahrhunderts.* Tübingen 1957, [3]1977.

Böttcher, Kurt u.a.: *Geschichte der deutschen Literatur. Von den Anfängen bis zur Gegenwart.* Bd. 8: *Von 1830 bis zum Ausgang des 19. Jahrhunderts.* Berlin (Ost) 1975.

Bürgerlicher Realismus. Grundlagen und Interpretationen. Hrsg. von Klaus-Detlef Müller. Königstein/Ts. 1981.

Bürgerlicher Realismus und Gründerzeit 1848-1890. Hrsg. von Edward McInnes und Gerhard Plumpe. München 1996.

Cowen, Roy C.: *Der Poetische Realismus. Kommentar zu einer Epoche.* München 1985.

Europäischer Realismus. Hrsg. von Reinhard Lauer. Wiesbaden 1980.

Geppert, Hans Vilmar: *Der realistische Weg. Formen pragmatischen Erzählens bei Balzac, Dickens, Hardy, Keller, Raabe und anderen Autoren des 19. Jahrhunderts.* Tübingen 1994.

Holub, Robert C.: *Reflections of Realism. Paradox, Norm, and Ideology in Nineteenth-Century German Prose.* Detroit 1991.

Kohl, Stephan: *Realismus. Theorie und Geschichte.* München 1977.

Korte, Hermann: *Ordnung & Tabu. Studien zum poetischen Realismus.* Bonn 1989.

Martini, Fritz: *Deutsche Literatur im bürgerlichen Realismus 1848—1898.* Stuttgart 1962, [4]1981.

Vom Nachmärz zur Gründerzeit: Realismus. 1848-1880. Hrsg. von Horst Albert Glaser. Reinbek 1982 = Deutsche Literatur, Bd. 7.

Preisendanz, Wolfgang: *Humor als dichterische Einbildungskraft. Studien zur Erzählkunst des poetischen Realismus.* München 1963, [2]1976.

Realismus und Gründerzeit. Manifeste und Dokumente zur deutschen Literatur 1848—1880. Hrsg. v. Max Bucher, Werner Hahl, Georg Jäger, Reinhard Wittmann, 2 Bde., Stuttgart 1975/76.

Sengle, Friedrich: *Biedermeierzeit. Deutsche Literatur im Spannungsfeld zwischen Restauration und Revolution 1815—1848.* 3 Bde., Stuttgart 1971/72/80

Swales, Martin: *Epochenbuch Realismus. Romane und Erzählungen.* Berlin 1997.

Theorie des bürgerlichen Realismus. Eine Textsammlung. Hrsg. von Gerhard Plumpe. Stuttgart 1985.

1. Einleitung

Realistische Werke treten immer als Diener zweier ›Herrinnen‹ auf, der Kunst und der Wirklichkeit. Oft drohen sie sich unter der doppelten Verpflichtung zu zerreißen, und doch sagen sie selten ihren Dienst einer der beiden Seiten auf, selbst wenn sie sich überfordert fühlen; solange sie ihre realistische Livree weiterhin tragen, wollen sie beiden Parteien gleichermaßen gerecht werden. Die Doppelbelastung ist nun leider nicht das einzige Problem, mit dem es ein Realismus-Diener zu tun hat. Oft wechseln seine ›Schönen‹ ihre Namen und heißen dann Poesie und Prosa, Sprache und Erfahrung, Semantik und Referenz oder Verklärung und Daguerreotypie. Die Belastung nimmt zu, wenn es den Beiden einfällt, ihre Rollen zu tauschen, so daß nunmehr der Kunsttext die Wirklichkeit spielt, während die Wirklichkeit den fiktionalen Part übernimmt; unversehens bedient dann der Diener eine Wirklichkeit, die in Wirklichkeit die Kunst ist. Auch scheint die Lebenserwartung der ›Damen‹ und ihrer Diener nicht gleich zu sein; das Kurzlebige bzw. Wandelbare der Wirklichkeit beschert dem ausdauernd treuen Diener das Dilemma, daß er entweder nach altem Muster der Dienst-Kunst die neue Wirklichkeitsherrin nicht zufrieden stellt oder nach neuer Realitätsmode dem alten Dienerethos zuwiderhandelt. Manchmal neigen Kunst und Wirklichkeit sogar dazu, sich zu vereinen, ohne daß sich ihr Anspruch, beidseitig bedient zu werden, damit automatisch halbierte; sie heißen dann ›Konstruktion‹ oder ›Konvention‹ und wollen trotz ihrer ›positiven‹ Singularität doch von allen Seiten, den fiktionsbildenden wie den faktizitätserzeugenden, rundum bedient werden, so daß im Wirbel seiner Handreichungen der arme Diener manchmal nicht mehr weiß, wen er vor sich hat. Aus dieser Pein kann ihn wohl nur der kurze Schluß einer gründlichen ›Dekonstruktion‹ befreien. Ist damit die ›Komödie‹ zu Ende? Und was ›gibt‹ es dann? Aber vielleicht bewährt sich gerade in diesen Zwickmühlen Truffaldinos angeborenes Sprachentalent, seine vielberufene Heteroglossie, und der Karneval des Realismus beginnt erst recht.

Realistische Literatur bemüht sich um eine Vermittlung des Echten, Wahren und Schönen. Nicht alles Echte ist immer wahr bzw. schön, manches Wahre wirkt erfunden oder gar häßlich, und oft schert sich das Schöne weder um das Echte noch das Wahre. Aber im Realismus soll wirklich alles zusammenkommen: Hier geht es um eine lebensecht anmutende Wirklichkeit, an der verläßliche

Wahrheiten abzulesen sind; diese Wahrheiten sind so verfaßt, daß
möglichst viele darüber staunen müssen, wie Tatsächliches eigentlich
nur schön erfunden ist und Erfundenes haargenau den Tatsachen
entspricht. Finden und Erfinden, Zeigen und Verbergen, Aufklären
und Verklären sind die Systole und Diastole des Realismus.

Der Begriff des Realismus bezeichnet eine Eigenschaft von Darstellungen bestimmter Gegenstände (Dinge, Sachverhalte, Personen,
Ereignisse und Taten). Es gibt also Gegenstände, die sich nicht für
eine realistische Darstellung eignen (Feen, Gespenster), und nicht
jede Darstellung eines realen Gegenstandes muß realistisch ausfallen
(z.B. das Phänomen der sozialen Isolation in Becketts *Endspiel*).
Welcher Gegenstand für realistische Darstellungen tauglich ist,
hängt nicht nur von den Eigenschaften dieses Gegenstandes ab, sondern von der Welt, in die er gehört, und von all jenen, die in den
Genuß solcher Darstellungen gelangen. Das heißt, unter Umständen entscheiden vorherrschende Wirklichkeitsbilder bzw. ihre offizi-
ellen Verwalter, mithin eminent konventionelle Instanzen, über die
Echtheit von Bildern der Wirklichkeit. Realistisches Schreiben läuft
unter solchen Voraussetzungen sogar Gefahr, im Teufelskreis der
wechselseitig einvernehmlichen Bestätigung befangen zu bleiben;
und nur ein kühner, ›phantastischer‹ Sprung, also ein Mittel, das eigentlich nicht zum Repertoire der realistischen Darstellungsmethode
gehört, könnte dann das verwirklichen, wofür der Name ›Realismus‹
steht.

Aus all dem folgt, daß ›Realismus‹ nichts Festes und Isolierbares
meint, sondern etwas Veränderliches ist, das sich erst beziehungsstif-
tend konkretisiert. Dennoch hat er eine Art prototypische Bedeutung, die sich kulturgeschichtlich im Umkreis der Neuzeit, sozialhi-
storisch im bürgerlichen Zeitalter und temporal im 19. Jahrhundert
etabliert und dessen Repräsentanten Dickens, Balzac, Tolstoi und
Fontane heißen.

Die realistische Schreibweise bevorzugt die Darstellung erfahrbarer Gegenstände, aber natürlich bei weitem nicht aller, denn auch
sie kann selbstverständlich nicht absehen, was alles erfahrbar ist bzw.
sein wird; schon Traumerfahrungen liegen an ihrer Wahrnehmungs-
grenze, krankheitsbedingte Phantasien werden bereits ausgeschlossen, ebenso systematisch erzeugtes soziales Elend oder Triebleben,
das als natürlich erscheint (Wünsch 1991). Trotz solcher Einschrän-
kungen meint die Bedingung der Erfahrbarkeit keine bloße Be-
schränkung auf sinnlich Vermitteltes und normal Geltendes; zu den
erfahrbaren Gegenständen gehören auch Lebensformen im Bann
von Konventionen, Bewußtseinsinhalte (Swales 1997), Normen und
Zeichen, so daß für die realistische Darstellung gerade Reglementie-

rungen, Klassifizierungen, Benennungen«, Bewertungen und Erklärungen bedeutsam werden.

Als realistisch erweisen sich Darstellungen schon in ihrer bloßen Opposition zu idealistischen, idyllischen, manirierten und abstrakten; auch kreative oder avantgardistische Stile vertragen sich schlecht mit dem, was Realismus will. Sein ›Wesen‹ scheint in seiner abbildenden bzw. protokollierenden Tätigkeit zu liegen; tatsächlich aber übt er das Amt des Zweifels, der Probe, Suche und Zeichendeutung aus, mithin Methoden, die den Prozeß der Erfahrung selbst nachvollziehen, ihn vielleicht sogar simulieren. Auf die Perspektive kommt es an, auf ihre kritische Anwendung, welche die Zerreißprobe nicht scheut und den Schein der Objektivität als Extremwert in den poetischen Kalkül über die fortwährend revisionsbedürftige Darstellungsweise erfahrbarer Gegenstände aufnimmt (Geppert 1994).

Eine Liste der Eigenarten realistischer Darstellung ist ebenso lang und offen wie vage und problematisch; dennoch sei sie hier vorgelegt (angeregt durch Zeller 1980). Ob eine solche Aufzählung ihrerseits ein realistischer Schachzug innerhalb einer Einführung ist, wird – wie bei jeder Diskussion um Realismus – erst die zukünftige Diskussion erweisen.

- Referenzillusion (Ort, Zeit, Aussehen);
- Detailrealismus;
- Vertuschen der Künstlichkeit;
- Normenkonformität (Wahrscheinlichkeit);
- realistische Motivierung (kausal, psychologisch);
- ästhetische Motivation (Verfremdung durch Perspektive);
- metonymischer Zusammenhang zwischen Figur und Umwelt;
- symbolische Durchdringung (Rolle der Zeichen);
- kritische Distanz (Wirklichkeit als Fehlform);
- reflexives Bewußtsein (Perspektivismus);
- Arrangements nach beliebten Wahrnehmungsrastern (Allusion);
- Gesetz der Perspektive (das Nahe groß, das Ferne klein);
- Anfangstableau (Brown 1981, S. 231)

Wie sehr das Konzept des Realismus als ein Verfahren gedacht werden muß, das sich fortwährend entwickelt, verändert und verfeinert, mag allein schon an den historisch-technischen Wandlungen der Abbild-Methoden sichtbar werden: Holzschnittmanier – Hogarthscher Stift – Widerspiegelung – Daguerreotypie – Holographie – Kernspintomographie – Klonen. In der Sprache des Naturalismus gehören sie alle zu jenem ominösen »x«, dessen abnehmende Größe nach Arno Holz die wachsende Naturgleichheit der Kunst befördert. Bewußt wird dabei aber zugleich, daß eine solche asymptotische Annäherung nicht Sache des Realismus ist, weil er im Funktionsraum des Schreibens und Lesens eher mit Kodierungsschwierigkeiten als mit Abbildungsproblemen zu tun hat. Auch ›den Realismus‹ kann man – wie ›die Geschichte‹ – nicht anschauen, sondern nur lesen (Jacques Barzun, zit. nach Hayden White 1996, S. 67 f.).

Es stellt nicht nur eine Verlegenheitslösung dar, wenn Realismustheorien dazu tendieren, sich selbst durch Widersprüche zu charakterisieren. In diesem Sinn entwarf Hamon (1973) seine Liste der für den Realismus spezifischen Widersprüche zwischen Wirklichkeits- und Textprinzip:

1. Der passendste Begriff ist nicht immer der lesbarste.
2. Das Prinzip der prompten Information wird durch die wachsende Kette dessen, worüber informiert werden soll, nicht strikt eingelöst.
3. Das Fachwissen des Autors läßt sich nicht ohne weiteres als Wissen der Figur plausibel machen.
4. Die psychologische Fragmentierung bzw. Reduktion der Personenvielfalt arbeitet dem Vervielfältigen der Charaktere zum Zweck einer Sicherung des Wissens entgegen.
5. Einerseits herrscht Redundanz in der Darstellung vor, um die dargestellte Welt als erwartbar erscheinen zu lassen, andererseits aber behauptet sich das zufällige, isolierte Detail mit Wirklichkeitseffekt, das aber seinerseits eben nicht vorhersehbar ist.
6. Stil als Einheit vs. Text als Mosaik;
7. gemeinsames Wissen zwischen Autor und Publikum vs. Neuigkeit, die nur der Autor kennt;
8. Diskontinuität von Fluß und Denomination vs. Verlust globaler Kohärenz.

Es gehört zu den Grundvoraussetzungen des alltäglichen, gemeinschaftlichen Lebens, unterscheiden zu können, was ist und was nicht ist, mithin zu wissen, was wirklich ist (S.J. Schmidt 1987). Daraus scheint zu folgen, daß jedes Reden über Wirklichkeit vom Sein bzw. Nicht-Sein dessen abhängt, worüber gesprochen wird. Nun mehren sich allerdings die Anzeichen dafür, daß dem nicht so ist und daß es zwischen »realistischen« und »fiktionalen Diskursen« keinen ontologischen Unterschied gibt (White 1990, S. 8). Beide Diskurse dienen dazu, menschliches Verhalten zu koordinieren (Peckham 1970, S. 102 f.). Was sie unterscheidet, liegt weder in ihnen, also in der Art, wie sie etwas behaupten, noch in den Dingen außer ihnen, also in der Frage, ob es sie tatsächlich gibt; vielmehr entsteht der Unterschied zwischen beiden Diskursen aus den Erfahrungen dessen, der sich – wie Wittgenstein sagen würde – auf den

Weg macht, um nachzuschauen, wie es sich eigentlich verhält. Das
ist dann aber nicht mehr Sache des Wegweisers, als der jede sprachliche Formulierung über Wirklichkeit erscheint, sondern Erfahrungsinhalt des ›Wanderers‹, der eine Reihe von Zeichen so zu be-
nutzen pflegt; selbst wenn dieser Wanderer zum (sprachlichen/
literarischen) Wegweiser zurückkehrt und an ihm jene Veränderungen oder Bekräftigungen vornimmt, zu denen er sich auf Grund seiner Erfahrung berechtigt sieht, bleibt die ›Darstellung‹ ein Wegweiser, der ›von Natur aus‹ weder den Weg zu seinem Ziel abbildet,
noch durch irgendwelche Indizes zusätzlich versichern kann, daß er
nun wirklich ein wirklicher Wegweiser ist. Daraus kann ein absurdes
Theater entstehen; für gewöhnlich laufen aber solche Bedenken auf
den konstruktivistisch-pragmatischen Grundsatz hinaus: Nicht die
Werke selber legen ihren Realismus fest, sondern allgemeinere
Handlungsregeln, die nach Maßgabe der jeweils einvernehmlich ge-
fundenen Antwort auf die ›ontologische Frage‹ entscheiden, ob ein
bestimmtes Werk referentialisierbar ist oder nicht: »Medienhand-
lungsschemata konstruieren Modi des Realitätsbezugs, d.h. sie bestimmen den *Realitätsstatus* referentialisierbarer (sprachlicher wie
nicht-sprachlicher) Handlungen bzw. den Grad der *Zuverlässigkeit*
oder *Glaubwürdigkeit* (= Authentizität) von Aktanten bezogen auf
das jeweilige Medienhandlungsschema [...]« (S.J. Schmidt 1987, S.
178). Da allerdings konsensuelle Beschlüsse nicht immer allseits befriedigend ausfallen und über kurz oder lang revidiert werden müssen, läßt sich leicht vorstellen, welche Konflikte durch solche Verfü-
gungen über den »jeweils zulässigen Realitätsbezug« (Schmidt, S.
177) der Werke entstehen; gemäß einer Realismuskonzeption, die
aus konstruktivistischer Sicht wohl als naiv erscheint, zeichnet sich
gerade hier jener ›vorgefundene Gegenstand‹ ab, den die Realisten
des 19. Jahrhundert kritisch abbilden wollen.

2. Die Bestimmung des Begriffs ›Realismus‹

Die Wörter ›Realismus‹, ›Realist‹ und ›realistisch‹ gehören sowohl dem alltäglichen Sprachgebrauch als auch der wissenschaftlichen Fachsprache an. Das Hineinspielen des alltäglichen Wortverständnisses in den wissenschaftlichen Diskurs mindert an sich noch nicht den Grad der terminologischer Präzision; doch sollte immer deutlich bleiben, wo ›Realismus‹ usw. als einfache Wortbedeutung, fachspezifischer Begriff oder definierter Terminus gemeint ist.

In der Alltagssprache bezeichnet ›Realismus‹ eine Haltung, die durch besonderen Sinn für das Wirkliche, Sachliche, Maßvolle, Angemessene und Machbare charakterisiert ist; es handelt sich um eine positiv bewertete Haltung, d.h. der Wortgebrauch offenbart eine autoritäre Geste (White 1994, S. 67). Der literaturwissenschaftliche Begriffsgebrauch hat diese Wortbedeutung vielfach übernommen, was jedoch auch heftige Kritik auslöste (Brinkmann [3]1977); aber noch J.P. Stern (1973 und 1976) greift bei seiner Begriffsbestimmung auf die habituelle Kategorie zurück und glaubt, die Verbindung zwischen literaturwissenschaftlichem und alltäglichem Begriffsgebrauch sinnvoll auswerten zu können. Fraglich muß allerdings bleiben, ob sich die alltagssprachliche Wortbedeutung mit Hilfe etymologischer Reflexionen oder auf dem Weg der Analyse einzelner Wortbildungselemente für einen wissenschaftlichen Begriffsgebrauch präzisieren läßt. So verfängt sich z.B. Fehr (1965), der die Problematik des etymologischen Arguments durchaus sieht, trotzdem in die aussagenlose Verbindung von ›Realismus‹ und ›res‹. Auch die Besinnung auf das, was ›real‹ heißt, trägt nur bedingt zum Verständnis des Realismusproblems bei; den englischen Sprachgebrauch von ›real‹ analysiert insbesondere Austin (1962, S. 68–77; vgl. auch Williams 1976 und Helmstetter 1997, S. 249).

›Realismus‹ ist ein formaler Begriff; d.h. seine Bedeutung ist nicht lexikalisch festgeschrieben, sondern ergibt sich erst aus jenen Beziehungen, die er von Fall zu Fall mit benachbarten Konzepten eingeht. Der Begriff des Realismus ist sozusagen von Varianten und Leerstellen umgeben, deren unterschiedliche Füllung erst die konkrete Bedeutung ausmacht. Das Urteil bzw. die Prädikation ›x ist realistisch‹ kann wahrscheinlich zu allen Zeiten, theozentrischen wie geozentrischen, ausgesprochen werden; je nach wechselnden Voraussetzungen und kontextuellen Gegebenheiten konturiert sich seine

Bedeutung als ›Lösung‹ einer ›Gleichung‹; was die eine Zeit als realistisch erklärt, kann die andere als unrealistisch abweisen und umgekehrt. Anders gewendet: Wenn man davon ausgeht, daß ›Realismus‹ ein relationaler Begriff ist, so folgt daraus, daß man die Eigenschaft ›realistisch‹ grundsätzlich nur einer Beziehung, nicht aber einem einzelnen Element dieser Beziehung zusprechen kann; die Frage etwa, ob ein bestimmtes Werk realistisch sei, ist angesichts der relationalen Begriffsstruktur möglicherweise noch nicht sinnvoll gestellt.

Das hat Goodman (1973) deutlich ausgesprochen:

»Realismus ist relativ; was jeweils realistisch ist, ist das Repräsentationssystem, das für eine gegebene Kultur oder Person zu einer gegebenen Zeit die Norm ist. [...] Realismus ist nicht eine Sache irgendeiner konstanten oder absoluten Beziehung zwischen einem Bild und seinem Objekt, sondern eine Sache der Beziehung zwischen dem im Bild verwendeten Repräsentationssystem und dem System, das gerade die Norm ist. Meistens wird natürlich das traditionelle System als Norm genommen; und das ›buchstäbliche‹ oder realistische oder naturalistische System der Repräsentation ist einfach das gebräuchliche.« (S. 47, Anm. 49)

In diesem Sinn schreibt auch Braun (1980): »Realismus ist im Grund überhaupt kein ›Begriff‹, vielmehr ein Bewegungsvorgang, ein ständiger, sich selbst variierender Annäherungsprozeß.« (S. 67) Ähnliches versichern auch Lauer (1980, S. 26) und Brown (1981, S. 226). Hier setzt dann Geppert (1994) mit seinem Konzept des »realistischen Weges« an.

Der wissenschaftliche Begriffsgebrauch weist eine komplexe Begriffsgeschichte auf. Philosophie, Erkenntnistheorie, Sprachphilosophie, Geschichtswissenschaft und Ästhetik setzen den Realismusbegriff in unterschiedliche Stellen ihrer Denksysteme ein und bereichen wie belasten ihn so mit den je fachspezifischen Funktionszusammenhängen. Das heißt jedoch nicht, daß er undefinierbar geworden sei. Der immer wieder laut beklagte Mißstand, Realismus könne nicht mehr definiert werden (Auerbach 1946, Killy 1963, Kinder 1973), gilt nicht bedingungslos, sondern hängt von der gewählten Methode und dem Verständnis des Definierens ab (Leibfried ²1972; vgl. Gabriel 1972). Grundsätzlich sollte bewußt bleiben, daß eine Begriffsbildung nicht allein oder gar hauptsächlich von der Verifizierbarkeit dessen abhängt, worauf sich der Begriff bezieht, sondern daß jede »klassifizierende Aufspaltung von Objektmengen von den Orientierungsanlässen ausgeht und von ihnen aus weitergetrieben wird« (Klix 1976, S. 551). Und selbstverständlich gibt es auch in der Realismusforschung unterschiedliche Orientierungsanlässe.

Folgender Gedankenweg begegnet immer wieder: Man geht von
der vertrauten Wortbedeutung aus, die ›Realismus‹ im Sinn von
Wirklichkeitsnähe festlegt, sucht dann den Begriff im historischen
Zusammenhang der realistischen Programmatik, wie sie sich im
Lauf des 19. Jahrhunderts artikulierte, zu präzisieren und gewinnt
schließlich ein Konzept, das – losgelöst von seiner historischen Vermittlung – unter Umständen sogar das Gegenteil von dem bedeutet,
z.b. ›Verklärung‹ oder gar ›Idealismus‹, was die ursprüngliche Wortbedeutung in Aussicht stellte. Ein solcher Wandlungsprozeß spricht
keineswegs gegen die Brauchbarkeit des Realismusbegriffs, sondern
verdeutlicht eher, wie abhängig selbst solche Kategorien sind, die
naiv betrachtet unerschütterlich zu sein scheinen.

2.1 Realismus – ein universaler Begriff

Mehr als ›Klassik‹ und ähnlich wie ›Aufklärung‹ ist ›Realismus‹ ein
ebenso fundamentaler wie universaler Begriff. Das heben viele Autoren immer wieder hervor, z.b. Bertolt Brecht: »Realismus ist eine
Angelegenheit nicht nur der Literatur, sondern eine große politische, philosophische, praktische Angelegenheit und muß als solche
große, allgemein menschliche Angelegenheit behandelt und erklärt
werden.« (Brecht 1937/1971, S. 53) Wenn der Realismusbegriff wesentlich mit dem Mimesiskonzept zusammenhängt und ›Mimesis‹
nicht zu eng verstanden wird, dann öffnet sich hier wahrlich ein
weites Feld (Gebauer/Wulf 1992).

2.1.1 Philosophie, Erkenntnistheorie

Mehrere Begriffsverwendungen lassen sich unterscheiden: Im Uni-
versalienstreit der Scholastik bezeichnet ›Realismus‹ jene Position,
die den Allgemeinbegriffen (Universalien) autonome und primäre
Wirklichkeit, ja sogar dingliches Sein zuspricht. Davon zu unterscheiden ist der erkenntnistheoretische Realismus, der schon in der
antiken Philosophie nachweisbar ist; er gipfelt in der These, daß die
äußere Wirklichkeit selbständig und unabhängig vom Bewußtsein
des Erkenntnissubjekts existiert und der Wahrnehmung unmittelbar
zugänglich ist (Hasan 1928). Nach Zimmerli (1984) sollte ›Realismus‹
als epochales Weltkonzept angesehen werden, das »auf die säkulari-
sationsbedingte Frage der Neuzeit« (S. 24) antwortet, eine Frage, die

wesentlich mit der problematisch gewordenen Unterscheidungs-
fähigkeit zwischen Realität und Fiktion zu tun hat.

2.1.2 Sprachwissenschaft

Mit Bezug auf den scholastischen Begriffsrealismus faßt man unter
›Realismus‹ all jene Bedeutungstheorien zusammen, die Bedeutung
ontologisch zu verankern suchen und behaupten, daß die von den
Zeichen benannten Gegenstände unabhängig von den Zeichen exi-
stieren. Die sich so nennende ›realistische Semantik‹ (Kutschera)
geht aus von einer abbildenden Beziehung zwischen sprachlichem
Ausdruck und gemeintem Ding; Sachen, die in der Welt vorkommen, tragen demnach Namen, die ihnen durch Konvention zukom-
men. Die Funktion der Namen, auf Sachen zu verweisen, führt im
Bereich der Sprache allerdings zu weitreichenden Problemen, da
Wörter (Nomina) nicht Individual-, sondern Klassennamen sind
(vgl. Lewandowski [5]1990).

2.1.3 Geschichtswissenschaft

Den politischen Sinn des Realismusbegriffs entfaltete August Ludwig von Rochau in seinem 1853 veröffentlichten Werk *Grundsätze
der Realpolitik angewandt auf die staatlichen Zustände Deutschlands*
(Neudruck 1972). Nach enttäuschter Abwendung von einer an Ide-
en orientierten oder auf revolutionäre Veränderung sinnenden Politik vertrat dieser das Primat des erfolgreichen Handelns; alle Möglichkeiten zur politischen Machtausübung sah er in den Händen des
Mittelstandes, der über Besitz und Wissen gleichermaßen verfügte.
Als Grundsatz einer Politik der Stärke ist dieser Pragmatismus in
Verruf geraten; doch sollte darüber nicht vergessen werden, daß ›re-
alpolitisches Verhalten‹ als »Ellenbogenfreiheit« (B. Brecht 1938, S.
42) im Wettbewerb um die Wahrheit einen guten Klang hat. Nach
Hayden White (1973/94) spielt ›Realismus‹ im historischen Denken
noch eine fundamentalere Rolle: »Der ›Realismus‹ im historischen
Denken des 19. Jahrhunderts ist [...] durch die Suche nach einer
hinlänglichen Begründung für Optimismus und Fortschrittsglauben
gekennzeichnet, *in dem vollen Bewußtsein*, daß den Historikern und
Philosophen des 18. Jahrhunderts eine solche Begründung mißlun-
gen war.« (S. 68)

2.1.4 Ästhetik

Das Realismusproblem in seiner allgemeinsten ästhetischen Dimension thematisiert Art und Intensitätsgrad des Verhältnisses zwischen
Kunst und Wirklichkeit, Arbeit und Material. Zur Diskussion steht
eine ästhetisch-systematische Fragestellung, die sowohl die sprachlichen als auch nichtsprachlichen Künste betrifft (vgl. McDowall
1918). Sie nimmt eine kunsttheoretische Perspektive ein, die weder
durch Thematik und Darstellungsmethode des einzelnen Werkes
motiviert wird, noch von den Besonderheiten einer historischen Situation bzw. Entwicklung abhängt. Das Realismuskriterium in diesem Sinn beansprucht einen festen Platz in jedem ästhetischen System; zugleich erfüllt es in der wissenschaftlichen Beschreibung
künstlerischer Phänomene sein Amt als spezifisch historische Perspektive. Insbesondere zielt die Frage nach dem Realismus einer
künstlerischen Leistung auf den Grad ihres kritischen Verhältnisses
zur Wirklichkeit ab. Eine Antwort auf die Frage nach dem realistischen Wert einer künstlerischen Arbeit enthält sowohl eine Auskunft über das, was kritisiert wird, als auch über das, was dem Kriti-
sierten als Vorbild entgegengehalten werden kann (vgl. Fuller 1977,
Braun 1980).

Die produktionsästhetische Seite des Verhältnisses von Kunst
und Wirklichkeit wird seit Aristoteles mit dem Begriff der Mimesis
belegt. Eine ausgedehnte Forschungstätigkeit suchte zu klären, wie
dieser Begriff angemessen zu übersetzen sei (Nachahmung versus
Darstellung) und worauf er sich in seiner mimetischen Funktion beziehe (Natur, Praxis, kanonisierte Vorbilder); diese Entwicklung
kann hier nicht weiter verfolgt werden (Nolte 1942, Auerbach
1946, Koller 1954, Tomberg 1968, Tarot 1970, Wehrli 1974, Fuhrmann 1975, Prendergast 1986, Gebauer/Wulf 1992, Scholz 1998).
Gesichert scheint zu sein, daß der Realismus aller Zeiten eine »anti-
imitative Qualität« (Kohl 1977, S. 199) besitzt und somit gegen jedes, insbesondere akademisch etablierte Muster opponiert. Zusam-
menfassend weist Stephan Kohl auf zwei Arten des Realismus hin:
»Die Konstruktion einer ›Wahrheit der Wirklichkeit‹ verdient, solange sie tradierte Ideale an der Tatsächlichkeit mißt und korrigiert,
ebenso ›realistisch‹ genannt zu werden wie das ausschließlich ›my-
thenzerstörende‹ Bemühen, die Fassade der realen Dinge unverstellt
zu erkennen und zu beschreiben.« (S. 228; vgl. auch S. 192).

In ›rezeptionsästhetisch‹ orientierten Bestimmungen des Verhältnisses zwischen Kunst und Wirklichkeit taucht leitmotivisch der Illusionsbegriff auf. Er spielt hier eine merkwürdige, doppelsinnige
Rolle, indem er sich selbst geradezu aufhebt, insofern er für den

Grundsatz steht: je täuschender die Kunst, desto realistischer ihr Ruf. So zeichnet ›Illusion‹ den Realismus aus und entlarvt ihn zugleich als Trug. Dieser oxymoronhafte Grundzug realistischen Kunstwollens ist sowohl die Quelle für gesteigerte Verfeinerungsbemühungen als auch für ständige Ausbruchversuche aus einer als antinomisch empfundenen Beziehung; anders, kunst-moralisch formuliert: Dem Realismus kann man den Kult der Lüge ebenso zum Vorwurf machen wie den ›Verfall des Lügens‹ (Oscar Wilde).

Aus kommunikationswissenschaftlich-semiotischer Sicht nimmt das Verhältnis zwischen Kunst und Wirklichkeit eine andere Gestalt an: Es rückt in eine spezifisch sprachliche Dimension ein (vgl. J. M. Lotman). Kunst gilt demnach als sekundäre Sprache, als ein sekundäres modellierendes System und verhält sich fast so wie Schrift zu Rede. Die Kunst verarbeitet demnach nicht unmittelbar Ausschnitte der Wirklichkeit, sondern ›notiert‹ sprachlich vermittelte Sachverhalte und Prozesse, sie gebraucht die natürliche Sprache wie ein Material aus der Wirklichkeit. Wenn Realismus also jene Seite eines Werkes meint, die auf das verweist, was außerhalb seiner selbst liegt, so fällt ihr ›Wirklichkeitsbezug‹ mit ihrem jeweiligen Sprachbezug zusammen. Als realistisches Werk spiegelt es demnach auch die Verfaßtheit jener sprachlichen Zwischenwelt wider, auf die es sich bezieht.

Es wird nicht leicht sein, Gründe für die jahrtausendewährende Tendenz zu realistischem Schaffen zu finden; Kohl nennt in guter aristotelischer Tradition insbesondere den Erkenntnisdrang und die Freude an der Nachahmung (S.229).

Kunst

In der Malerei verweist der Stilbegriff des Realismus auf eine Abwendung von den mittelalterlich-höfischen Kulturbildern, von Gedanken- und Ideenmalerei, und auf eine Hinwendung zu bürgerlichen Lebensbildern, zu Portrait, Landschaft, Genre und Stilleben, die das Diesseitige, Humane, Alltägliche und Private in den Vordergrund der Darstellung heben (Lankheit 1967, Hermand 1975). Die Geschichte des Realismus ist eng mit der Entwicklung des neuzeitlichen bürgerlichen Lebensgefühls verbunden; diese Entfaltung läßt sich in drei Etappen gliedern:

1. den frühbürgerlichen Realismus des 15. Jahrhunderts,
2. den bürgerlich-saturierten Realismus der Niederländer des 17. Jahrhunderts und
3. den halb protestlerischen, halb entsagungsvoll-sentimentalischen Realismus des 18. und 19. Jahrhunderts (Hermand 1975).

Das kunsttheoretische Programm des Realismus im 19. Jahrhundert formulierte Gustave Courbet 1855 aus Protest gegen die Pariser Weltausstellung (Nochlin 1971). Eine zentrale Rolle bei der Verständigung über Möglichkeiten und vor allem Grenzen des Realismusprinzips fällt der Diskussion über die Photographie zu (Plumpe 1990); sie forciert die Auseinandersetzung um die Tragweite realistischer Prinzipien angesichts der neuen photographischen Techniken und aller ihnen zuschreibbarer Schreckbilder. Der Ausstellungskatalog *Als guter Realist...* (1979) definiert Realismus als »Methode der Annäherung an Wirklichkeit mit ästhetischen Mitteln« (S. 7) und erkennt in ihm »eine Leistung der schöpferischen Phantasie«, die sich in außerästhetischen Konfliktzonen bewährt. – Für eine enge Einbeziehung der kunstkritischen Realismusdiskussion in die literaturkritische plädiert zu Recht G. Jäger (1976).

Musik

Da Musik wie keine andere Kunst als abstrakt, absolut und gegenstandslos gilt, dürfte man eine Realismusdiskussion hier am wenigsten erwarten; dennoch hat die Frage nach dem Wirklichkeitsbezug der Musik und somit nach ihrem Realismus eine lange Tradition. Ihre erste Antwort fand sie wohl in der Überzeugung, daß Musik magische Kräfte besitze, die sich zum Guten wie zum Bösen auswirken können. Die platonisch-aristotelische Ethos- und Mimesis-Lehre gab bereits genaue Auskunft über die Möglichkeit gezielter Beeinflussung des Menschen durch die Musik, indem sie enge Zusammenhänge zwischen der Wahl der Tonart und den durch sie hervorgerufenen Seelenhaltungen und Leidenschaften aufwies. Die geforderte Naturähnlichkeit rückte den musikalischen Ausdruck in die Nähe der Sprachähnlichkeit (vgl. die Diskussion über die Natürlichkeit des Singens im Singspiel des 18. Jahrhunderts). Auch die Instrumentalmusik orientierte sich unter dem Gesichtspunkt ihrer Gesangsnachahmung an realismusähnlichen Prinzipien. Bis in die Gegenwart hat die Musikästhetik die Konzentration auf den Wirkungsaspekt als Hauptaufgabe des Realismusproblems angesehen.

2.2   Der Realismusbegriff in der Literaturwissenschaft

›Realismus‹ ist ein Schlüsselwort der internationalen Literaturwissenschaft, das mehrere Türen zu unterschiedlichen Funktionsräumen öffnet. Welchen Einblick dieser ›Passepartout‹ gewährt, hängt

davon ab, wer was mit ihm bezweckt und durchsetzen möchte oder
– um im Bild zu bleiben – wer in welchem ›Raum‹ was mit welcher
Absicht und in welchem Licht zu tun gedenkt. Mit dem Realismusbegriff läßt sich literarische Arbeit reglementieren, evaluieren, rubri-
zieren und analysieren. Es scheint, als ob sich der ›realistische Diskurs‹ am leichtesten durch die spezifischen Widersprüche zwischen
Wirklichkeits- und Textprinzip charakterisieren ließe (Hamon
1973).

Der literaturwissenschaftliche Begriffsgebrauch läßt unterschiedliche Bedeutungsschwerpunkte bzw. Verwendungsabsichten erkennen,
die sich nicht gegenseitig ausschließen, sondern durchaus zusammen
gemeint sein können: Realismus als Norm-, Stil-, Epochen- und
Kommunikationsbegriff (vgl. auch die Bedeutungsdifferenzierung
bei Jakobson 1921).

2.2.1 Realismus als Normbegriff

›Realismus‹ erweist sich immer dort als Darstellungsnorm, wo Alternativen abgewehrt oder verurteilt werden. Unrealistisch zu schreiben
heißt dann soviel, wie schlecht zu schreiben. Solcher Tadel betrifft selten nur den Darstellungsstil, sondern oft die Sicht der Dinge, die
Haltung ihnen gegenüber und das Ergebnis der künstlerischen Arbeit,
die kein beliebiges ›Spielzeug‹ hervorbringen soll, sondern die Wirklichkeit, ›wie sie ist‹. Die *normative* und *gehaltliche* Komponente des
Begriffs findet sich schon bei den realistischen Programmatikern, die
Realismus zum allein geltenden künstlerischen und kritischen Dogma
erklärten. Die katholische (Meier 1900) und marxistische (Lukács) Literaturtheorie nahm die normbildende Funktion in ihre Ästhetik auf
und machte den so verstandenen Realismusbegriff zur Grundlage ihrer gehaltlichen Erwartungen und ästhetischen Wertungen; den Ausgangspunkt bildete hierbei ein genau bestimmtes Geschichts- und
Wirklichkeitsbild, dessen ideelle, einseitig-mechanistische oder dialektische Abbildung jedem Kunstwerk abverlangt wurde. Es gehört
zur Paradoxie des sich normativ auf einen Wirklichkeitsgehalt fixie-
renden Realismusbegriffs, daß er vorschreibt, Wirklichkeit ausschließlich durch den Filter einer Theorie zu sehen. Selbst eine Demokratie kommt nicht umhin, den Realismusbegriff normativ
anzuwenden, wo Grundwerte ihrer Verfassung auf dem Spiel stehen;
das zeigt sich nicht zuletzt in der Diskussion um den Realitäts- und
Wahrheitsgehalt von Holocaust-Darstellungen, die dem fiktionalen
Spielraum andere Grenzen setzen als der Historismus im 19. Jahrhundert und das Prinzip der Umerzählbarkeit in der Moderne.

In Anlehnung an Joseph Jungmanns *Aesthetik* (Freiburg [2]1884) nannte Sigisbert Meier jene Kunst realistisch und somit wertvoll, die

»zunächst darauf ausgeht, die Dinge in ihrer wesenhaften Realität zu geben, Welt und Menschen, Natur und Leben so darzustellen, wie sie sich ihrem Wesen und ihrer Idee, ihrer Seele und ihrem Charakter nach offenbaren; allein auch für die Form, für das Akzidentelle muß die Wirklichkeit das Vorbild sein, soweit dies ohne Verletzung des geistigen und eigentlichen Inhaltes geschehen kann. Das realistische Kunstwerk repräsentiert ein Stück selbständiger, echter, lebensvoller Natur, die organische, lebendige und bis in das Mark hinein individualisierte Verkörperung der in der Welt niedergelegten Ideen, stimmt mit der Objektivität, seinem Originale, überein und ist selbst lebendige Natur, wie die Wirklichkeit; es veranschaulicht eine Welt, die auf dem Boden der Realität und der Wahrheit ruht und vor der wirklichen Welt noch das voraus hat, daß sie wahrer und lebensvoller ist, weil in der Wirklichkeit die Ideen und das Wesenhafte, das eigentlich Wahre, meistens nur unklar und unharmonisch aus den Dingen herausleuchtet.« (Meier 1900, S. 9; der größte Teil des Zitats ist im Original gesperrt gedruckt.)

Der marxistische Realismusbegriff ist durch seinen finalen Bezug auf das Konzept des sozialistischen Realismus bestimmt; als Vorstufen des sozialistischen Realismus, in den sie als Erbe Eingang finden, umfassen der bürgerliche und der kritische Realismus die progressiven Strömungen innerhalb der noch nicht sozialistischen Literatur. Nach Klein und Boden (1990) führt das marxistische Realismuskonzept alle historisch vorausgehenden Komponenten der Begriffsbildung zusammen (detailgetreue Darstellungstechnik, gesellschaftsgeschichtliche Konzentration auf das Emanzipationsthema, Repräsentationsanspruch) und erhebt es durch die Einbindung in die materialistisch begründete revolutionäre Handlungstheorie zur Fundamentalkategorie der marxistischen Kunsttheorie.

Auch Erich Auerbachs (1946) Begriffsgebrauch läßt eine normative Komponente erkennen; sie wirkt sich im Begriff des europäischen Realismus aus, der sich ebenfalls an einem bestimmten Wirklichkeitsbild (zeitgenössische alltägliche gesellschaftliche Wirklichkeit auf dem Grunde der ständigen geschichtlichen Bewegung, S. 480) orientiert.

Was E. Auerbach aus seinem Realismusbegriff (s.u.) ausklammert, wählt Gaede (1972) zur Grundlage seiner gehaltorientierten Begriffsbildung. Ihm gilt gerade die allegorische, satirische, und groteske Darstellungsweise als Inbegriff der realistischen Reaktion auf eine geschichtsphilosophische Situation, die durch Gottferne, Entfremdung und Zusammenhanglosigkeit gekennzeichnet ist. Gaede sieht den Realismus auf dem Hintergrund des triadischen Geschichtsschemas:

»Im Unterschied [...] zu den idealistischen Dichtungen ging es im realistischen Werk nicht um Versöhnung oder neue Einheit, sondern um deren Versagen, also um den endgültigen Verlust von Gott, Idee oder Sinn. Für den Realisten ist der Mensch deshalb Narr (Brant), ist das Böse in der Welt unabwendbar (Murner), bedeutet Leben ständig neue Desorientierung (Grimmelshausen), ist das Nichts an die Stelle Gottes getreten (Bonaventura), gibt es keinen Sinn in der Geschichte (Büchner), erfassen die Menschen die Bedeutung ihres Handelns nicht (Brecht).« (S. 75)

Obwohl Stephan Kohl (1977, S. 196 ff.) eine rein inhaltliche Bestimmung des Realismus ausschließt, erörtert er doch einige in Frage kommende Merkmale wie das Aufbrechen von Konventionen durch die Wahl tabuisierter Themen, den Bezug auf die zeitgenössische Wirklichkeit und jene Wirklichkeitsbilder, die in der »Gegenkultur des Lachens« entstehen oder aus der Kammerdienerperspektive sichtbar werden (vgl. weiterhin Chiari 1970, Keller 1977, Miles 1979, Scholz 1998).

2.2.2 Realismus als Stilbegriff

Dem Realismus als Stilbegriff wendet sich vor allem Erich Auerbach (1946) zu, indem er den literarischen Darstellungsmöglichkeiten der Wirklichkeit an repräsentativen Beispielen von Homer bis Virginia Woolf nachgeht. Die leitende Idee einer so weit gespannten Perspektive entspringt der Auseinandersetzung mit der antiken und klassizistischen Lehre von den Höhenlagen der literarischen Darstellung; demnach verlangt die heroisch-erhabene Welt einen tragischen Stil, die alltägliche Welt einen komischen oder idyllischen Stil und die kreatürliche Welt einen satirischen Stil. Eine realistische Darstellung liegt nach Auerbach dann vor, wenn diese rigorose Stiltrennung durchbrochen wird und statt dessen eine Stilmischung eintritt, in der die alltägliche, kreatürliche Wirklichkeit eine ernste und problematisch-existentielle Schilderung erfährt. Man hat darauf hingewiesen, daß sich in dieser Mischung zugleich eine veränderte Wirklichkeitsauffassung ausspricht, die eine grundsätzliche Aufwertung des alltäglichen Lebensbereichs verursacht (Knoke 1975, Scholz 1998).

Nach Auerbach hängt die Intensität des Realismus von »Maß und Art des Ernstes, der Problematik oder Tragik in der Behandlung von realistischen Gegenständen« ab (S. 517). Das bedeutet, daß jede didaktische, moralisierende, rhetorische, idyllische, komische und humoristische Wirklichkeitsdichtung aus dem Kreis des Realismus ausgeschlossen bleibt (Wellek 1961, S. 414 f.). Dieses Urteil stützt sich auf die erzählerische Leistung der französischen Realisten, ins-

besondere auf Zola, und es richtet sich gegen den englischen Roman
des 18. Jahrhunderts, das bürgerliche Trauerspiel und die deutsche
Erzählprosa des 19. Jahrhunderts.

René Wellek (1961) geht von einem ähnlichen Darstellungsprin-
zip aus, kommt aber zu anderen Schlußfolgerungen:

»Realismus [...] bedeutet ›die objektive Darstellung der zeitgenössischen sozialen Wirklichkeit‹. In bezug auf den Stoff will er alles gelten lassen, und
in seiner Methode will er objektiv sein, selbst wenn diese Objektivität in
der Praxis fast nie erreicht wird. Der Realismus ist didaktisch, lehrhaft, re-
formierend. Ohne sich immer über den Konflikt zwischen Beschreibung
und Vorschreibung klar zu sein, versucht er diese im Begriff des ›Typs‹ zu
versöhnen.« (S. 431)

Auch Heselhaus (1959) versteht den Realismusbegriff als eine Stiler-
scheinung; er gebraucht die Stilkategorie im Sinn eines Begriffs, der
die gemeinsamen Merkmale in »Darstellung, Thematik und Form«
(S. 363) realistischer Werke vereint. Nicht das Maß des Ernstes charakterisiert hier den Realismus, sondern das Vermögen, die historische Wirklichkeit, auf die man sich einläßt, religiös, sittlich und ästhetisch zu interpretieren und somit künstlerisch zu bewältigen.
Damit liegt eine Bestimmung vor, die einerseits sehr eng ausfällt, da
sie sich wohl nur auf Stifter anwenden läßt, andererseits wiederum
sehr weit gerät, insofern sie auf einem wenig präzisierten Interpreta-
tionsbegriff beruht; handelt es sich um eine Kategorie der Thematik, der Darstellungsmethode oder des Erkenntnisvorgangs? Das Ergebnis   formuliert   eine   epochentypische   Mehrschichtigkeit
realistischer Werke, die man bald auch als ›Ambivalenz‹ charakterisieren wird (Ritchie 1961).

In der stiltypologischen Begriffsvariante erkennt Eibl (1983) die
Auswirkungen eines argumentativen Verhaltens, das »auf einen star-
ken Rechtfertigungsdruck antwortet« (S. 316). Überall, wo innova-
tives oder gewagtes Schreiben bestehende Tabugrenzen verletzt und
Verboten oder Sanktionen begegnet, verteidigt es seine Normenbrüche mit dem Realismus-Argument als seriöse bzw. relevante Handlung und stellt alles andere ›Unrealistische‹ nun seinerseits als verbie-
tenswert hin (S. 318). Diese spezifisch rhetorische Dimension des
Begriffsgebrauchs mache es auch überflüssig, eine eigentliche Be-
griffsdefinition anzustreben, weil die Vieldeutigkeit und unbegrenzt
wiederholbare Anwendung des Realismus-Arguments zur rhetorisch
persuasiven Tauglichkeit der Vokabel gehöre; anders und in Anlehnung an Alfred Döblins Wort über die Geschichte gewendet: »Wer
›realistisch‹ sagt – oder ›lebensnah‹, ›authentisch‹ usw. –, führt etwas
im Schilde.« (S. 328)

Eine stiltypologische Begriffsverwendung würde am einzelnen Werk, z. B. Grimmelshausens *Simplizissimus*, folgende Kriterien zur Ermittlung seines Realismus anwenden: autobiographischer Charakter, in der geschichtlichen Welt verifizierbarer Inhalt, Loslösung von mittelalterlichen Konzepten, Thematisierung des Gegensatzes von Leistungsethik und Vanitasglauben, schlichte Beobachtung, Wirklichkeit als Endzweck (vgl. Meid 1984, S. 121 f.).

2.2.3 Realismus als Epochenbegriff

Realismus als Epochenbegriff umfaßt mehr als nur die Klasse aller Dichtungen mit realistischen Merkmalen, ganz gleich wie man diese auch bestimmen mag. Zur literaturgeschichtlichen Epoche des Realismus gehört ebenso die oppositionelle Literatur (z.b. die katholisch-restaurative Dichtung eines Oskar von Redwitz oder die Formkunst des Berliner Tunnels über der Spree und des Münchner Dichterkreises); auch solche Erscheinungen, die sich weder als Ausläufer der voraufgegangenen noch als Vorboten der kommenden Epoche begreifen lassen, müssen im epochengeschichtlichen Begriffssystem einen Ort finden.

So bezweifelt z.b. Alker ([3]1969), daß eine exakte Definition des literarischen Realismus dem Literaturgeschichtsschreiber überhaupt eine entscheidende Hilfe darbieten kann. Auf Ähnliches macht Stromberg (1968) aufmerksam, wenn er feststellt, daß die Realisten keineswegs hinreichend durch ihren Realismus, durch ihre Rolle als Realisten definiert seien: »Realism [...] must de defined by [its] historical context.« (S. XIX) An die Stelle von Realismus als Epochenbezeichnung tritt zuweilen auch das politische Begriffspaar Nachmärz und Gründerzeit.

Es ist hier nicht der Ort, Berechtigung, Zweck, Status und Struktur von Epochen- bzw. Periodenbegriffen zu diskutieren. Es mag genügen, darauf hinzuweisen, daß auch diese Fragen nach Maßgabe realistischer Prinzipien angegangen und entschieden werden. Gerade als Darstellungs- und Repräsentationsmittel unterliegen Epochenbegriffe den ›klassischen‹ Realismuskriterien und bewähren sich an ihnen (vgl. Engelberg 1973, Stein 1974, Haubrichs 1974, Ribbat 1974, Brinkmann 1975, Dietze 1975, Weimann 1976, Gumbrecht/Link-Heer 1985, Plumpe 1995).

2.2.4 Realismus in kommunikationswissenschaftlicher Sicht

Seit Beginn der Realismusdebatte werden Fragen nach dem Realitätsgehalt der literarischen Werke im Rahmen wirkungspsychologischer Überlegungen erörtert. Demnach wären nicht eigentlich die Texte bzw. deren Darstellungsmethoden realistisch zu nennen, sondern allein deren Wirkungen auf das Publikum, so daß es im Grunde von ihm abhängt, ob überhaupt und in welchem Grade ein Werk als realistisch gelten darf. Die jüngere Forschung diskutiert das Realismusproblem auf *kommunikationswissenschaftlicher* Ebene; in die Realismusbestimmung gehen nun neben Faktoren der Produktion insbesondere auch Faktoren der Distribution und Rezeption ein. So definiert etwa Helmut Kreuzer (1975):

> »Als realistisch bezeichne ich Werke, die ein unmittelbares Interesse an intersubjektiv erfahrbarer Wirklichkeit derart erkennen lassen, daß der literarische Genuß und das literarische Urteil des Rezipienten mit vom Grad des Wiedererkennens der literarisch vermittelten Wirklichkeit oder von deren Anerkennung als intersubjektiv erfahrbare Wirklichkeit abhängen.« (S. 48)

Geschickt wird hier die Kategorie der Objektivität durch die der Intersubjektivität ausgetauscht. Die Definition bereitet darauf vor, daß Realismus im Sinn einer Prädikation über Literatur eine Variable ist, die von dem sich jeweils aktualisierenden Verhältnis zwischen Autor (bzw. Text) und Leser abhängt.

Schon 1921 arbeitete Roman Jakobson die produktions- und rezeptionsästhetischen Inhaltskomponenten des Realismusbegriffs heraus und kritisierte deren unreflektierte Vermischung im kunstwissenschaftlichen Sprachgebrauch. Brecht (1934) diskutierte die realistische Methode unter dem Gesichtspunkt ihrer »reale[n] Wirksamkeit« (S. 29), verstand darunter aber nicht den Wiedererkennungseffekt nach ›bürgerlichem Muster‹ (›wie bei uns‹), sondern die Einsicht in die Klassenlage. Roland Barthes (1968) führte die Begriffe des Realitätseffekts und der Referenzillusion ein, die beide den Anteil des Publikums einbeziehen. Peckham (1970) versichert: »Now just as we cannot say what is real, but only what people say is real, so we cannot say what is realism in literature, but only what people say is realistic.« (S. 105) Nach Levin (1972) liegt der eigentliche Prüfstein realistischer Literatur in »the reader's sense of reality«. Energisch unterstreicht Horst Steinmetz (1972 und 1975) die Bedeutung der Lesenden für die Bestimmung dessen, was Realismus ist; nicht in der Dichtung sei das Objekt der Realismusanalyse zu suchen, sondern im individuellen Leseerlebnis:

»Realität ist nicht das, was im Roman steht, es ist auch nicht das, was Literaturwissenschaftler im Vergleich mit der historischen Wirklichkeit als Romanrealität bestimmen, sondern es ist etwas, das gleichsam zwischen Werk und Leser aus einem gegenseitigen Ergänzen, Weiterbilden, Interpretieren, Verändern, Reduzieren usw. erwächst.« (1972, S. 122)

Autoren (Fontane, Otto Ludwig, Raabe), die dem Lesepublikum möglichst glaubwürdig Realität vermitteln wollen, bevorzugen die Erinnerungsstruktur als Baugesetz ihrer Dichtungen; Lesende, denen Erinnerungsphänomene alltäglich begegnen, fühlen sich so während des Lesens mühelos in die fiktive Welt hinein, und wenn sie nach abgeschlossener Lektüre an den Roman zurückdenken, geschieht auch dies in Form der Erinnerungen. So gründet die Begegnung des Publikums mit einer Literatur, die es realistisch nennt, auf einer doppelten Wirksamkeit der Erinnerungsfunktion (zu weiteren Formen der Erzielung von Glaubwürdigkeit vgl. Aust 1981).

Auch Heises (1976) Definition des Realismus im Sinn eines geschichtlichen Rezeptionsvorgangs läßt eine kommunikationswissenschaftliche Ausrichtung erkennen:

»*Realismus* ist keine physikalische Qualität eines erzeugten materiellen Dinges. Er ist dessen soziale Abbildqualität, die erst im kommunikativen Prozeß, den das Ding vermittelt, sich erschließt. Er ist folglich auch nicht dem isolierten Kunstwerk einfach ablesbar, sondern nur in der Einheit von geschichtlicher Gegenstandsbeziehung und Kommunikationsprozeß zu fassen.« (1. Teil, S. 109)

Tarot (1976) meint, »je geringer die Differenz des Autors und des Rezipienten hinsichtlich ihrer Auffassung über das Wesen der Literatur ist, um so eher wird der Rezipient die Darstellung als realistisch anerkennen und das von Aristoteles gemeinte Vergnügen des Wiedererkennens empfinden«. (S. 159) Weimann (1979) entfaltet die Kategorie der Aneignung historisch-funktional und kommunikationswissenschaftlich. Goltschnigg (1980) unterstreicht, »daß die Wahrscheinlichkeitskonzeption des literarischen Werkes von seiten des Autors die Wahrscheinlichkeitskonzeption von seiten des Lesers ermöglicht« (S. 17). Das ist noch sehr allgemein formuliert, und man fragt sich, was hier mit Wahrscheinlichkeit gemeint ist (Familiarität, Voraussagbarkeit, Anwendung derselben Regel des Sprachgebrauchs) und wie das eine das andere ermöglichen kann. Demetz (1977), der die Problematik des Realismus nun ebenfalls mit ›Kommunikation‹ und ›Semiotik‹ lösen möchte und zu diesem Zweck der Fiktion eine berichtähnliche (denotierende) Rolle zuspricht, weist auf den Zusammenhang von Wahrscheinlichkeit und dem »Rhyth-

mus der Repetition« (S. 564) hin. Den Begriff der »Eindrucksähn-
lichkeit« hebt Kohl (1977) hervor:

»Da es nicht um die Wirklichkeit selbst geht, sondern um Eindrücke von
Wirklichkeit, ist nicht die Ähnlichkeit des realistischen Werkes mit einem
Original ausschlaggebend, sondern das Kriterium, ob das Abbild im Rezipi-
enten den gleichen Eindruck hervorruft wie die Konfrontation mit dem
Original.« (S. 216)

Das erinnert fast schon an den ›Pavlovschen Hund‹ bzw. eine linguistisches Bedeutungstheorie aus dem orthodoxen Lager des Reiz-Re-
aktions-Behaviourismus.

In dem Nachwort zu seiner Epochendarstellung befaßt sich Martini (^{4}1981) eingehend mit dem rezeptionstheoretischen Ansatz innerhalb der Realismusforschung.

»Eine ausführliche Analyse der Erzählmittel, mit denen der ›Aktcharakter
des Lesens‹ im Text erzeugt und vorgezeichnet wird, um die Suggestion und
Illusion einer intensiveren Realitätserfahrung zu erreichen, die den Leser zu
seiner empirischen Wirklichkeitskenntnis zurückkoppelt und ihn Folgerun-
gen aus der dargestellten Welt für die von ihm gelebte und verantwortete
Welt ziehen läßt, verspricht eine Typologie des realistischen Erzählens, um
die sich bisher die Realismus-Diskussion ergebnislos bemüht hat.« (S. 985)

Das ist eine anspruchsvolle Erwartung; ob sie eingelöst werden
kann, hängt nicht zuletzt davon ab, wie intensiv die am Leser inter-
essierte Forschung nach den »Strategie-Elementen« (Martini) im literarischen Text fragen wird. Daß der Sinn eines Textes erst im Akt
des Lesens erzeugt wird, ist eine Erkenntnis der Leseforschung, die
aufgrund bedeutungstheoretischer, neurophysiologischer und infor-
mationsverarbeitender Überlegungen gewonnen wurde; demnach
kann nicht *in* den Schriftzügen bzw. Lautketten der Textsinn liegen,
vielmehr werden Signale durch selektive und verstärkende Wahrneh-
mungsmechanismen isoliert sowie durch Repräsentation und Interpretation mit Bedeutungen aufgeladen (Aust 1983). Daraus folgt jedoch nicht, daß Dichtung »eigentlich nie als das geschriebene
Werk« existiere (Steinmetz 1972, S. 122). Daraus folgt vielmehr,
daß jedes Verstehen ein aktiver, konstruktiver Vorgang ist (Neisser
1967), der allerdings – und das vergaß man in der Euphorie der literarischen Rezeptionsforschung – durch sprachliche Regeln, geistige Strukturen und enzyklopädisches Wissen gelenkt wird. Dennoch
ist nicht nur angesichts der Popularität des kommunikationswissen-
schaftlichen Zugriffs die Auskunft unanfechtbar: »Das Problem des
Realismus bleibt [...] ein Kommunikationsproblem.« (R. Zeller
1980, S. 100) Denn nicht seine Abbilder wirken realistisch; viel-

mehr führen erst Wahrnehmung und Anerkennung der Literatur als
»eigene Realität« (Zeller) zu diesem Effekt. Schon für Hamon
(1973) lag der elementare Effekt realistischer Literatur in ihrer ›Les-
barkeit‹. Nach Helmstetter legt ›Realismus‹ eine »Leseweise« nahe,
»die von sprachlichen Zeichen, Textualität, Fiktionalität, literarischen Verfahren (Selbstreflexion) absieht und die Weltreferenz favo-
risiert, ja fast ausschließlich das Dargestellte beachtet.« (1997, S.
250) Sie scheint einer »Strategie« zu erliegen, die mit (verwerf-
licher?) Absicht eine »Grenzverwischung zwischen Fiktion und Realität« betreibt (Butzer/Günter 1997, S. 61).

2.2.5 Die Theorie des programmatischen Realismus

Nachdem Friedrich Schiller und Friedrich Schlegel wohl als erste
den Realismusbegriff auf den Bereich der Dichtung angewendet haben (Borgerhoff 1938, John 1959, Wellek 1961), wurde er von den
realistischen Programmatikern neu entworfen. Schon 1837 läßt sich
die Eigenschaft ›realistisch‹ im Sinn einer wirklichkeitsbezogenen
Romankunst nachweisen (Steinecke 1984, S. 21) Das enorme Ausmaß ästhetischer, literaturkritischer, literaturpolitischer und literatur-
pädagogischer Reflexionen dokumentieren die beiden Materialbände
Realismus und Gründerzeit (1975/76). Sie sind eine Pionierleistung
in der Erforschung der Epoche. Obwohl die realistische Literaturtheorie schon seit langem Gegenstand wissenschaftlicher Untersuchungen ist (Reinhardt 1939, Markwardt 1959, Wellek 1961),
haben erst neuere Spezialuntersuchungen auf die komplexe Problem-
lage hingewiesen (Widhammer 1972, Kinder 1973, Schirmeyer-Klein
1974, Kreuzer 1975, Bucher 1976, Eisele 1976). Diese Forschungs-
arbeiten gehen zum Teil auf die Initiative Friedrich Sengles zurück,
der in seinen Arbeiten über die vorrealistische Epoche am nachdrücklichsten auf die zentrale Bedeutung des realistischen Selbst-
verständnisses aufmerksam gemacht hat.
   Die zeitgenössischen Gedanken über Realismus verstehen sich einerseits als Programmatik, die als Theorie eine Richtschnur des
Denkens, Dichtens und Wertens festlegt, andererseits aber zugleich
als Nicht-Theorie, die ausdrücklich gegen die vergangenen Theorie-
systeme opponiert: »Theoriebildung, gleich welchen Inhalts, sei es
ästhetische oder ökonomische und soziale, ist nach 1848/49 dem
Verdikt des Unseriösen verfallen.« (Ruckhäberle/Widhammer 1977,
S. 8)
   Es zeigt sich, wie eng das literarische Selbstverständnis und die
poetologische Programmatik an die innenpolitische Situation der

nachrevolutionären Zeit geknüpft ist: es dominiert ein »futuristi-
sche[r] Bezug auf die deutsche Einheit und Freiheit«, der so tief die
gesamte Literaturkritik durchdringt, daß man nur mit Einschrän-
kungen von einer spezifisch literarischen Programmatik sprechen
darf (Kreuzer 1975, S. 65). Das liegt nicht zuletzt am zentralen Begriff der Verklärung; er profiliert die aktuelle ideologische Funktion
der Literatur und ihrer Theorie, gerade in ihn münden am leichtesten die nationalpolitischen Erwartungen und Enttäuschungen der
Nationalideologen, Kulturkritiker, Skeptiker und Pessimisten ein
(Kreuzer). Mit diesen politischen Implikationen der realistischen Li-
teraturdidaktik treten jene Möglichkeiten und Grenzen hervor, die
oftmals dort sichtbar werden, wo Literaten, Intellektuelle und Aka-
demiker über Politik urteilen. Rhöse (1978) weist überdies auf die
»Sättigung des ästhetischen Denkens mit Begriffen aus dem religiö-
sen Wortschatz« (S. 51) hin.

Nach Eisele (1976) geht die realistische Programmatik vom Widerspiegelungsbegriff aus. Dabei besteht sie zugleich auf dem
Grundsatz, daß die Wirklichkeit in ihrer sinnlichen Konkretheit die
Wahrheit enthält und daß die literarische Abbildung zur authentischen Erkenntnis führt. Der dabei auftretende Gegensatz zwischen
Ist- und Sollzustand ist der Motor in der Dynamik einer Begriffsbildung, die ihre Bewegung nicht aufzuheben vermag, sondern an ihr
zerbricht bzw. ins Ideologische ausweicht.

Solche Ergebnisse und Forschungsperspektiven beruhen insbesondere auf der Auswertung der theoretischen und kritischen Beiträge von Julian Schmidt und Gustav Freytag, den Herausgebern der
einflußreichen *Grenzboten*, von Robert Prutz (*Deutsches Museum*),
Friedrich Theodor Vischer, Hermann Hettner, Rudolf (von) Gottschall und Rudolf Haym (*Preußische Jahrbücher*); verstärkte Beachtung finden auch die akademischen Lehrer an den Universitäten sowie die zahlreichen Ästhetiken und Poetiken der Zeit.

Die Aufarbeitung der Programmatik rückte die 50er und 60er
Jahre des 19. Jahrhunderts in den Mittelpunkt des historischen Interesses; kommender Forschung bleibt es aufgegeben, die Theorie in
ihrer weiteren Entwicklung zu verfolgen und sie insbesondere mit
der poetischen Praxis zu konfrontieren (vgl. Eisele 1979). Überzeugend weist Thormann (1996) nach, daß ›Realismus‹ als Gegenbe-
griff zu ›Idealismus‹ in den *Grenzboten* eine parteipolitische Rolle
spielte, die sich mit den gewandelten politischen Verhältnissen um
1860 als bloßes »Intermezzo« zugunsten synthetischer, idealrealisti-
scher und nationaler Konzepte aufhob.

Als Gemeinsamkeiten zwischen realistischer Programmatik und
realistischer Praxis nennt Widhammer (1972) den »Abbau der alten

Rhetorik und des ›Rhetorischen‹, Reduzierung von Symbol und Allegorie, Bekenntnis zum ›reinen‹, d.h. nicht mehr didaktisch-zweckgebundenen Kunstwerk, Vermeidung von Pathos einerseits, drastisch-naturalistischer Komik andererseits, statt dieser Extreme Aufbau einer mittleren Stillage, der Begriff einer kompositionellen Einheit« (S. 27). Zugleich aber wird sich wohl die Vermutung bestätigen, »daß die heute gültige Literatur in der Mitte des 19. Jahrhunderts von den ideologischen Voraussetzungen des Programmrealismus nicht begriffen werden kann« (Ruckhäberle/Widhammer, S. 22 f.).

Die Literaturtheorie des programmatischen Realismus ist Gegenstand eines gesonderten Bandes der Sammlung Metzler, den Helmuth Widhammer (1977) verfaßte und auf den hier mit Nachdruck hingewiesen sei. Entgegen den früheren Abwertungen mehren sich in jüngerer Zeit die Stimmen, die dem programmatischen Realismus eine durchaus gute Note im Ensemble der gesamteuropäischen Realismusprojekte erteilen (vgl. Dethloff 1997); darauf läuft jedenfalls K.-D. Müllers (1981) Beobachtung hinaus: »Auffallend ist das hohe poetologische Niveau des deutschen Realismus« (S. 11), und M. Swales versichert sogar, »daß die deutsche Roman- und Realismusdiskussion viel stringenter ist als in den anderen europäischen Ländern« (1997, S. 24).

2.2.6 Poetischer – bürgerlicher – literarischer Realismus

Schon ein flüchtiger Blick auf den üblichen Wortgebrauch macht deutlich, daß ›Realismus‹ als einfacher Begriff ohne weiteren Zusatz selten das Gemeinte exakt und unmißverständlich bezeichnen kann; das Unbehagen an der Vagheit einer attributlosen Begriffsverwendung kehrt in der Literaturgeschichtsschreibung wieder. Schon Leo Berg (1889) ironisierte die ›hübschen Doppelschildchen‹. Mit Vorliebe sucht man seitdem die Zuflucht bei zusammengesetzten Begriffen wie Realismus und Idealismus, Realidealismus bzw. Idealrealismus, poetischer Realismus, bürgerlicher Realismus, literarischer Realismus im 19. Jahrhundert. Jenseits der auch ironisierbaren wortwählerischen Begriffsarbeit wird deutlich, daß hinter ›Realismus‹ nicht etwas ›Einfaches‹, sondern durchaus ›Zwiefaches‹, Komplexes und Spannungsvolles steht: Es geht darum, ein Prinzip zu beschreiben, das angesichts polar organisierter Ansprüche und Kräfte ausdrücklich vermitteln will: ›Realismus‹ in jenem eigentlichen Sinn, der durch die attributive Zugabe spezifiziert wird, heißt demnach, zwischen Idee und Wirklichkeit, Idealismus und Materialismus zu vermitteln, Schein und Sein, Oberfläche und Tiefe, Erwartung und

Resignation, Einzelnes und Ganzes zum Ausgleich zu bringen, Subjektivität und Objektivität erzähltechnisch gleichermaßen zu bewältigen. Mit diesem Vermittlungsamt des ›poetischen‹ usw. Realismus ist zugleich sein literarhistorischer Ort zwischen Romantik als der Überbetonung des Subjektiven bzw. Phantastischen und Naturalismus als der Überbetonung der exakten Wirklichkeitskopie und der bevorzugten Darstellung des Häßlichen angezeigt; die Extremwerte beider Richtungen sucht dieser Realismus auf ein Normal- und Mittelmaß zurückzuführen.

Der mit dem Namen Otto Ludwigs verbundene Begriff des *poetischen Realismus* taucht zum ersten Mal bei Friedrich Wilhelm Schelling auf und bezieht sich hier auf Platons »Polemik gegen den poetischen Realismus«, die Schelling dem Platonischen »Lob der enthusiastischen Poesie« entgegenstellt (1803/1985, S. 571). Reinhardt (1939), Brinkmann (1957) und Markwardt (1959) haben wiederholt auf diese Herkunft hingewiesen und sie für aufschlußreich gehalten. Doch wird man Wellek (1961) recht geben müssen, der nachdrücklich betont, daß Schelling den Begriff in einem ganz anderen Zusammenhang gebrauche als Ludwig, so daß eine solche Herleitung wenig ergiebig sei. ›Poetischer Realismus‹ im Sinn Otto Ludwigs bezeichnet eine produktionsästhetische Richtschnur, die eine Synthese zwischen genauer Wirklichkeitskopie und idealisierender Überhöhung anstrebt. Nach Ricklefs (1991) ist damit vor allem die »Ermöglichung der Spontaneität des Wirklichen trotz bzw. durch Darstellung« (S. 50) gemeint, eine Wahrung der »Spontaneität und Eigen-Ständigkeit der Wirklichkeit vor und jenseits jeder Objektivierung durch Darstellung.« (S. 51)

In den *Dramatischen Studien* schreibt Ludwig unter der Überschrift ›Der poetische Realismus‹: »Die Kunst soll nicht verarmte Wirklichkeit sein, vielmehr bereicherte« (Bd. 6, S. 157). In den *Epischen Studien* heißt es dann:

»Poesie der Wirklichkeit, die nackten Stellen des Lebens überblumend, die an sich poetischen nicht über die Wahrscheinlichkeit hinausgehoben. Erstres besonders durch Ausmalung der Stimmungen und Beleuchtung des Gewöhnlichsten im Leben mit dem Lichte der Idee, die aber nie ein Parteistandpunkt, sondern stets über den Parteien schwebend sein muß.« (S. 348 f.)

Und: »Die Welt des Gedichts sollte die wirkliche Welt sein, nur durchsichtiger« (S. 412). Öfter noch als von poetischem Realismus spricht Ludwig von ›künstlerischem Realismus‹ (Markwardt 1959, S. 257).

Ludwigs Begriff des poetischen Realismus hat sich in der Literaturwissenschaft und Literaturgeschichte einen festen Platz erobert;

schon Stern (1885), der Herausgeber und Biograph des Dichters, verwendete ihn ganz selbstverständlich als literarhistorischen Gruppenbegriff; Nußberger nannte seinen Artikel im *Reallexikon* (1928/ 29) nicht einfach ›Realismus‹, sondern ›Poetischer Realismus‹. Was man im einzelnen darunter verstand, war dann natürlich nicht mehr auf die kunsttheoretischen Aussagen Otto Ludwigs festgelegt; ja man erkannte recht bald das Vage und Nichtssagende des attributiven Zusatzes, den man ebensogut auch streichen könnte (schon Nußberger 1928/29, Reinhardt 1939). Markwardt (1959) trat solchen Streichungsvorschlägen engagiert entgegen, da er von seiten der Biedermeierforschung (Reinhardt war Kluckhohn-Schüler) eine Desavouierung der gesamten Realismusepoche befürchtete. Ein später Verteidiger der Formel vom poetischen Realismus ist Preisendanz (1963/69); dabei geht es ihm nicht so sehr um die im Begriff komprimierte Theorie Ludwigs, die ohnehin wenig originell sei, als vielmehr um das Schlüsselwort, das in seiner polaren Struktur besonders geeignet sei, die Eigentümlichkeit der deutschen Erzähler in der zweiten Jahrhunderthälfte zu erfassen (*Humor* 1963; vgl. Cowen 1985).

Auch Martini (⁴1981) läßt den Begriff gelten, insofern er als poetologischer Terminus die Struktur der dichterischen Gestaltungsformen umreißt. Aber dem Historiker, dem es um eine möglichst spezifische Konkretion eines Zeitabschnitts geht, kann der Begriff nicht genügen, da sich seine Bedeutung unter historiographischem Gesichtspunkt als zu eng und zu weit in einem erweist; zu eng, weil er nicht alle Gestaltungsweisen der Zeit einschließt, zu weit, weil er auch auf die Epoche vor 1848 anwendbar ist. Deshalb entscheidet sich Martini für den Begriff des bürgerlichen Realismus (vgl. Müller 1982, McInnes/Plumpe 1996). Die soziologisch-historische Begriffswahl soll im Sinn eines Kompetenzbegriffs – Martini spricht von »Vorstruktur« – einen ideellen Brennpunkt markieren, aus dem die Einzelleistungen der Dichter im Realismus erklärbar werden; zugleich dient sie dazu – darauf hat Kreuzer (1975) aufmerksam gemacht –, die spezifische »Interessenvertretung« des realistischen Programms zu kennzeichnen. Nimmt man allerdings den Zusatz ›bürgerlich‹ rein als standesspezifische Kategorisierung des Seins und Bewußtseins der Schriftsteller im Zeitalter des Realismus, so müssen sich berechtigte Einwände einstellen; Stifter, Freytag, Spielhagen, Hebbel, Storm, Meyer, Fontane, von François, von Saar, von Ebner-Eschenbach lassen sich weder in ihrem Selbstverständnis und Lebensstandard noch in ihrem sozialen Sein (gemessen an Beruf und Einkommen) auf den Begriff des Bürgerlichen reduzieren. Deshalb greift die Realismus-Historiographie immer wieder auf neutralere Begriffe wie ›literarischer Realismus‹ (Brinkmann 1969) oder einfach ›Realismus‹ zurück.

Eine andere Forschungstendenz versucht wiederum, den Bedeutungsschwund des isolierten Realismusbegriffs durch immer neue und individuelle attributive Zusätze aufzufangen; hier finden sich dann psychologischer, politischer und irrealer Realismus (Fehr 1965), plastischer, psychologisch-charakterologischer Realismus (Reuter 1968) und kritischer Realismus; auch Eiseles (1976) empiristischer Realismus wäre hier zu nennen sowie Fullers (1977) kritischer, neokritischer, kämpferischer und kritisch-kämpferischer Realismus, schließlich auch Goltschniggs (1980) vorindustrieller Realismus. Grant (1970) hat solchen Begriffsgebrauch in den meisten Fällen zu Recht kritisiert. Daß man trotzdem den Realismusbegriff sinnvollerweise mit Attributen kennzeichnen kann, zeigt Brauns (1980) schöner Essay. Es ist das Verdienst von C.A. Bernd (1995), entdeckt zu haben, daß der wahre Urheber der Begriffsbildung ›poetischer Realismus‹ Per Daniel Atterbom war, der im Jahr 1838 mit diesem Prädikat den Schriftsteller Johan Ludvig Runeberg hervorgehoben hatte. Noch im selben Jahr gebrauchte Carl August Hagberg den übersetzten Begriff in den *Blättern für literarische Unterhaltung*, so daß hier wohl tatsächlich die erste Belegstelle für den Begriff im engeren Sinn vorliegt. »In Atterbom's opinion, what specifically had made Runeberg a Poetic Realist was his ability to weave artfully into realistic description a compelling subjectivity that constantly manipulates, selects, shapes and arranges reality, thus ›transfiguring‹ this reality into a succinct commentary on life.« (1995, S. 233) Daß deshalb die singuläre Eigenart des deutschen Realismus erwiesen wäre, wie Bernd meint, muß aus diesem Fund freilich nicht unbedingt folgen. Zur frühen Kennzeichnung »real-idealistisch« kehrt Plumpe (1995, S. 131) zurück. Von »medialem Realismus« spricht Helmstetter (1997, S. 268), weil es die Medien sind, die Wirklichkeit machen.

2.3   Begriffsanalyse: Wirklichkeit – Referenz – Kunst

Es gibt eine Art Standardbestimmung des Realismus, die vielen literaturkritischen und –wissenschaftlichen Diskussionen zugrunde liegt und doch nicht befriedigt. Bertolt Brecht ironisierte sie folgendermaßen:

»Was da *Realismus* heißt, macht durch die Ungeschicklichkeit seiner Interpreten einen sehr willkürlichen Eindruck, die Maßstäbe sind zweifelhaftester Natur, *aus dem Leben gegriffen, mit allen Schattierungen, breit* und so weiter und so weiter, und man fragt sich immer, ob nicht nur *so wie Tolstoi* oder *akkurat wie Balzac* oder auch nur einfach schlicht *berühmt* gemeint ist.« (S. 65)

Das Unbehagen rührt daher, daß der Realismusbegriff scheinbar naiv und mit allgemeinem Konsens gebraucht werden kann, in Wirklichkeit aber voller Voraussetzungen ist und ebenso grundlegende wie strittige Fragen der Wirklichkeitskonstitution, der semiotischen Referenz und der Poetik betrifft.

Das Selbstverständnis der Realisten und ihre literarische Praxis lassen erkennen, daß sie den Realismusbegriff als eine Synthese zwischen Wirklichkeitsbezug und Verklärungstendenz verstanden wissen wollten. Der wissenschaftliche Begriffsgebrauch dagegen zögerte, dieses Synthesekonzept zu übernehmen, sondern trennte eher wieder die beiden Komponenten, so daß als Realismus jetzt nur der Wirklichkeitsbezug gilt. Die Realismusforschung läßt sich als eine kontinuierliche Reflexion über Möglichkeiten, Grenzen und Widersprüche einer ausdrücklich auf die Wirklichkeit bezogenen Literatur verstehen. Die getreue, vollständige und wertfreie Abschilderung einer gesellschaftlichen Wirklichkeit, die der individuellen und allgemeinen Erfahrung zugänglich ist, bildet die problemreiche Grundlage der systematischen und historischen Begriffsbildung (vgl. Becker 1949, Ryder 1967). Dabei rücken die Begriffe Wirklichkeit, Typik und Objektivität in den Mittelpunkt und lenken die Aufmerksamkeit auf die Fragen: Was ist und woraus besteht jene Wirklichkeit, deren Darstellung realistisch genannt werden kann? Welche Repräsentationsformen bevorzugt die realistische Schreibweise? Wie unterscheidet sie zwischen wahren und falschen Darstellungen? Mit welchen Verfahren behauptet sich der spezifische Kunstanspruch vor anderen Techniken der Wirklichkeitserfassung? So pflegt sich die Diskussion realistischer Schaffensweisen auf unterschiedlichen Ebenen abzuspielen: auf einer thematisch-gehaltlichen, einer literarisch-technischen und einer logisch-erkenntnistheoretischen.

Mustergültig für eine prägnante Verklammerung gegenständlicher, erkenntniskritischer und formaler Aspekte ist Roland Barthes' (1956) frühes Statement über die »Probleme des literarischen Realismus«. Realistisches Schreiben erschöpft sich demnach nicht in der bloßen Hinwendung zur Wirklichkeit. Nach Barthes kennzeichnet der Realismusbegriff eine literarhistorische Bewegung, die spannungsvoll mit dem bürgerlichen Zeitalter beginnt, in der sozialistischen Epoche kontrovers weiterwirkt und sogar für Gegenwart und Zukunft der Moderne eine fruchtbare Herausforderung darstellt. Erste Stufe oder Variante dieser Entwicklung ist die Absicht (Barthes bevorzugt das Konzept des durch die bürgerliche Klasse beauftragten Schriftstellers), Wirklichkeit in solchen Ausschnitten darzustellen, die dazu beitragen, die bestehende Wirklichkeit zu rechtfertigen. Diese reglementierende Einengung des Blicks auf die Wirklichkeit, die immer nur in gestellten bzw. zugelassenen Ausschnitten sichtbar wird, ruft dann nahezu automatisch eine Gegenreaktion hervor (darin äußert sich für Barthes die moralische Komponente im Realismusbegriff), die es sich zur Aufgabe macht, gerade das Tabuisierte zu entdecken und zu beschreiben; nach Barthes zeugen die wiederholten Strafrechtsprozesse gegen bürgerliche Autoren von diesen ›vertragsbrüchigen‹ Realismusmaximen. Nun befaßt sich nach Barthes' Meinung weder der rechtfertigende noch der schokkierend provozierende Realismus hinreichend zielstrebig mit der Wirklichkeit. Erst wenn diese als politisches und gesellschaftliches Gebilde ins Auge gefaßt wird, als eine Struktur, die anzeigt, wie sich gesellschaftliche Konstellationen aufbauen und Konflikte entstehen, erreicht der Realismus eine »Tiefe«, die ihn als Instrument des anschaulich dargestellten Wesentlichen qualifiziert (nach Barthes repräsentieren diese dritte Phase der realistischen Bewegung einerseits Balzac, andererseits der sozialistische Realismus).

Nun droht die Verpflichtung zur gestalterischen Erkenntnis der richtigen Bedeutung den Realisten diesen Typs allerdings wieder in die Nähe des eklektizistisch wahrnehmenden bürgerlichen ›Auftragempfängers‹ zu rücken. So liegt für Barthes die Hoffnung auf einem zwar die gesellschaftliche Strukturerkenntnis forttreibenden, sich aber nicht den reglementierenden Normen einer Gesellschaftsklasse unterwerfenden Realismus; Ansätze erkennt er in der Fortführung jener avantgardistischen Strömungen, die zu Unrecht in den Verdacht des Formalismus gerieten. Der Realist der Moderne soll sein Augenmerk nicht nur auf die »Tiefe« richten, sondern er muß im Gegenteil nunmehr vor allem die »Oberfläche« einbeziehen und ihr jene Aufmerksamkeit widmen, die sonst nur der ›tiefenrealistischen‹ Struktur zu gute kam. Der neue Oberflächenrealismus verspreche den optimalen »Abstand« des Realisten gegenüber der Wirklichkeit, einen Abstand, der es ihm erlaubt, soziale Strukturerkenntnis und politische Sinngebung ohne normative Bindung, also »frei« zu gestalten. Wo dies geschieht (Barthes sah Ansätze bei dem *nouveau roman* André Robbe-Grillets, der »Dichtung des reinen Tatbestandes«), erfülle sich der »totale Realismus«.

Hält man sich an den soeben skizzierten Gegensatz von Oberflächen- und Tiefenrealismus, so schneidet der deutschsprachige Realismus – wie so oft – schlecht ab, denn er wendet sich gerade im Namen seines Tiefeninteresses von der Oberfläche ab, und zudem meint diese favorisierte Tiefe wohl nicht an erster Stelle jenes Soziale, worauf der Strukturbegriff abzielt. Beruft man sich hingegen auf den nicht minder fundamentalen Aspekt der Bedeutungsgebung, so kann der ›poetische Realismus‹ durchaus mitzählen, insofern er sich an seinen typischen ›Oberflächen‹, den oft beklagten Provinzen des Regionalen und Inneren, abarbeitet und dabei einiges vorweisen kann.

2.3.1 Wirklichkeit – ja aber ...

Literarischer Realismus will mit den Mitteln der Sprache und insbesondere mit ihren narrativen Möglichkeiten Wirklichkeit darstellen. ›Sprache‹ ist sein einziges Medium, solange er nicht die Bühne betritt, und das tat er als erzählender Realismus im 19. Jahrhundert ungern oder mit wenig Erfolg; das weitere Schicksal des Realismus allerdings zeigt, daß seine eigentliche Zukunft – und das durchaus konsequenterweise – im Film und anderen ›reality shows‹ liegt. Als Darstellungsmedium kommt die Sprache bzw. das Erzählen dem literarischen Realismus als Wünschelrute für Wirklichkeit einerseits dienstfertig entgegen, andererseits stört sie sein Geschäft beträchtlich. Hilfreich ist sie insofern, als sie mit der ihr innewohnenden Darstellungsfunktion jene Wirklichkeitsreferenz mitbringt, die der Realismus braucht, sucht und wahrscheinlich mehrmals herstellt. Störend wirkt sie, weil sie sich als Medium genau in jenes spontane, authentische Verhältnis zur Wirklichkeit eindrängt, das eigentlich unvermittelt und durch keine Darstellung beeinträchtigt in Erscheinung treten will. Unbestreitbar ist, daß auch die Wörter eines noch so fiktiven Textes eine referentielle Funktion ausüben, sobald sie sich auf Wirklichkeitselemente beziehen, die seinem Publikum muttersprachlich vertraut sind (dies belegt nicht nur die Tradition polizeilicher Zensurpraxis). Roman Ingarden nannte diese Art des Weltbezugs den »Realitätshabitus der dargestellten Gegenstände« ([4]1972, § 33).

Käte Hamburger ([2]1968) hat am Gebrauch des epischen Präteritums, der Ort- und Zeitdeiktica und der Verben des inneren Vorgangs dargestellt, daß sich die erzählte Welt kategorial von der historischen Welt unterscheide, daß also die Sprache im Kunstwerk keinen außerkünstlerischen Wirklichkeitsbezug (Referenten) herzustellen vermag. Obwohl ihr aussagenlogisches Rahmenkonzept grundlegend kritisiert wurde (Hempfer 1973, vgl. Seiler 1983), können ihre Einzelbeobachtungen als rationaler Kern jener Auffassungen gelten, die das Inkommensurable zwischen Kunstwerk und historischer Wirklichkeit betonen und deshalb in Reibung geraten mit realistischen Prinzipen (Martini 1968, § 2, Tarot 1976).

Es sollte im einzelnen noch untersucht werden, ob und in welcher Weise sich die sprachliche Referenz eines romantisch-phantastischen oder abenteuerlich-exotischen Kunstwerkes von der eines realistischen unterscheidet; Dämonen, Elfen und wundersame Begebenheiten haben wohl keinen Wirklichkeitsreferenten im extensionalen Sinn, aber sie beziehen sich durchaus auf Wirklichkeitsmodelle, die festlegen, was ›es gibt‹; es bleibt von Fall zu Fall zu prüfen, welche refe rentiellen Funktionen realistische Texte mit ihren gezielten oder versteckten Hinweisen auf Bismarck, die Industrialisierung und die sozialen Bewegungen ausüben und welche verbindlichen Wirklichkeitsmodelle mit ihren diskreten Einblicken in die psychische Struktur des Einzelnen gemeint sind (vgl. Gabriel 1975). Nach Hamon (1973) zeichnet sich das realistische Programm dadurch aus, daß es von einer Welt ausgeht, die total beschreibbar ist.

Als Herausforderung für jede realistische Programmatik müssen dekonstruktivistische Konzepte gelten (Peckham 1970, J.H. Miller 1971). Ihnen zufolge besitzen nämlich die sprachlichen Zeichen eben keine Wirklichkeitsreferenz, sondern gewinnen schon das, was man ihre alltägliche Bedeutung zu nennen pflegt, allein aus dem Gegensatz zu anderen Zeichen. Zeichen verweisen demnach auf keine Wirklichkeit außerhalb ihrer selbst, sondern beziehen sich ›von Natur aus‹ immer nur auf ihresgleichen. So entsteht der berühmtberüchtigte Effekt des sich verspiegelnden Originals im flüchtigen ›Anderen‹; statt geschmeidig durch das Medium der Zeichen zur eigentlichen Sache zu gelangen, jagt man unentwegt einer Kette von fortlaufend weiterweisender Zeichen nach, die wohl den Hunger nach Wirklichkeit zu nähren vorgeben, ihr Versprechen aber nie einlösen. Für J. Hillis Miller beweist gerade die exakteste, eigentlich schon nicht-fiktionale Beschreibung von alltäglichen Situationen und Verhaltensweisen, wie sehr sie sich an literarischen Mustern, rhetorischen Techniken und poetischen Zeichen orientiert und genau dann am stärksten realistisch wirkt, wenn sie das dargestellte Leben als Drama oder Roman identifiziert hat.

Der Wirklichkeitsbezug der realistischen Literatur im 19. Jahrhundert konkretisiert sich historisch im Rahmen der naturwissenschaftlichen, philosophischen und sozialen Strömungen der Zeit. Leitvorstellungen wie Exaktheit, Kausalität, experimentelle Methode, Materialismus und soziale Frage begünstigen eine dem Detail zugewandte Wirklichkeitsdarstellung; das Kausalitätsprinzip führt zu einer immer strenger, deterministischer wirkenden Motivation in Handlungsverlauf, Personenverhalten und konsekutiver Verknüp-

fung von Figur und Grund (Umwelt); die experimentelle Methode
beeinflußt immer stärker die literarische Beobachtungstechnik; die
atheistische Anthropologie wirkt auf das künstlerische Menschenbild, und die Probleme der gesellschaftlichen Organisation im Zeichen der Verstädterung und Anonymisierung bestimmen Funktion,
Wirklichkeitsbild und Konfiguration realistischer Werke.

Nach Škreb (1973) gilt es zu erkennen, daß psychologische, na-
turgesetzliche und gesellschaftliche Kausalität im Realismus als
selbstverständlich galt. Von einem die Epoche charakterisierenden
»Causalitätsbedürfnis« sprach schon Wilhelm Scherer (S. 81). Doch
sollte fraglich bleiben, ob hier wirklich ›Kausalität‹ gemeint war oder
nur Respektierung dessen, was nach Maßgabe der jeweiligen Einsicht als wahrscheinlich bzw. zumutbar gelten konnte. Auch ›Kausalität‹ ist – wie Natürlichkeit – nur ein Zeichen, mit dem man – wie
Alfred Döblin in anderem Zusammenhang sagte – etwas will.

2.3.2 Referenz

2.3.2.1 Widerspiegelung

Schon während der programmatischen Bewegung und dann erst
recht bei der wissenschaftlichen Bestimmung einer realistischen Literatur taucht wiederholt und auf unterschiedlichem Reflexionsni-
veau der Widerspiegelungsbegriff auf. Widerspiegelung bzw. Abbildung kennzeichnet (oberflächlich gesehen) ein bestimmtes
Verhältnis zwischen Wirklichkeit und Dichtung (unverzerrte wahr-
heitsgetreue Wirklichkeitsdarstellung). Genauer besehen bezeichnet
der Begriff jedoch mindestens zweierlei: das perzeptive Verhältnis
des Dichters zur Wirklichkeit und das produktive Verhältnis des Autors zum dichterischen Text. Eine direkte, ungebrochene Beziehung
zwischen Text und Wirklichkeit gibt es nicht; vielmehr verläuft sie
einerseits über den Textproduzenten, andererseits über den Textrezi-
pienten, der Literatur lesend aktualisiert. In allen sich daraus ergebenden Fällen (Wirklichkeit – Autor, Autor – Text, Text – Leser, Leser – Wirklichkeit) sind Bewußtseinsphänomene angesprochen, die
sich nicht ›materialistisch‹ auflösen lassen. Hinzu kommt, daß Widerspiegelung keine automatische Tätigkeit ist, sondern durch vor-
gängige Erfahrungen und übergeordnete Theorien vermittelt wird.

Aus einer Konsensformel – »Realismus ist wahrheitsgetreue/
objektive künstlerische Gestaltung der (sozialen/zeitgenössischen)
Wirklichkeit« – entwickelt Tarot (1976) sieben Implikationen des
Realismusbegriffs, die er in einer vierstelligen Relation (Autor –

Wirklichkeit – Werk – Leser) zusammenfaßt. Die Implikationen beziehen sich auf die Mimesis-Tradition, den erkenntnistheoretischen Realismus (Objektivität, Erkennbarkeit und Darstellbarkeit der Wirklichkeit), den referentiellen Aspekt (Analogie und Vergleichbarkeit von Werk und Wirklichkeit) und das »Rückkopplungsverhältnis von Rezipient und Autor«.

Die marxistische Forschung definiert Widerspiegelung als eine »Eigenschaft der Materie«, äußere Einwirkungen durch innere Veränderungen zu reproduzieren und auf sie zu reagieren« (Kosing 1972). Die spezifisch menschliche Widerspiegelungsform ist das Bewußtsein: »Das Bewußtsein umfaßt die Gesamtheit der sinnlichen und rationalen Widerspiegelungsformen sowie den Bereich der menschlichen Emotionen und des Willens, d.h. die gesamte psychische Tätigkeit des Menschen.« (Kosing) Obwohl das Verhältnis zwischen Abbild und Abgebildetem nicht als eine mechanische Kopie angesehen werden darf, liegt hier doch eine »eindeutige Beziehung« vor (Kosing). Die moderne Kybernetik sucht diese Beziehung genauer zu fassen: »Kybernetisch gesehen, ist das Bewußtsein ein [...] internes Modell der Außenwelt, das an Hand der Praxis ständig verbessert wird.« (Klaus 1969) Im Vorgang der Wahrnehmung wirkt die Außenwelt nicht direkt und unvermittelt auf das erkennende Subjekt ein, sondern bricht sich in einem Filter, der die Wahrnehmungsrichtung lenkt sowie den Wahrnehmungsinhalt vorstrukturiert und modifiziert; zugleich jedoch unterliegt dieser Filter seinerseits fortwährenden Veränderungen, indem er sich (als selbstregulierendes System) an die Außenwelt anzupassen sucht (Steinbuch [3]1965, Klaus 1969). Von hier aus gesehen, wird besonders deutlich, daß der häufig gebrauchte Illusionsbegriff das Realismusproblem nicht an zentraler Stelle trifft; die literarische Konstruktion eines Modells, das ähnlich ›funktionieren‹ soll wie der zu erklärende Sachverhalt, ist vor allem ein heuristisches Problem; anders formuliert: Jedes Modell hat Spielcharakter, ohne daß dieser Umstand grundsätzlich seine Illusionsqualität bedingte.

Diese Ergebnisse berühren die Kernzone des literarischen Realismusproblems. Der wissenschaftliche Begriffsgebrauch muß sie reflektieren, will er nicht mit falschen Erwartungen von einer realistischen Literatur sprechen. Horst Redeker (1967) entspricht mit seiner Monographie *Abbildung und Aktion* dieser Forschungstendenz; die Ästhetik Kagans (1974) folgt ihm, indem sie mit den Begriffen »abgewandelte Widerspiegelung« und »bildhaftes Modellieren« operiert. Schon Brecht gebraucht den Widerspiegelungsbegriff in einem eher allgemeinen Sinn als Überbegriff für unterschiedliche Methoden, »vermittels getreuer Abbildungen der Wirklichkeit die Wirklichkeit zu beeinflussen« (S. 42). Für ihn selbst spielten dabei »Modelle« eine entscheidende Rolle (S. 47).

Grundlage der orthodoxen marxistischen Realismusdiskussion ist die schmale Definition von Friedrich Engels in einem Briefentwurf an Margaret Harkness, Anfang April 1888: »Realismus bedeutet [...] außer der Treue des Details die getreue Wiedergabe typischer Charaktere unter typischen Umständen.« (Marx, Engels, Lenin 1973, S. 435.) Die Bedeutung des Wortes ›typisch‹ ist abermals eine Relation; die inhaltliche Füllung hängt von dem Wirklichkeitsmodell ab, auf das sie sich bezieht; so läßt sich der Begriff von der getreuen Wiedergabe als eine abhängige Variable von der jeweiligen Wirklichkeitsinterpretation verstehen.

Schon Engels erweitert diese Begriffsbestimmung um den Gesichtspunkt der gesellschaftskritischen bzw. gesellschaftsverändernden Funktion der Literatur. Ein sozialistischer Tendenzroman habe schon dann seine Aufgabe erfüllt, »wenn er durch treue Schilderung der wirklichen Verhältnisse die darüber herrschenden konventionellen Illusionen zerreißt, den Optimismus der bürgerlichen Welt erschüttert, den Zweifel an der ewigen Gültigkeit des Bestehenden unvermeidlich macht« (Marx, Engels, Lenin 1973, S. 433).

Zu der produktions- und wirkungsästhetischen Abgrenzung tritt im Lauf der weiteren wissenschaftlichen Auseinandersetzung eine literarhistorische Entscheidung, die das geschichtliche Ausmaß realistischer Literatur, ihre Entstehung und ihre Entwicklung bis zur Gegenwart betrifft. (Müller 1952/53, Pracht 1962, 1964, 1965, Kosik 1966, Petrow 1971, Träger 1972, 1974, Sickingen-Debatte 1974, Myrdal 1975, Heise 1976).

Weder der zeitgenössischen noch der übrigen wissenschaftlichen Realismusdiskussion wird die Geschichte der deutschen Literatur (1975) gerecht, wenn sie »die prinzipielle Überlegenheit der von Marx und Engels entwickelten Realismuskonzeption« behauptet (S. 443). Der Anspruch ist durch nichts erfüllt; denn die Kategorien, die plakativ die Überlegenheit beweisen wollen (»›volle Verschmelzung‹ des ›bewußten historischen Inhalts‹«, »Lebendigkeit und Fülle der Handlung« [Engels]) unterbieten in ihrer unscharfen Begrifflichkeit den erreichten Forschungsstand. Zur westdeutschen Widerspiegelungsdiskussion siehe Metscher (1972) und Kessler (1979). Eine erneute Sichtung des Widerspiegelungskonzepts enthält der von Dieter Schlenstedt (1981) herausgegebene Sammelband.

Fraglich muß bleiben, ob der Widerspiegelungsbegriff überhaupt noch zu retten ist oder ob er seine ehemals führende Rolle nicht schon längst anderen Konzepten übergeben hat (›Kodierung‹/›Programmierung‹, ›Verarbeitung‹/›computing‹, ›Inszenierung‹). Anders

gewendet: die kritische Rolle der ›Widerspiegelung‹ innerhalb der
Realismusdebatte rührt nicht daher, daß ›Spiegel‹ für die Wirklichkeit letzten Endes zu blind sind, sondern daß sie bereits eine wichtige Schwelle für den Übergang vom Realen zum Imaginären darstellen, oder richtiger und vollständiger: daß diese Spiegel einem
›trivium‹ gleichen, wo Reales, Imaginäres und Symbolisches zusammenkommen.

2.3.2.2 Detailrealismus

Realistisches Schreiben zeichnet sich durch eine Fülle von Detailinformationen aus, die mitgeteilt werden, ohne daß sie unbedingt zum
Gang der Handlung gehörten. Das hat auch Brecht beobachtet: »*Einige bekannte Kennzeichen des Realismus* sind das realistische Detail,
ein gewisses sinnenfreudiges Moment, Anwesenheit des ›unbearbeite-
ten‹ Rohstoffs und so weiter.« (Brecht 1940/1971, S. 124) R. Jakobson charakterisierte diesen Zug, der ebenso Genauigkeit wie Groß-
zügigkeit anzeigt, als metonymisches Verfahren, das den Realismus
geradezu konstituiere (vgl. R. Zeller 1980, S. 89). Nach Barthes
(1968) üben Details, die innerhalb des narrativen Plans keine Funktion haben, einen »effet de réel« (S. 88) aus; das heißt, solche eigentlich nicht integrierten und damit funktionslosen Details sagen
nichts anderes als ›wir sind das Reale‹.
    Der Detailrealismus ist, wie Sengle (1971) überzeugend dargelegt
hat, ein Stilregister, das im Rahmen einer der alten Rhetoriktradition verpflichteten Dichtung seinen festen Ort hat. Er kennzeichnet
hier eine Stillage, die auf eingegrenztem Raum ein äußerstes Maß an
Wirklichkeitsnähe anstrebt. Vom realistischen Anspruch auf Wirklichkeitstreue unterscheidet sich diese Schreibweise insofern, als sie
nicht zum dominierenden Prinzip einer unter dem Integrationsge-
setz stehenden Dichtung erhoben wird. Das Detail in der realistischen Literatur hat (im Gegensatz zu Barthes' Auffassung) eine tek-
tonisch-funktionale und meistens auch zeichenhaft-symbolische
Bedeutung; der Detailrealismus der rhetorischen Literatur ist ein
Mittel unter vielen anderen, die gewollte (didaktische) Wirkung auf
heilsgeschichtlichem, moralischem, satirischem oder idyllischem
Hintergrund (Martini 1968, S. 348) zu erzielen. So kommt es, daß
Dichtungen, die in ihrer Anlage die Rhetoriktradition deutlich er-
kennen lassen, wirklichkeitsnäher wirken können als die Werke der
Realisten; zu denken wäre etwa an den christliche Naturalismus
(und damit eben nicht Realismus), wie er sich bei Gotthelf oder
Droste-Hülshoff findet.

Relativ genaue Ort- und Zeitangaben (besonders aber Vermeidung romantisch-phantastischer Ortswechsel und Zeitsprünge), Beschreibung der Wohnverhältnisse und Bekleidung sind literarische
Leitlinien, die die Realisten maßvoll einhielten, d.h. als natürliche,
sich aus dem Wahrscheinlichkeitsgebot selbstverständlich ergebende
Forderungen erfüllten, ohne damit jedoch auf weitere poetische Verarbeitung (im Sinne der Verklärung und der Reichsunmittelbarkeit
der Poesie) verzichten zu wollen.

Die Worte eines zeitgenössischen Kritikers beziehen sich auf diese Form des Realismus:

»Es hängt mit dem realistischen Zuge unserer Zeit zusammen, daß die Ge-
schöpfe der dichterischen Phantasie localisiert und uniformiert werden; der
Schauplatz ist nicht mehr ›eine Residenz‹, ›eine Großstadt‹, sondern mit
Vorliebe Berlin; der Held ist nicht ›ein höherer Offizier‹ oder dergleichen,
sondern Gardelieutenant, Dragonerlieutenant, Hauptmann im General-
stab.« (Richard Weitbrecht in: *Blätter für literarische Unterhaltung*, 1888,
Nr. 27, 5. 599; vgl. auch Braun 1980, S. 56 f.)

Daß Realismus nicht einfach mit Detailtreue gleichgesetzt werden
darf, hebt Elsberg (1962) hervor:

»Für eine wissenschaftliche Definition des Realismus ist es von großer Bedeutung, auf welche Weise sich in den verschiedenen Entwicklungsperioden
›die Treue des Details‹ mit der Breite und vor allem mit der Totalität der
dargestellten Wirklichkeit verbindet oder wodurch sich die Wiedergabe der
Details im Realismus von deren Fixierung in den anderen literarischen
Richtungen unterscheidet.« (S. 36)

In den literarischen Bestrebungen eines Viggi Störteler (*Die miß-
brauchten Liebesbriefe*) karikiert Keller den unrealistischen Detailrealismus; Viggi notiert sich:

»Interessantes Detail. Kleiner Stab in Erde gesteckt. Leiche von silbergrauer
Schlange darum gewunden, gebrochen im Starrkrampf des Todes. Ameisen
kommen aus dem hohlen Innern hervor oder gehen hinein, Leben in die
tragische Szene bringend. Die Schlagschatten von einigen schwanken Grä-
sern, deren Spitzen mit rötlichen Ähren versehen sind, spielen über das
Ganze. Ist Merkur tot und hat seinen Stab mit toten Schlangen hier stek-
ken lassen? Letztere Anspielung mehr für Handelsnovelle tauglich. NB. Der
Stab oder Pflock ist alt und verwittert, von der gleichen Farbe wie die
Schlange; wo ihn die Sonne bescheint, ist er wie mit silbergrauen Härchen
besetzt. (Die letztere Beobachtung dürfte neu sein.)«

2.3.3 Kunst

2.3.3.1 Wirklichkeit und literarische Struktur

Richard Brinkmanns Habilitationsschrift *Wirklichkeit und Illusion* (1957, [3]1977) bezeichnet einen entscheidenden Höhepunkt in der Realismusforschung; die Arbeit gewinnt ihren besonderen Wert durch die Intensität ihres Fragens nach den bestimmenden Merkmalen des Realismus. Auf der Grundlage begriffstheoretischer, erkenntnistheoretischer, sprachphilosophischer und strukturalistischer Reflexionen sucht sie »Gehalt und Grenzen« des Realismusbegriffs zu erfassen. Die doppelte Aufgabenstellung verlagert in bedeutsamer Weise den Schwerpunkt des Interesses am Begriffsinhalt: Im Vordergrund des kritischen Definierens steht die Spanne zwischen der Absicht des Dichters, Wirklichkeit darzustellen, und dem Ergebnis, in dem sich das Kunstwerk als autonome dargestellte Wirklichkeit ausweist. Ausgehend von dem Strukturbegriff Clemens Lugowskis (1932) und in merklicher Nähe zur dichtungslogischen Theorie Käte Hamburgers (vgl. auch G. Müller 1939) gilt die Aufmerksamkeit den besonderen Mitteln poetischer Wirklichkeitskonstitution. Damit wendet sich Brinkmann bewußt gegen jene Auffassung, die in der objektiven inhaltlichen Wiedergabe der tatsächlichen Wirklichkeit das Materialobjekt des Realismus erkennt. Ähnliches formulierte schon Nolte:

> »The essential question, then, is not: how does art compare with reality or how far is it commensurate with actuality; but: how does art, which is an awareness, hold its own with other kinds of awareness or how far is art, which is an experience, compatible with other forms of experience.« (1942, S. 40)

Brinkmann stellt fest: »Das Materialobjekt des Begriffs Realismus (immer im Sinne von Realismus der Dichtung des 19. Jh.s) sind die Strukturformen der Dichtung, d.h. die Formen, in denen die Dichtung die Wirklichkeit der ›dargestellten‹ Welt eben als ihre, der Dichtung eigene Wirklichkeit auferbaut« (S. 79). Das Ergebnis der Untersuchung zeigt, daß die realistische Prosa von einem Prinzip bestimmt ist, welches mit zunehmender Geltung einen »Umschlag« bewirkt, »den die Dichter und Theoretiker des ›Realismus‹ nicht gewollt und kaum vorausgesehen haben« (S. 303). Setzte diese Entwicklung bei Grillparzer (*Der arme Spielmann*) mit dem »Einbruch der Subjektivität« ein, so gipfelt sie, sich gegen ihren eigenen Ausgangspunkt wendend, in der »Objektivierung des Subjektiven« bei Eduard von Keyserling (*Beate und Mareile*), nachdem sich in Otto

Ludwigs *Zwischen Himmel und Erde* bereits die »Verwirrung von
›Objektivität‹ und ›Subjektivität‹« vollzogen hat.

Im Mittelpunkt der Brinkmannschen Argumentation steht, mehr
oder minder deutlich ausgesprochen, der Begriff der Erfahrung.
Wenn der Realist Erfahrungen individueller Figuren (des Erzählers
wie der erzählten Figuren) authentisch gestalten will, unterliegt er
den formallogischen Gegebenheiten dieses Begriffs, der eine Relation mit mindestens zwei Leerstellen ist (das Individuum als erfahren-
des Subjekt, die Welt als erfahrenes Objekt); eine Darstellung ist
wirklichkeitsbezogen, wenn sie die konkreten Erfahrungen einzelner
vorführt (vgl. dazu schon Berkhout 1942, S. 276 und 299); dieser
Wirklichkeitsbezug jedoch ist kein unmittelbarer, sondern ein
durch die Erlebnisindividualität gebrochener; das, was Wirklichkeit heißt, ist nur auf dem Weg der Erfahrung zugänglich, aber indem sie erfahren wird, ist sie nicht mehr Wirklichkeit, wie sie ist,
sondern individuell erfahrene Wirklichkeit. In der logischen Relation des Erfahrungsbegriffs glaubt Brinkmann die erkenntnistheoretische Position des Subjektivismus wiederzuerkennen. Dem Originali-
tätsprinzip gehorchend, liegt die Aufgabe des Erzählens immer bei
dem, der etwas erfahren hat; sofern aber der Erfahrungsinhalt des
Erzählers die Erfahrungen einer anderen Figur enthält, wechselt die
Erzählerrolle nahezu automatisch auf diese Figur über und führt zu
einem dichtungslogischen, erzähltechnischen Widerspruch.

Für Brinkmann ist die Frage nach dem Grad des Realismus in der
realistischen Prosa eine Frage nach der erzählerischen Strukturierung,
der je perspektivischen Wirklichkeitsdarstellung (Ich-Erzähler, aukto-
riale und personale Erzählhaltung). Der Erfahrungsbegriff erfüllt
hierbei eine doppelte Funktion: Er bezeichnet die Kernzone allen
realistischen Kunstwollens, und zugleich enthüllt er aufgrund seiner
innerbegrifflichen Struktur die Unmöglichkeit, Realismus konsequent zu verwirklichen.

Brinkmanns Ergebnis läßt zwei Schlußfolgerungen zu: Die erste
betrifft den Begriffsgebrauch: Alltags- und Wissenschaftsbegriff
müssen streng voneinander getrennt werden; wenn sich dabei die
Grenzen des Begriffs abzeichnen, so spricht dies keineswegs gegen
den Begriff überhaupt, sondern dient viel eher seiner Präzisierung.
Die zweite Schlußfolgerung bezieht sich auf die vom Begriff gemeinte Werkgruppe: Die erkenntnistheoretische Paradoxie, die die
Analyse ergab, verhindert keineswegs die Begriffsanwendung auf
eine Reihe von Werken, in deren thematischem und strukturellem
Mittelpunkt gerade das Wahrnehmungsproblem steht.

Brinkmanns Versuch, die Frage nach dem epochentypischen Verhältnis zwischen Wirklichkeit und Dichtung mit erkenntnis-

theoretischen und formalen Argumenten zu beantworten, vermochte die Forschung nicht restlos zu überzeugen. Das Problem einer sich graduell durchaus wandelnden Analogie zwischen erkannter und dargestellter Wirklichkeit, auf die Martini (1960/1962) hinwies, blieb damit noch unbeantwortet. Auch die Polarisierung bzw. das paradoxe Ausspielen der Begriffe objektiv und subjektiv befriedigte, abgesehen von der (überkritisierten) Begriffsunklarheit, kaum; statt dessen erinnerte man an die epochensymptomatischen Ausgleichs- und Synthesebemühungen (Kaiser 1958). Zwar will man Brinkmanns These von der Subjektivierung der Erzählkunst nicht gänzlich zurückweisen, sie jedoch entweder in einem Streben nach Ausbalancierung aufheben oder aus den gattungsspezifischen Gesetzen insbesondere der Novelle im 19. Jahrhundert erklären (Martini 1960/62).

Brinkmanns strukturalistische Methode lenkte den Blick auf die Darstellungsproblematik der realistischen Literatur; seitdem können kaum noch Untersuchungen zum Thema diesen Aspekt außer acht lassen, obwohl natürlich schon früher dieser Gesichtspunkt berücksichtigt wurde; zu denken wäre an die Gegenüberstellung von »realism of subject« und »realism of treatment« bei McDowall (1918). Grant (1970) unterscheidet zwischen »the correspondence theory of realism«, d.i. Literatur unter dem Gesichtspunkt ihres Wirklichkeitsbezugs, und »the coherence theory of realism«, d. i. Literatur als schöpferische Wirklichkeit, die nicht mit der historischen Wirklichkeit vergleichbar ist. Die Habilitationsschriften von Preisendanz und Ohl nehmen Brinkmanns Ergebnisse auf, modifizieren sie und führen die Realismusforschung so einen entscheidenden Schritt weiter.

Preisendanz (*Humor als dichterische Einbildungskraft*, 1963) sieht in der deutschen Literatur des Realismus ein »Spannungsverhältnis zwischen der Beschaffenheit des Erzählten und der Art des Erzählens« (S. 11) vorwalten; als dessen genuine Präsentationsform erkennt er den Humor; hinter einer solchen epochentypischen »humoristischen Polarität von Gegenstand und Vermittlung« (S. 12) verberge sich das Formproblem einer mit der Wirklichkeit konfrontierten Poesie (S. 16). Der Humor bietet sich als poetische Integrationsform an, da er die immer stärker wissenschaftlich bestimmte und somit kaum noch dichtungsgemäße Wirklichkeit im literarischen Medium realistisch *und* poetisch zugleich hervorbringen kann. Der verstärkte Wirklichkeitsbezug der Kunst machte die Lösung der Frage immer dringlicher, wie die Erzählkunst vermeiden könne, »zum Vehikel wissenschaftlicher Erkenntnisse, zur Verherrlichung der ›wissenschaftlichen Seligkeiten‹ zu werden« (1963/69); nur das Formprinzip des Humors vermochte die poetische Autarkie zu garantieren. Vor hier aus ergeben sich für Preisendanz neue Argumente für die Beibehaltung der Begriffsbildung ›poetischer Realismus‹, die jetzt als treffender (nicht mehr durch Otto Ludwig bestimmter) Ausdruck für das Bemühen der Realisten um die »Spannung zwischen Poesis und Mimesis« gelten darf (1963/69, S. 459).

Da Preisendanz die Voraussetzungen für die konstitutive Bedeutung des Humors im poetischen Realismus in der Romantik sieht, beginnt seine Abhandlung über den »Humor« der Realisten weit vor dem Epocheneinsatz (F. Schlegel, K.W. Solger, E.T.A. Hoffmann, G.W.F. Hegel, G. Keller, Th. Fontane, W. Raabe). Die Präzisierung des Humorbegriffs als Formprinzip erfolgt in einem Hegel-Kapitel, aus dem die Leitvorstellung des ›objektiven Humors‹ als »Vermittlung von Subjektivität und Objektivität durch ›Verinnigung in dem Gegenstande‹« gewonnen wird (im Gegensatz zum ›subjektiven Humor‹, der die Objekte negiert, verinnert der objektive Humor die Objekte im Subjekt); in diesem Bezugsrahmen interpretiert Preisendanz ausführlich Gottfried Keller und entdeckt hier, Brinkmanns These von der Subjektivierung einschränkend, die Möglichkeit der Einbettung des Objektiven im Subjektiven, der Vermittlung zwischen Welt und Ich im Vorgang des Erzählens. »Das Wesen humoristischen Erzählens macht die Brechung des Objektiven, die Brechung der, mit Hegel zu reden, ›starren äußeren Satzung‹ aus, es stellt mit der Sache immer zugleich ein Verhältnis zur Sache dar« (1963/69, S. 476). Im zentralen Begriff der ›Reichsunmittelbarkeit der Poesie‹ (G. Keller) entdeckt er die »Grundformel des poetischen Realismus«, »sofern sie die Unmittelbarkeit der poetischen Welterfahrung und damit die Unabhängigkeit der Wahrheit der Dichtung von allen anderen Weisen des Weltverständnisses zu kennzeichnen sucht« (1963/69, S. 466). Die Analysen der verklärenden Macht des Humors im Zeitroman Fontanes und des spekulativen Humors in Raabes Erzählkunst bekräftigen im Sinn einer Gegenprobe das an Keller Gezeigte.

Hermand (1967, 56–58) hat Preisendanz vorgeworfen, daß er die Erzählpraxis der Realisten zu einseitig auf den Humorbegriff festlege; es müßten hier auch andere Darstellungsformen wie das Tragische, Groteske, Geschichtliche und Gefühlsmäßige genannt werden. Problematisch aber bleibt insbesondere der Rückgriff auf Hegel; darauf hat auch Kaiser (1969) beiläufig hingewiesen (S. 152, Anm. 3). Nach Preisendanz ist der literarisch dargestellte Wahrnehmungsvorgang (Figur – Umwelt, Erzähler – Erzähltes) zugleich ein Vorgang der jeweiligen (von Figur bzw. Erzähler ausgehenden) Bedeutungsverleihung; das ist ein komplexer Sachverhalt, der durch die Dichotomie objektiv – subjektiv, die auch Preisendanz anwendet, nicht erfaßt wird; es stellt sich die Frage, ob eine Hegelsche Begrifflichkeit hier überhaupt weiterhilft.

Ohl (1968) schließlich geht in der kritischen Auseinandersetzung mit dem Wirklichkeitsbezug noch einen Schritt weiter als Preisendanz und zeigt bereits in der Wahl des Titels *Bild und Wirklichkeit*, daß es auch ganz ohne den Realismusbegriff geht. Er wendet sich endgültig von einer inhaltsbezogenen Realismusdiskussion ab und bemüht sich um eine geschichtsphilosophisch begründete Analyse der Erzählstruktur und Symbolik im nachgoetheschen Roman. In der Nachfolge Brinkmanns geht es auch hier um das spezifisch Poetische eines auf den prosaischen Weltzustand (Hegel) bezogenen Genres; der drohenden Formalisierung soll dabei mit der Kategorie des Bildes, die sowohl Formales wie Inhaltliches umfaßt, entgegengewirkt werden. Ohl wendet sich insbesondere gegen Martinis These vom objektiv gegebenen (bzw. vom Realisten intendierten) Zusammenhang der Dinge und vertritt seinerseits die Auffassung, daß solche Zusammenhänge nur als subjektive Setzungen, d.h. als jeweilige Projektionen eines erzählenden oder erlebenden Ichs zu verstehen seien. Die dargestellte Wirklichkeit bei Raabe und Fontane ist keine Welt an sich, geschweige denn eine objektiv sinnvolle Welt, sondern eine perspektivisch vermittelte; Welt wird im Akt des Erzählens oder in der Phase des Erlebens jeweils perspektivisch konstituiert. Ohl erkennt hierin ein tektonisches Prinzip, das er mit einem Begriff Hegels, der ›bewußten Symbolik‹, am genauesten zu erfassen glaubt; im Begriff der bewußten Symbolik kommen der erzählerische Wirklichkeitsaufbau des Dichters und das sinnerzeugende Wahrnehmen der literarischen Figur zur Deckung:

»Die bewußte Symbolik läßt an dem Dargestellten einen Umkreis von ›Bedeutsamkeit‹ aufscheinen, der nur für das symbolisierende Subjekt – den Erzähler oder seine Gestalten – existiert und der überdies ›auf der Stufe der Endlichkeit des Bewußtseins und damit auch der Endlichkeit des Inhalts‹ verbleibt, – das heißt aber auch: innerhalb jenes Bereiches, der das eigentliche Feld des Romanes ausmacht.« (S. 36)

Ohls Ergebnisse gehören in einen geschichtsphilosophischen Rahmen; sie markieren den Übergang von der Gewißheit metaphysisch verbürgter Zusammenhänge zur skeptischen Position der perspektivischen Auflösung des Substantiellen als eines vermeintlich unteilbaren Kerns. So rückt Nietzsches Perspektivismuskonzeption in unmittelbare Nähe (S. 173 f.).

Ohls »Realismusforschung ohne Realismusbegriff« wurde von Kaiser (1969) kritisiert. Bei aller Anerkennung der methodischen und analytischen Leistung vermißt er die für eine Realismusfor-

schung zentrale Blickrichtung auf den historisch präzisierten und
poetisch bewältigten Wirklichkeitsbezug: »So sicher aber der deutsche Realismus sich aus seinem besonderen Verhältnis zu einer gegenüber der Klassik veränderten Realität versteht – eben als Realismus – so sicher ist es notwendig, den Blick auf diese Realität selbst
in die Interpretation der Dichtung einzubeziehen, mit anderen Worten: die Frage nach dem Realismus dieses Realismus zu stellen.« (S.
159) Ohl hatte sich für einen erkenntnistheoretischen Perspektivismus entschieden und konnte so die historische Frage nach der Realität beiseite lassen; Kaiser hingegen sieht diese Realität als gesellschaftliche Wirklichkeit, auf die die Literatur des Realismus reagiere;
und dies führe notwendigerweise zu einer Untersuchung der »Diffe-
renziertheit und Dialektik, mit der sie [die realistische Literatur] die
Gesellschaft im Reflex des subjektiven Bewußtseins und im Miteinander des epischen Dialogs einholt« (S. 160).

2.3.3.2 Die Geburt der Wirklichkeit aus dem Geist der Sprache

Brinkmanns und später Ohls Studien lenkten den Blick auf den Zusammenhang zwischen Realismus und Erkenntnis. Besonders durch
Ohls Konzept der Perspektivierung wurde deutlich, daß die Figuren
realistischer Werke ihre Welt nur in perspektivischer Brechung erfahren, daß erst die individuelle und situationsbedingte Perspektive
Welt hervorbringt. Von Ohl ausgehend, betont Kuchenbuch (1969),
daß »auch die zeitlichen und optischen Wahrnehmungsbedingungen
für die ästhetische Wirkung fruchtbar gemacht werden« (S. 16). In
der Tat wußte schon Spielhagen, daß selbst das bloße Sehen, das eigentlich zur Natur der Menschen gehört und deshalb immer und
überall gleich sein müßte, tatsächlich historisch je »anders« erfolgt
(1883, S. 53). Doch tritt gerade für diesen Fall als ausgleichender
Faktor der Anspruch hinzu, im einseitig Wahrgenommenen unbedingt das Ganze entdecken zu wollen.
   Nun gilt ganz allgemein, daß jede Art von Wahrnehmung, die literarische wie die alltägliche, keine einfache Subjekt-Objekt-Relati-
on ist, sondern ein vielfältig vermittelter bzw. gesteuerter Vorgang;
Wahrnehmung geschieht nie als ein bloßes Abbilden von Sachver-
halten sondern ist eine aktive, konstruktive Tätigkeit. Auf W.I. Thomas geht die in der Wissenschaftsgeschichte klassische Formulierung
zurück: »If men define situations as real, they are real in their conse-
quences.« (Thomas 1928, S. 572; vgl. Holzkamp 1973, Ulmann
1975) Damit ist natürlich noch nicht die Frage entschieden, ob es
Wirklichkeit an sich, unabhängig vom erkennenden Subjekt, gibt

oder nicht. Aber es zeichnet sich der Rahmen ab, in dem das Problem des literarischen Realismus im Sinn authentischer Wirklichkeitserfahrung gesehen werden muß. Begrifflich und emotional gesteuerte Erfahrung ist immer sprachlich gelenkte, zeichenvermittelte Wahrnehmung. So gesehen ist der Perspektivismus weder eine historische noch geschichtsphilosophische Besonderheit, sondern ein allgemeines sprachpsychologisches und insbesondere narratives Phänomen, dessen neuzeitliche bzw. spezielle literarische Modifikation erst beschrieben werden mußte.

Schon sehr früh wies Theodor Meyer (1901) in seiner Kritik am literarischen Naturalismus auf den sprachlichen Faktor hin: »Mit der Sprache kann niemand die Wirklichkeit schildern genau wie sie ist.« (S. 231) Alles Sprechen bedeutet Auswählen und Bearbeiten; und sofern Auswahl und Bearbeitung immer schon nach einem bestimmten Zweck erfolgt, ist sprachliche Wirklichkeitsbehandlung Idealisierung. Meyer versucht, die Theorie der sinnlichen Anschaulichkeit von Dichtung aufgrund des sprachlichen Vermittlungsfaktors zu widerlegen; seine Untersuchung bleibt auch für die Realismusforschung wichtig, sie warnt vor einem allzu oberflächlichen Gebrauch des Anschaulichkeitsbegriffs (vgl. etwa Brösel 1928; siehe aber auch die Anerkennung des »Theorems der *Visualität*« durch Eisele, 1977, S. 155).

Die neuere Realismusforschung hat den Zusammenhang von Wirklichkeitsdarstellung und Sprachproblematik durchaus erkannt (Pascal 1962, Grant 1970, Knüfermann 1967 und 1970, Stern 1973 und 1975) und versucht, aufgrund von sprachphilosophischen Überlegungen das Realismusphänomen neu zu fassen. Bevorzugt werden hier sprachtheoretische Konzepte, die der Sprachphilosophie Wilhelm von Humboldts nahestehen (weitergeführt durch F. Mauthner, die ›zweite‹ Philosophie Wittgensteins, L. Weisgerber, Sapir, Whorf; dazu Kutschera ^{2}1975): Wahrnehmbare Welt ist eine durch die Wortbedeutungen und die syntaktische Struktur der jeweiligen Muttersprache hervorgebrachte, gegliederte und interpretierte Welt; nicht die Welt an sich bietet sich dem Erkennenden dar, sondern ein sprachlich begründetes (oder, vorsichtiger, zeichenvermitteltes und kognitiv bearbeitetes) Weltmodell. So gesehen kann es einen Realismus im Sinne des Anspruchs, Menschen, Situationen und Zusammenhänge unvermittelt und unverzerrt vorzuführen, nicht geben; Sprache, nicht nur in ihrer poetischen, sondern schon in ihrer alltäglichen Darstellungsfunktion konstituiert sowohl Welterfahrung als auch Weltreproduktion; so sieht Preisendanz (1969) »Sprache als Matrix der Weltaneignung und der Konsistenzbildung«.

Es scheint somit gewiß und selbstverständlich zu sein, daß »Realität nie an sich reproduziert werden kann, sondern immer nur deren Bild nach Maßgabe der anthropologischen, historischen und sozialen Bedingungen von Erkenntnis« (Ruckhäberle/Widhammer 1977, S. 6). Aber auch diese Auskunft bleibt anfechtbar; denn worauf bezieht sich hier der Ausdruck ›Realität an sich‹? Etwa auf die Gesamtheit des Nicht-Reproduzierbaren? Dann wäre die Formulierung analytisch. Wenn aber nur ›Bilder‹ reproduzierbar sind, so begrenzt man zwar den Reproduktionsvorgang auf die Hervorbringung von Bilderketten, übergeht aber wortlos den genetischen Zusammenhang von Original und Bild, dessen Relevanz durch den Gebrauch des Bildbegriffs bestätigt wird. Kurz: Wenn der Begriff einer authentischen Wirklichkeitsschilderung problematisch ist, so ist es der Begriff einer nie möglichen Wirklichkeitstreue ebenso.

Die sich in Widersprüchen bewegende Konzeption des Realismus, die bei der Analyse der Programmatik in den Vordergrund trat, sucht Eisele (1979) auch an der poetischen Praxis der Realisten nachzuweisen. Am Beispiel von Wilhelm Raabes *Stopfkuchen* zeigt er, wie diese Detektivgeschichte als »ein Diskurs über das richtige Erkennen der Realität gelesen werden kann« (S. 1). Eisele spricht dem Realismus eine erkenntnistheoretische Position zu, die dem Empirismus – der aber eigentlich nur eine »ins Materialistische gekehrte profane Variante der Idealitätsphilosophie« (S. 19) sei – verpflichtet ist: Das Prinzip der kritischen »Augenzeugenschaft« (S. 3) setze eine Welt voraus, die durch den Gegensatz von Außen und Innen, Schale und Kern, Erscheinung und Wesen, Oberfläche und Tiefe, Begriff und Anschauung gekennzeichnet ist.

»Die Wahrheit, die er [der Text] ans Licht zu bringen behauptet, ist eine buchstäblich *wirkliche,* denn sie erscheint als Teil der Realität, als ein real existierendes Wirklichkeitselement, das es als ein Essentielles aus der es umgebenden – und also die Wahrheit verschleiernden – Hülle herauszuschälen gilt.« (S. 26)

Indem dann – angewendet auf das Raabesche Beispiel – der von Stopfkuchen gesprochene und von Eduard niedergeschriebene Bericht über eine Selbstverwirklichung und eine Aufdeckung als Schriftstück zu lesen ist, vollzieht der Roman selbst »den Übergang von der Natur zur Kultur, vom Sprechen zum Schreiben, von der Realität zum Realismus« (S. 34). Eisele glaubt, daß damit ein realistischer Effekt erzielt worden sei, der den Leser in den Glauben versetzt, daß der Text »für sich selber« (S. 37) spreche; gerade in der poetischen Funktionalisierung sprachlicher Performanzen sieht Eisele die Ursache für einen »prekären bis aporetischen« (S. 72) Begriff

von Realismus: Mit einem der natürlichsten und wirklichkeitsähn-
lichsten Mittel – dem Sprechen und Zuhören, Schreiben und Lesen
– werde von dem Gemachten, Fiktiven, ja Illusionären – dies in der
Tradition Brinkmanns – abgelenkt. Diese Ablenkung wiege um so
schwerer, als sie sowohl infolge als auch, paradoxerweise, trotz der
proklamierten Absicht, die Wahrheit aus der Wirklichkeit zu nehmen, zu einer der Wirklichkeit nicht angemessenen Wirklichkeitsdarstellung führe. Eisele bricht sein spannendes und scharfsichtiges
Denken an der Stelle ab, an der er eine »anzuprangernde Ideologie«
gerade jenes Romans zu sehen glaubt, der trotz seines Anspruchs auf
eine wesentliche Wirklichkeitswiedergabe »auf die real existierenden
Klassenantagonismen so gut wie gar nicht zu sprechen kommt.«
(S. 71)
  Zu prüfen bleibt für die Zukunft, ob es eine erkenntnistheoretische Position gibt, die man mit Eisele Empirismus nennen könnte,
und ob diese von einem Gegensatz zwischen Innen und Außen geprägt ist; diese Frage hat – wie Eisele genau zeigt – sprachtheoretische Implikationen und sollte tunlichst in diesem Rahmen abgehan-
delt werden (vgl. z.B. Rationalismus vs. Empirismus): Vermutlich ist
Stopfkuchens Sprachgebrauch und seine epistemologische Funktion
alles andere als empiristisch zu nennen; Eisele selbst weist den rechten Weg, wenn er schreibt: »Das, was er in sich hineinstopft, verarbeitet der zu buchstäblich epischer Breite angewachsene Erzähler,
um es wieder ›von sich zu geben‹« (S. 25) Was hier Verarbeitung genannt wird, ist ein komplizierter sprachlicher Verstehensvorgang,
der sich in empiristischer Terminologie nur als dispositionale Reak-
tionsbereitschaft beschreiben ließe, was hier eindeutig nicht zutrifft.
Doch wie dem im einzelnen auch sei, deutlich wird, daß man über
Realismus nicht mehr ohne Einsicht in Sprache und ihre Funktionen reden sollte; dabei kann man ruhig bescheiden anfangen und
sich z.B. fragen, was Sprechen (und Schreiben) mit Mitteilen, Erkennen, Lernen und Erfahren zu tun hat; wenn man danach noch
Muße hat, mag man sich auch Gedanken über »Sprach-Sadismus«
(S. 21) machen.
  In seiner konzisen, sich einfacheren Fragen zuwendenden Einführung empfiehlt C.A. Bernd (1981), den poetischen Realismus im
Gegensatz zum ›Idealismus‹ des Münchner Kreises als dominante
Bewegung aufzufassen. Der für die Darstellung leitende Gesichtspunkt liegt in einem literarästhetischen Maßstab, der nur die »most
enduring and superlative literary achievements« (S. 124) berücksichtigt. Wie Sengle betont auch Bernd den Einfluß Julian Schmidts
(mit einer leichten Tendenz zur Überschätzung). Die einzelnen Kapitel des Überblicks orientieren sich an gattungsgeschichtlichen Kri-

terien: Zunächst werden die Novellen Storms, Kellers und Meyers als repräsentativste Formleistung der Bewegung ausgewiesen, dann richtet sich der Blick auf die Lyrik (Storm, Groth, Keller, Meyer), und schließlich werden Otto Ludwigs *Zwischen Himmel und Erde*, Raabes *Die Chronik der Sperlingsgasse* und Kellers *Der grüne Heinrich* kurz besprochen. Fontane erscheint mit Lyrik und *Unwiederbringlich* im Schlußkapitel unter der etwas überraschenden Überschrift »The Recession of German Poetic Realism«. Wahrscheinlich muß das so sein, wenn man von Julian Schmidt herkommt.

Eine besonders dienliche und übersichtliche Zusammenfassung der Diskussion über die realistische Epoche stammt von Cowen (1985). In ebenso einläßlicher wie sorgfältiger Darstellung (mit ausführlichen Zitaten) wird der Forschungsverlauf referiert, charakterisiert und kritisch beurteilt. So erschließt sich der hier weiterhin so genannte ›poetische Realismus‹ in seinen begrifflichen Facetten, historischen, sozialpolitischen und geschmackspsychologischen Bedingungen sowie literaturgeschichtlichen Verbindungen und literarästhetischen Ausdrucksformen. Hervorgehoben werden kennzeichnende Themen und Darbietungsformen (darunter namentlich Humor, Ton und Ironie). Das Fehlen der dramatischen Literatur wird ebenso sinnfällig gemacht wie die oft verkannte Eigenart einer durchaus ernst zu nehmenden realistischen Lyrik.

2.3.3.3 Fortgesetzte Anstöße

Die Realismus-Forschung der 80er Jahre geht nicht immer so glimpflich mit ihrem Gegenstand um wie Cowen. Nach Hermann Korte (1989) liegt dem poetischen Realismus geradezu ein »System von Ordnung und Tabu« (S. 9) zugrunde. Theorie und Praxis der Verklärung führten notwendigerweise zu einem »proskribierte[n] Realitätsverlust«, weil sich die gesamte Debatte um die eigentliche, poetisch maßgebliche Wirklichkeit auf die strikte Verbannung alles Nackten, Kranken, Abseitigen und Halbwirklichen versteife. Demnach gilt Kortes Interesse allem »Verdrängten, fraglos Vorausgesetzten, Nichtthematisierten« (S. 10). Nachgezeichnet wird der Zusammenhang von »Tabuisierung und Fetischisierung« an Otto Ludwigs literaturkritischen Reflexionen und Erzählungen (*Maria*, *Zwischen Himmel und Erde*), sodann an einer Momentaufnahme des Jahres 1856 und schließlich an ausgewählten Werken (Fontanes *Cécile*, Storms *Ein Fest auf Haderslevhuus*). Kortes Ansatz besticht durch den innovativen Zugriff; das gilt insbesondere für seine »synchronen Schnitte« durch das Jahr 1856, die mustergültig das ›Panorama‹ ei-

nes wichtigen Moments in der Entwicklung des Realismus entfalten
und sinnfällig machen, wie wenig vertraute ›Grundformeln des Realismus‹ das zu erfassen vermögen, was tatsächlich im Realismus geschieht (S. 70 f.). Auch die Werkauswahl führt gerade wegen ihres
Interesses an den Rändern der Epoche (»Ästhetizismus«) zu beden-
kenswerten Einsichten. Dennoch fällt die Tabu-Schelte zu klischee-
haft aus. Wenn Korte z.B. kritisiert,»daß bei der Geburtsstunde des
Realismus nicht die befreiende Inbesitznahme, die überlegene Inventarisierung der Wirklichkeit Pate standen, sondern die eher
angstvolle, schwankende und abwehrende Nomenklatur dessen, was
als Realität zugelassen oder – als ›Gemeinheit‹, ›Karikatur‹ und ›Fri-
volität‹ – ausgeschieden werden soll« (S. 14 f.), so beanstandet er
auch einen Aspekt jener Dialektik, die sich bislang noch bei jedem
Akt der Normsetzung ausgewirkt hat; selbst in der eigenen Diktion
gelingt es dem Tabukritiker nicht, jenen ›realpolitischen‹ Geschäfts-
und Kanzleistil (»Inbesitznahme«, »Inventarisierung«) abzulegen,
von dem sich die Realisten auf ihrem neuen und wenig realpolitischen Weg zur »frischen grünen Weide« abkehren wollten.

Die Hauptthese von Robert C. Holubs *Reflections of Realism*
(1991) lautet, daß sich die realistische Dichtung des 19. Jahrhunderts theoretisch wie praktisch in Widersprüche verwickelt, so daß
sie blindlings einer überaus gefährlichen Ideologie ihre Tore öffnet
und sich im Grunde selbst zerstört. Das Verfahren des Autors besteht im Nachweis zahlloser symptomatischer Widersprüche, die der
Interpret nicht etwa ›dolmetschend‹ ausgleichen dürfe, sondern un-
beirrt zur Schau stellen müsse. Die Aufmerksamkeit gilt insbesondere jenen Werk-Teilen, die – obwohl sie im Einklang mit dem programmatischen Selbstverständnis jede ausdrückliche Reflexion
vermeiden – dennoch unwillkürlich ein kritisches Selbstbewußtsein
verraten. Als Resultat stellt sich die Gewißheit ein, daß der Realis-
mus-Begriff, sofern er auf einer Widerspiegelungsfunktion gründet,
mit ideologischer Münze seine poetische Praxis erkauft, ohne sich
sanieren zu können. Sechs Kapitel führen diesen literarisch-politi-
schen Bankrott der Zeit zwischen 1830 und 1890 eindrucksvoll vor
Augen; zwei weitere Kapitel, die der vor- und nachrealistischen Epoche gelten, zeigen, wie man dieser Katastrophe durch radikale Ironie
bzw. Subjektivierung und Verfremdung entgehen kann.

Holub beginnt seinen Suchgang beim »Kunstgespräch« aus
Büchners *Lenz*; es kennzeichne die brüchige Stringenz und trügeri-
sche Verläßlichkeit der aufkommenden Wirklichkeitskunst, daß ihre
Verteidigung einem Wahnsinnigen in den Mund gelegt werde. Fiktionen müssen dazu herhalten, Abbilder zu erzeugen, die alles Fiktive zu verbannen vorgeben. Im Folgekapitel geht es um die verfehl-

ten menschlichen Erträge einer spezifisch realistischen Erziehung, wie sie die beiden großen Bildungsromane der Epoche, *Der Nachsommer* und *Der grüne Heinrich*, darstellen; statt der ersehnten Ankunft im begehrten Leben setze sich eine Absagehaltung gegenüber seinen vitalen (insbesondere sexuellen) Kräften durch, die den realistischen Optimismus hintertreibe. Ein weiteres Kapitel wirbt für die kühne Annahme, daß Kellers *Romeo und Julia auf dem Dorfe* als ›wiederholte Urfabel‹ von einem Liebesbegehren erzählt, das an Inzest erinnere. An der Künstlergeschichte des Malers Johannes in Storms *Aquis submersus* zeigt Holub, daß realistische Kunst in ihrem Bemühen, Wirklichkeit getreu abzubilden und zu verlebendigen, nur als Medium des Erinnerns und Wiederherstellens fungiert; diese Aufgabe löse sie allerdings in einem widersprüchlichen, den eigenen Kunstcharakter verleugnenden Sinn ein, insofern sie zwar durch ihre Ähnlichkeit mit der Wirklichkeit Abwesendes und Vergehendes erhalten möchte, aber gerade durch den Akt einer symbolischen Repräsentanz endgültig das Unwiederbringliche des Vergangenen besiegelt. In Meyers Novelle *Der Heilige* entdeckt Holub ein gefährliches Spiel mit rassistischen Vorurteilen gegenüber dem Osten. Antisemitismus breche dann unverhohlen in Freytags *Soll und Haben*, Raabes *Der Hungerpastor* und Kellers *Martin Salander* aus; er sei das Opfer, das die Autoren, leider allzu willig, für die Aufrechterhaltung ihrer stellenweise ohnehin unglaubwürdig konstruierten Dichotomie zwischen ›gutem‹ und ›bösem‹ Kapitalismus brächten. Nach Holub löst das System des Realismus eine Art Kettenreaktion aus, die sich vom Wahnsinn über Entsagung und Inzest bis zu Rassismus und Antisemitismus steigert und so unweigerlich in Gewalt explodieren muß.

Holubs Buch stellt einen bedeutenden Beitrag zur gegenwärtigen Realismus-Forschung dar; es besticht durch souveräne Kenntnis, scharfsichtige Beobachtung und unbeirrbare Spurhaltung auf dem Weg zum Ziel. Diese ›Vorstellungen‹ und ›Spiegelbilder‹ des Realismus werden sich bei jeder kommenden begriffsgeschichtlichen Orientierung als unentbehrlich erweisen, da sie nicht nur partiell die Theorie des Realismus präsentieren, sondern mit ihrem Zugriff auf die immanente Poetik repräsentativer realistischer Dichtung (nur Fontane fehlt) die gute Tradition der werkgeschichtlich fundierten Realismusforschung um viele Schritte weiterbringen. Dennoch liegt kein Werk mit neuen Einsichten vor, vielmehr wendet es Bekanntes konsequent und mit herausfordernder Kritik an.

Daß das Realismus-Konzept widersprüchlich ist, weiß die Realismus-Forschung seit langem. Richard Brinkmann hat als erster diese Dynamik einer in Widersprüchen fortarbeitenden Poesie als Bewe-

gung vom ›Objektiven‹ zum ›Subjektiven‹ beschrieben, daran schloß
sich eine fruchtbringende Perspektivismus-Diskussion; Ulf Eisele
(den Holub in seiner sonst gewissenhaften Auseinandersetzung mit
der Fachliteratur übergeht) hat den Begriff erkenntniskritisch durch-
leuchtet; die Erforschung des programmatischen Realismus (auch
Sengle und Widhammer werden merkwürdigerweise nicht berücksichtigt) wies die ästhetischen wie politischen Grenzen der realistischen Theorie nach; kurz zuvor setzte sich Hermann Korte mit den
Tabus der Epoche auseinander. Holub weiß sich insbesondere der
rezeptionstheoretisch begründeten Realismus-Diskussion verpflichtet; angesichts dieser Entscheidung fällt jedoch auf, daß er in seinen
Interpretationen durchaus die Eigenschaften der Texte und nicht das
historisch-empirische Wechselspiel gegenseitiger Wirklichkeitserwar-
tungen in den Vordergrund rückt.

Holubs Thesen rütteln auf und provozieren. Sie wollen erreichen, daß dieser Realismus von Grund auf kritisiert wird. Das hat
sein gutes Recht angesichts eines literaturpolitischen Selbstverständ-
nisses, das die Grenzen seiner neuen Wirklichkeitskonstitution ver-
wischt. Die Kritik schießt aber dort über ihr Ziel hinaus, wo sie den
Realismusanspruch insgesamt als selbstdestruktiv entlarvt. Wie wi-
derspruchsvoll realistische Werke auch sein mögen (man denke heute etwa an Fontanes *Vor dem Sturm*), sie streichen sich durch diese
Widersprüchlichkeit eben nicht aus, sondern muten dem Publikum
mit ihrer ›Komplexität‹, die doch der Haupteffekt ihrer Widersprüchlichkeit ist, Sichtweisen und Erfahrungen zu, die uns auch
heute noch den Atem verschlagen.

Daß realistische Werke mit den Medien, durch die sie an die Öffentlichkeit treten, eng zusammenhängen, ist seit langem bekannt
und bestimmt den Tenor aller distributionsgeschichtlicher Abhand-
lungen. Daß es auch strukturelle Bezüge gibt, rückt erst neuerdings
in den Blickpunkt. Zur Ansicht gelangt ein Strukturprinzip, das die
Bildungspresse in der zweiten Hälfte des 19. Jahrhunderts anwendet, um gegenüber der Fülle divergierender Nachrichten einen einheitlichen Zugriff behaupten zu können, der dennoch durch wieder-
holtes Arrangieren die Differenzen nicht einebnet, sondern geordnet
exponiert und für das Gedächtnis präpariert. Nach Gerhart von
Graevenitz (1993) macht sich hier das Strukturprinzip der Arabeske
geltend, dessen formale Kraft nicht nur in den Titelbildern, Rubriken, Illustrationen, Layouts und seriellen Folgen der Hefte bzw. ihrer Verbindbarkeit zu Erinnerungsbänden ansichtig wird, sondern
auch auf jene Literatur einwirkt, die von solchen Medien vermittelt
wird (fortgeführt wird dieser Gedanke von Helmstetter 1997). Für
den Realismus dieser Literatur bedeutet das – erneut – eine Dämp-

fung ihres naiv mimetischen Anspruchs bzw. Anscheins und statt
dessen eine energische Hervorkehrung ihrer Beschäftigung mit genuin medialen Prozessen der Wirklichkeitskonstitution. Was die literaturgeschichtliche Verortung dieser Selbst- und Medienbezüglich-
keit betrifft, zeichnet sich möglicherweise eine Entdeckung des
fehlenden Gliedes zwischen romantischem und modernem Roman
ab, die beide arabesk strukturiert sind und deren kontinuierlicher
Zusammenhang bislang durch den vermeintlich gegenläufigen realistischen Roman gestört schien.

Mit Hans Vilmar Gepperts Habilitationsschrift *Der realistische
Weg* (1994) liegt nun wieder eine Studie vor – in ihrem Zugriff eigentlich nur mit Erich Auerbachs unvermindert faszinierendem *Mimesis*-Werk vergleichbar –, die in der Sache beträchtlich weiterführt.
Die komparatistische Untersuchung des »realistischen Weges« erschließt auf einem scheinbar flurbereinigten Abschnitt der europäischen Literaturgeschichte im 19. Jahrhundert bislang noch unge-
ahnte Siedlungsmöglichkeiten.

Natürlich arbeitet auch Geppert nicht voraussetzungslos; Richard
Brinkmann und Hubert Ohl sind in ihrem Einfluß erkennbar; wegweisend wirkt insbesondere Roman Jakobson als ›Klassiker‹ eines semiotischen Ansatzes in der Realismusforschung, und auch Rosema-
rie Zeller (1980) ist zu nennen, die luzide diesen Gedankenweg
fortsetzte. Dennoch zeigt sich bei Geppert ein Realismus-Konzept in
neuer, strafferer, treffsicherer, ja sogar eleganter Gestalt. ›Realismus‹
meint demnach den fortwährenden Versuch, in Augenblicken der
Wirklichkeitskrise solche Zeichen zu erzeugen bzw. zu gebrauchen,
von denen irgendwann einmal alle Menschen sagen werden, daß
diese Zeichen am besten die gesamte Wirklichkeit bezeichnen und
deshalb wahr sein müssen; da es sich hier um einen Versuch handelt, bilden die einzelnen Momente seines Mißlingens oder teilweise
Glückens eine Kette von gewissermaßen vorläufigen (Hilfs-)Zei-
chen, die alle – in eigenartiger Verknüpfung untereinander – irgend-
wie auf das endgültig wahre und totale Zeichen vorausdeuten, es
aber nie einholen, sondern immer nur als ferne Möglichkeit entwerfen. ›Realismus‹ wird demnach nicht als Abbild vorhandener, sondern als Vorgriff auf zukünftige Wirklichkeit im Einverständnis aller
aufgefaßt.

Das Neuartige dieser Sicht liegt einmal in dem sich abzeichnen-
den Ausweg aus dem bekannten Realismus-Trilemma, das bislang
entweder in die dogmatische Verhärtung (marxistische Widerspiegelungstheorie), in den unendlichen Regreß (Subjektivierung des Objektiven des Subjektiven) oder in das Paradox (»Als guter Realist
muß ich alles erfinden«) führte; zum anderen zeichnet sich ein Kon-

zept ab, das die eigenartige Verknüpfung von Realismus und Verklärung konstruktiv verarbeitet und gesamteuropäisch – also nicht nur
als Sonderweg des deutschen poetischen Realismus – auflöst.

Geppert läßt sich in doppelter Hinsicht vom nordamerikanischen Pragmatismus, wie ihn Ch.S. Peirce entworfen hat, inspirieren: Er übernimmt dessen Wirklichkeitsidee (regulativ, final, total,
wahr, konsensuell, zeichenbegründet) als Modell, ja sogar als historische Parallele für die Wirklichkeitsvorstellungen des europäischen
Realismus (vgl. die Wendung zum Pragmatischen in der realistischen Programmatik der *Grenzboten*), und er wendet die Zeichenlehre als Analyseinstrumentarium an. Möglicherweise hat Geppert
den bis heute dienlichsten und zugleich historisch nächsten Maßstab gefunden, mit dem man den europäischen Realismus einheitlich ausmessen kann.

Die zeichenphilosophische Ausrichtung versetzt Geppert in die
Lage, geradezu detektivisch den Spuren des ›fliehenden Realisten‹
nachzugehen (zur Thematisierung der Spurensuche vgl. schon Korte
1989). In engster Auseinandersetzung mit dem Wortlaut verschränken sich immer wieder Interpretationsmethode und Erkenntnisthema. Das Induktive, Hypothetische, Heuristische, Metonymische,
Indexikalische und Abduktive (der Möglichkeitskalkül) der Fälle,
Spuren und Schlüsse kennzeichnen den Suchweg, der sich im pragmatischen Sinn des Realismus immer nur als Bewegungs- und Richtungsidee bewähren kann. Sackgassen und Ankünfte wären demnach unrealistische ›Terminals‹, weil eben alles Determinierende die
Idee des real Möglichen, auf die es diesem Realismus ankommt, ausschaltet. Das besonders Faszinierende an Gepperts Argumentation
liegt in den metapoetischen Bemerkungen, die das Detektionsverfahren nicht zur Aufdeckung bzw. Überführung von eindeutigen
Subtexten, sondern zur Demonstration der poetischen Arbeitsweise
verwenden.

Das Bild des realistischen Weges erhellt den Prozeßcharakter der
Wirklichkeitssuche, die antizipatorische Kraft der Ziel- und Zwecksetzung, das Orientierungsmotiv der Richtung und den Effekt der
Übereinkunft möglichst aller. Geppert neigt aber dazu, dieses Weghafte an den (Erzähl-)Brüchen, Unstimmigkeiten und immer wieder
vollzogenen Neuansätzen kenntlich zu machen. Droht hier nicht
doch so etwas wie ein Bildmißbrauch? Rechte Wege lassen sich verfehlen, Abwege führen am Ziel vorbei oder beschreiben Umwege,
lange Wege ermüden usw. – sind das Brüche, die immer nur zum
Neuansatz führen? Anders formuliert: Muß es wirklich einen unaufhebbaren Gegensatz zwischen dem Prinzip des »Gedankenexperiments« und dem Gesichtspunkt der ›epischen Integration‹ bzw. der

integrierenden Struktur geben? Wahrscheinlich ist der Begriff des Experiments bedeutend determinierender als der Begriff der Integration, der eben keine Linearität bzw. Kontinuität meint (ein Experiment ohne längere Einhaltung der Bedingungen, also bei fortwährenden Brüchen, ist kein Experiment), sondern Überschichtungen erzeugt, ja – wenn man so will – ein ›Gewebe‹ und ›Durcheinandergemisch‹ (*Der grüne Heinrich*, Hanser-Ausgabe, S. 31) hervorbringt, das selbst ein Linné kaum trennen könnte. Die Hervorhebung der Brüche erklärt sich aus dem mikroskopisch verschärften Blick auf ›Küstenränder‹, die sich so in ›fraktale Gebilde‹ verwandeln, die Küste aber doch nicht auflösen. Ob z.B. der *Grüne Heinrich* »vierfach« beginnt oder eine Art Kamerabewegung vollzieht, den ›wandernden Blickpunkt‹ episiert, ist vielleicht nur Ansichtssache; fest steht die geordnete Vielfalt (das sieht Geppert selbstverständlich), die eine nicht umkehrbare Sequenz, eben eine ›Einführung‹ und ›Einfühlung‹ ermöglicht. Das ist aber nicht unbedingt ein Bruch, sondern vielleicht auch ein ›zoomendes‹ Verfahren.

Gepperts voluminöses Werk *Der realistische Weg* gliedert sich in acht Kapitel: Nach einer einleitenden Verknüpfung von literarischem Realismus und pragmatischer Idee erfolgt zunächst eine Einführung in die Peircesche Zeichenlehre. Daran schließt sich ein panoramischer Teil über die Zeichensprache des Realismus, der sozusagen die Grammatik von Gepperts Realismus-Verständnis entfaltet. Die folgenden Kapitel rücken dann einzelne Werke (ausschließlich Romane) in den Vordergrund, immer aber so, daß die vergleichende Perspektive gegenwärtig bleibt. Im Mittelpunkt stehen *David Copperfield, Der grüne Heinrich* (insbesondere die Erstfassung; es ist mit über 200 Seiten das gewichtigste Kapitel), mehrere Bände aus der *Comédie humaine*, drei Romane Raabes (*Alte Nester, Stopfkuchen, Die Akten des Vogelsangs*) und *Jude the Obscure*; hinzu kommen *Madame Bovary, Jane Eyre, Middlemarch* und *Effi Briest*. Seitenblicke auf Wordsworth und insbesondere Zola dienen zur Identifizierung der nicht realistischen Zeichensprache. Was man seinerzeit R. Brinkmann vorgeworfen hat (daß seine Werkauswahl nur die Ränder des Realismus berühre), läßt sich also gegen Geppert wahrlich nicht einwenden, auch wenn er die Russen kaum und die Skandinavier überhaupt nicht berücksichtigt (dazu C.A. Bernd 1995). Daß ein ›Klassiker des Realismus‹ wie *Soll und Haben* fehlt, mag man wohl nur deshalb bedauern, weil es interessant wäre, dessen wirtschaftspragmatische Poetik mit Gepperts »pragmatischem Erzählen« zu vergleichen (z.B. Antons ›Internet‹-Phantasie über das »bunte(n) Gewebe von zahllosen Fäden, die sich von einem Menschen zu dem andern, über Land und Meer aus einem Weltteil in den andern

spinnen«, dtv-Ausgabe S. 239, und Heinrichs ›Labyrinth‹); die Annahme liegt nahe, daß diese pragmatische »Poesie des Geschäfts«
(ebd., S. 326) für Geppert kein realistisches Werk ist oder zumindest nur im traditionellen, nicht aber im Peirceschen (›anderen‹)
Sinn und daß Geppert nicht gewillt ist, die durch die Romanlektüre
bewußtwerdenden »Brüche und falsche[n] Klebestellen« (R.W.
Fassbinder) als »realistischen Weg« anzuerkennen.
    Hervorzuheben ist, welch hohen exemplarischen Wert Gepperts
Arbeit hat. Selten wurde in der Realismus-Forschung eine so dichte,
überzeugende und weitreichende Verknüpfung zwischen Begriffsbildung und Werkanalyse erreicht. Selbst dort, wo man Gepperts Interpretation nicht folgen könnte, bleibt doch der Arbeitsweg erkennbar; Bestätigung und Widerlegung liegen als Möglichkeit dieser
Arbeitsweise zur Hand. Nicht der Zwang des ›So ist es‹ herrscht vor,
sondern die Empfehlung ›Schau hin, was passiert, wenn dies und jenes getan wird, ja mach sogar mit‹. Dieser Pragmatismus ist nicht
nur realistisch, sondern eigentlich auch ideal.
    Die »gute Fee«, als die Martin Swales (1997) seine »Studie« auf
dem internationalen Gelehrtenball der Realismus-Gemeinde auffüh-
ren möchte, verspricht Dreierlei herbeizuzaubern: klare Vorstellungen
über die »Referentialität des literarischen Kunstwerks überhaupt«, eine
scharfe »Begriffsbestimmung des deutschen und europäischen Realismus« und einen bunten Reigen von Interpretationen wichtiger Er-
zählwerke. Als »gute Fee« erweist sich dieses *Epochenbuch* insbesondere dadurch, daß es die »deutsche Prosa« von ihrer allzu lang über sie
verhängten »Aschenputtelrolle in der Gesellschaft des europäischen
Romans« (S. 8) erlösen möchte. Es geht also hauptsächlich um den
deutschsprachigen Realismus als Matrix des Romans, während die
Novelle – ihrerseits nicht minder wichtig bei der Förderung realistischen Schreibens – eigentlich schon älteren, also vorrealistischen
Traditionen verpflichtet ist und somit als Formgebilde für den internationalen Realismus nicht das leiste, was allein der Roman voll-
bringt.
    Was die literaturgeschichtliche Zäsurenbildung betrifft, so plä-
diert Swales für eine Ausweitung der üblichen Eingrenzung auf die
zweite Jahrhunderthälfte, weil er in der herkömmlichen Geschichts-
auffassung einen normativen Zug entdeckt (Abhängigkeit der literarischen Entwicklung von nationalstaatlichen Konsolidierungsprozes-
sen); so beginnt seine Reihe spezifisch realistischer Werke schon um
1830 mit jungdeutschen bzw. biedermeierlichen Romanen von
Gotthelf, Sealsfield und Gutzkow – auch von Tieck ist die Rede –
und endet bei Kretzer und Th. Mann (*Buddenbrooks*). Den realistischen ›Kern‹ bilden Essays über Freytag (*Soll und Haben*), Spielha-

gen (*Sturmflut*), Keller (*Romeo und Julia auf dem Dorfe*), Raabe (*Pfisters Mühle*), Storm (*Der Schimmelreiter*), Fontane (*Effi Briest*) und Ludwig. Stifter und Droste-Hülshoff werden ausdrücklich (S. 142 f.) als nicht realistische Dichter ausgeklammert, Meyer stillschweigend übergangen.

Bei seiner Diskussion der ›Gegenstände‹ einer realistischen Darstellung löst sich Swales entschieden von allen Konzepten, die – immer noch – darauf hinauslaufen, den Realitätseffekt in den rhetorisch geschickten Zurichtungen einer dinglich wirkenden Plastizität zu erkennen; statt dessen betont er die Bedeutung von ›Mentalität‹, von Bewußtseinsinhalten (S. 53) und Gemütsverfassungen (S. 141), für eine Kunst des Abbildens, der es nach Brecht nicht darum geht zu zeigen, »wie die wirklichen Dinge sind, sondern wie die Dinge wirklich sind.« (Brecht: Katzgraben-Notate; GW 16, S. 837). Daher rührt der reflexive Zug des Realismus, der durch das Naivitätsdogma der Programmatiker wohl verändert, aber nicht beseitigt wurde. So erscheint die Wirklichkeit zwar handgreiflich und lebenspralll, aber – um einen bühnentechnischen Vergleich zu gebrauchen – schließlich doch eher wie auf Gaze gemalt, so daß bei raffiniert wechselnder Beleuchtung die Oberfläche verschwindet und die dahinter stehenden ›Figuren‹ sichtbar werden. Für Swales liegt in dem »komplexen Prozeß von Wiedergabe und Reflexion« (S. 128), im Ineinander vollziehender und problematisierender Akte, der »entscheidende Beitrag zum europäischen Realismus«. Das zeigt sich besonders deutlich an Kellers *Grünem Heinrich*, dessen reflexiver Zug somit ausdrücklich in das Realismus-Konzept einbezogen wird.

Das ist eine wichtige Erkenntnis, und doch bleibt weiterhin fraglich, ob das, was z.B. die Reflexion über die »Revalenta arabica« ›besagt‹, nicht schwächer im Sinn des Realismus ausfällt als das, was der Heimkehrer-Traum gestaltet. Gemessen am Selbstverständnis der Programmatiker hat J. Schmidt durchaus Recht, wenn er in Kellers Neigung zur extensiven Reflexion ein Überbleibsel der im Realismus eigentlich überwundenen Romantik sieht; selbst das, was Lukács mit ›Erzählen‹ im Gegensatz zum ›Beschreiben‹ gemeint hat, ist mit der neuen Nachsicht gegenüber der Reflexion nicht ganz erledigt.

2.3.3.4 Verklärung

Der Verklärungsbegriff ist aus der Realismusdiskussion nicht wegzudenken. Er hat im Wortschatz der Realisten einen festen und zentralen Ort (Gansberg [2]1966). Er findet sich wieder in den Begriffen

›Idealismus‹ (Stifter), ›grüne Stellen‹ (Vischer), ›ideelle Durchdringung‹ (Ludwig), ›Reichsunmittelbarkeit der Poesie‹ (Keller), ›Humor‹ (Raabe); Fontane spricht wiederholt von Verklärung, ja sogar
Versöhnung. Verklärungspoetik und Klassizismus hängen zusammen
(Ruckhäberle/Widhammer 1977, S. 16).

Die Realismusforschung gebraucht den Verklärungsbegriff in unterschiedlichem Sinn: Sie rückt damit entweder eine formale oder ge-
haltlich-ideologische Seite des Kunstwerks in das Blickfeld. Den formalen Aspekt hat vor allem Preisendanz beschrieben: Verklärung
trennt kategorial zwischen wissenschaftlichem Diskurs und Dichtung;
Preisendanz präzisiert den Begriff als eine dichterische Einbildungskraft, die er in der humoristischen Darstellungsweise wiedererkennt.
Verklärung reguliert als produktionsästhetische Richtschnur demnach
das Verhältnis zwischen literarischer Wirklichkeitsdarstellung und allgemeiner bzw. wissenschaftlicher Wirklichkeitserfahrung; sie ist der
Modus der poetischen »Verfügung über die Wirklichkeit« (Killy
1963, S. 16). Der gehaltliche Aspekt bezieht sich auf Ideengehalt
und Funktion der literarischen Werke: Verklärung kann die Art der
Konfliktlösung, die Präsentation von Alternativmöglichkeiten, den
Suchweg nach den ›besten‹ Zeichen (Geppert 1994) und die Ratio-
nalität des Geschehnisablaufs bezeichnen; die funktionale Bestimmung liegt in der aufklärerischen, kritischen, antizipatorischen, ex-
perimentellen (Geppert) oder utopischen Funktion (Aust 1974).

Nach A. Muschg macht sich im Verklärungskonzept des ›poetischen Realismus‹ eine besondere Widerstandskraft geltend: »›Poesie‹
ist der Entschluß, im ›Realismus‹ den Sinn so lange nicht fahren zu
lassen, als die redlichste Kunstbemühung ihn festzuhalten vermag.«
(1977, S. 359) Kaiser entdeckt hier sogar einen ›radikalen‹ Zug, der
den vermeintlich schwächeren Realismus deutscher Sprache durchaus europäisch konkurrenzfähig mache: »Was die Helden des französischen Realismus erleiden, erleidet in Deutschland der Realismus
selbst – noch da, wo er Versöhnung darstellt: die penetrante Wider-
ständigkeit der Dinge« (Kaiser 1981/87, S. 574 f.).

Zugleich läßt sich eine ideologische Funktion ausmachen, auf die
besonders Kreuzer (1975) hinweist: »Das ästhetische Postulat des
Verklärungsrealismus war ein nationaldidaktisches Programm.«
Nach Sengle (III, 1047 f.) entspringt das Verklärungspostulat mit
seiner ideologischen Komponente der »Bereitschaft zu sozialen und
politischen *Kompromissen*«, die all jene erhandeln wollen, die in der
Welt »*die einzige Instanz für Realisten*« sehen. Rhöse (1978) spezifiziert den Versöhnungsbegriff an den Lösungen der im Roman entwickelten Konflikte und an der öffentlichen Diskussion über diese
Lösungsmodelle hinsichtlich ihrer abbildenden, anwendbaren, ori-

entierenden, vorwegnehmenden, verfälschenden oder verschleiernden Leistung. Böhler (1996) weist darauf hin, daß die bürgerliche
Gesellschaft in der zweiten Jahrhunderthälfte zur »Selbstverklärung«
neigt, ja geradezu »Phantasmagorien« (im Sinne W. Benjamins) erzeugt, die sich notwendigerweise mit dem programmatischen Verklärungsrealismus reiben müssen.

2.4   Die literarhistorische Epochenbildung

Die ersten Literarhistoriker der sogenannten Realismusepoche waren
zugleich die Protagonisten der programmatischen Bewegung: Julian
Schmidt vereinte seine in den *Grenzboten* verfaßten Aufsätze zu einer erstmals aus realistischer Perspektive geschriebenen Literaturgeschichte (1853); Robert Prutz tat Ähnliches mit seinen Beiträgen für
das *Deutsche Museum* (1859). So geht die zeitgenössische Diskussion
um das realistische Programm nahtlos in die wissenschaftliche Literaturgeschichtsschreibung über. Als ›realistische Literatur der Gegenwart‹ nahm sie in dem ›letzten Kapitel‹ der Literaturgeschichten eine
unangefochtenere Stellung ein als beispielsweise der Naturalismus
oder spätere avantgardistische Bewegungen (dazu grundsätzlich Hess
1974); doch begegnete vereinzelt auch das Konzept des »Umwegs«,
wonach die Abwendung von der idealistischen Literatur im 19.
Jahrhundert beklagt und als Zukunftsperspektive eine Rückkehr aus-
gemalt wird (vgl. W. Brecht 1929). Die breitere Akzeptanz des realistischen Schreibens gründete darin, daß sich der Begriff einer realistischen Literatur mühelos in jenes allgemeine Dichtungsverständnis
einfügen ließ, das die Behandlung des ewig Menschlichen und unver-
änderlich Gültigen forderte (Stern [3]1894, Weitbrecht 1901, Oehlke
1921). Realismus (bzw. poetischer Realismus) als Gruppenbezeich-
nung oder Epochenbegriff fehlt seitdem in kaum einer Literaturgeschichte; besonders Eugen Wolff (1896) gebrauchte ihn häufig, so
daß man ihn einen »Julian Schmidt redivivus« genannt hat (Gottschall [2]1900, S. 255). Nur wenige meiden den Begriff: Kummer
(1909) verzichtet auf diesen und ähnliche Begriffe zugunsten seiner
organologisch gefaßten Generationengliederung; Bieber (1928) kritisiert den Begriff, da das, worauf er sich beziehe, die Realität, bei den
einzelnen Dichtern viel zu unterschiedlich sei, um als gemeinsames
Kriterium einer Epoche dienen zu können; Latzke (in Castle 1935)
schlägt statt ›poetischer Realismus‹ ›poetischer Positivismus‹ vor;
David (1966) lehnt den Begriff ab, da er für die Literatur der Epoche nicht typisch sei.

2.4.1 Realismus im literarhistorischen System

Die literaturgeschichtliche Epoche, die man ›Realismus‹ nennt, fällt
ihrem Schwerpunkt nach in die zweite Hälfte des 19. Jahrhunderts.
Sie liegt zwischen Biedermeierzeit (d.i. Spätromantik, Biedermeier,
Junges Deutschland, Vormärz) und Naturalismus; von jener setzt
sie sich ab durch ihre Kritik an der romantisch-subjektiven Will-
kürlichkeit und dem spekulativen Idealismus, von diesem durch
ihre Abwehr des entpoetisiert verwissenschaftlichten Wirklichkeitsbezugs und des pessimistischen Weltbilds. Die Argumente häufen
sich, als Epochenbeginn das Revolutionsjahr 1848 anzusetzen oder
es zumindest als neuralgischen Punkt innerhalb der Literaturentwicklung hervorzuheben (Stern [3]1894, David 1966, Martini
[4]1981, Böttcher u.a. 1975, Bernd 1979, McInnes/Plumpe 1996).
Schon Franz Mehring wandte gegen Bartels ([2]1899) ein, »daß die
Revolution von 1848 einen tiefen Einschnitt nicht nur in die ökonomische und politische, sondern auch in die literarische Entwicklung des deutschen Volkes gemacht« habe (S. 27). Das Epochenen-
de hingegen weist keine so deutliche Jahreszahl auf: Stromberg
(1968) nennt das Jahr 1871, Bieber (1928) und Glaser (1981) setzen die Grenze bei 1880, Sagarra (1972) unterstreicht das Jahr
1890, Martini ([4]1981) schließlich plädiert für 1898; Böttcher u.a.
(1975) beenden die Epoche mit dem »Ausgang des Jahrhunderts«.
Diese Uneinigkeit bedeutet jedoch nicht, daß die Unterscheidung
zwischen Biedermeier- und Realismusepoche leichter fiele als die
Trennung in realistische und nachrealistische Literatur.

Viele Literarhistoriker (Linden 1932, Alker [3]1969, Hoefert 1971,
Sagarra 1972) sahen bereits in der ersten Jahrhunderthälfte spezifische
Ausprägungen einer realistischen Dichtung; man erwähnte Grillpar-
zers *Der arme Spielmann*, Droste-Hülshoffs *Die Judenbuche* (McClain
1951), Gotthelfs Bauerndichtung, Immermanns Romane (Rumler
1965, Statkow 1965), Büchners Dramen und die jungdeutschen Zeitromane; man erinnerte auch an die vormärzliche Herausbildung der
kritischen Literaturfunktion (durch politische Lyrik, gesellschaftskri-
tisch engagierte Literatur), eine Funktion, die trotz der literarischen
Entpolitisierung in der Nachmärzzeit für die Realisten wichtig blieb
(vgl. Sengle I, S. 166 f., der das Wesen des Realismus gerade nicht in
der Vermischung von Dichtung und Politik erkennt, sondern in deren
deutlicher Trennung); man wies schließlich darauf hin, daß Alexis,
Gotthelf, Mörike, Herwegh, Freiligrath, Gutzkow, Stifter, Hebbel und
Wagner mit ihrem Werk die Zäsur von 1848 überschreiten, eine Tat-
sache, die man im Sinn einer bloßen Überschneidung benachbarter
Epochen nicht hinreichend erklären könne.

So beginnt die Geschichte des Realismus (Frührealismus, Anfänge und Aufstieg des Realismus, Realidealismus) oft schon 1830, ein Datum, das in literaturgeschichtlichen Abrissen nach wie vor eine Rolle spielt (Bieber 1928, Sagarra 1972); schon G. Gervinus und J. Schmidt hoben die epochenbildende Bedeutung der französischen Julirevolution hervor, eine Zäsur, die durch den Tod Goethes (1832) und Hegels (1831) ein besonderes Gewicht erhielt (Kindermann 1926, W. Brecht 1929, Linden 1932, Zoldester 1937). Gegen eine solche Rückverlängerung der Realismusepoche hat besonders Sengle (I, S. 257 ff.) Einwände erhoben. Auf dem Hintergrund der Theorie der realistischen Bewegung entwickelt er Differenzierungskriterien, die ihren Brennpunkt im Revolutionsjahr 1848 haben.

Die Ablehnung des negativen Moments im christlichen (Gotthelf, Droste) und nihilistischen (Grabbe, Büchner) Naturalismus wirkt sich weltanschaulich als Kritik am »Supranaturalismus«, dem christlichen Zweifel an der Welt und seiner säkularistischen Kehrseite, dem Weltschmerz, aus, stilistisch äußert sich die neue positive Haltung als Verwerfung des trivialen Empirismus, dem die Synthese von Idealismus und Naturalismus nicht gelingt. Dem naiv mimetischen Dichtungsbegriff der vorrevolutionären Zeit setzen die Realisten ihr harmonisierendes, verklärendes Konzept entgegen. Statt einer zerstückelnden, kleinlichen Detailsicht fordern sie den Blick auf den Zusammenhang des Ganzen (Martini 1959) und die Verwirklichung der epischen Integration. Die Tradition der klassizistischen Rhetorik erlischt, und der mittlere Stil, d.h. Vermeidung stilistischer Extreme, Einheitspostulat, setzt sich durch. Sengle sieht den Epochenwechsel sehr deutlich, da er die Auswirkungen der realistischen Kritik an der Biedermeierzeit als reinsten »Kahlschlag« (I, S. 222) wertet. Vorformen des kritischen Realismus auf europäischer Ebene zählt Fuller (1977, S. 60 und Kap. 4) auf.

Neuerdings rückt Fülleborns älteres Verständnis von Frührealismus abermals in den Vordergrund. Realismus als Prinzip eines verantwortungsvollen Handelns weist auf Reibungen mit einer Wirklichkeit hin, die sich als empirische und elementarisierte zu objektivieren scheint und dennoch auf ihrem spontanen Eigenleben als »Geschehen« beharrt: »Poetologisch entspricht dem die spannungsvolle Verbindung von offenen Darstellungsformen und neuen ästhetischen Integrationskonzepten und Sinnfiguren.« (Blamberger u.a. 1991, S. 10) Der besondere Vorteil dieses erneuten Versuchs, im Namen des Realismus eine Brücke zwischen romantisch inspirierter Subjektivität und empirisch ernüchtertem, aber nicht unbeseeltem Pragmatismus zu schlagen, liegt darin, Autoren wie Grillparzer und Hebbel energischer mit der realistischen

Epoche zu verbinden; dies könnte das Bild von der dramatischen
Leistungsfähigkeit der Epoche verändern.

Als ›Strukturwandel‹ beschreibt Wünsch (1991) den Übergang
von spätem Realismus zu früher Moderne. Die klare, konzise Darstellung arbeitet überzeugend heraus, wie der Realismus als literarisches System durch seine Ausgrenzungspraxis notwendigerweise jenem strukturellen Wandel zustrebt, der das Unterdrückte an die
Oberfläche hebt, das Marginalisierte ins Zentrum rückt und das
Verbotene ausdrücklich legitimiert, mithin jene Riegel beseitigt, die
das alte System geschlossen hielten. In sich wiederholenden Akten
der Umwertung werden alle beschwichtigenden, entsagenden, unter-
drückenden Reaktionen auf Grenzerfahrungen, Wertkrisen und
Normenbrüche umgemünzt zu konstitutiven Elementen einer neuen
Epoche. Was das realistische System zwar schon bemerkte, aber unter Verschluß zu halten glaubte, verselbständigt sich und begründet
die Moderne als Gegenwelt. Demnach unterscheiden sich beide
Epochen, wenn auch oft nur tendenziell, so doch durch scharfe Op-
positionen, die sich schematisiert etwa so darstellen lassen: Bewußtsein vs. Nicht-Bewußtsein, Normalität vs. Psychopathologie, Fremdes ausgrenzend vs. Fremdes einbeziehend, abgeschlossene vs. offene
Entwicklung, normbejahend vs. normkritisch, konsensfähige vs.
nicht-konsensfähige Realitätserfahrung, bestrafte vs. legitimierte Sexualität, auktoriales Erzählen vs. Bewußtseinsstrom-Technik.

Man pflegt den Übergang von Realismus zu Naturalismus als einen Prozeß der Verschärfung und Radikalisierung der im Realismus
angelegten Tendenzen zu charakterisieren, der sich im Bereich der
Weltanschauung und der literarischen Technik niederschlägt. Gegenüber den bewahrenden, synthetisierenden Tendenzen zeigt sich
der Naturalismus offen für alle naturwissenschaftlichen und sozio-
gischen Veränderungen und Erkenntnisse. Die ältere Forschung hob
den tiefen Gegensatz zwischen beiden Epochen hervor und interpretierte ihn als ein literarästhetisches Gefälle. Umgekehrt richtete sich
die Kritik der Naturalisten keineswegs vorrangig gegen die Realisten; vielmehr schonten die literarischen »Drachentöter« (Mahal
1975, S. 40) ihre Vorgänger in der Mehrzahl und griffen nur einzelne an: Spielhagen und vor allem Heyse mitsamt dem Münchner
Dichterkreis. Fontane, den man früher gern einen Naturalisten oder
Impressionisten nannte, vermittelte die ältere mit der jüngeren Epoche. Der Einfluß Nietzsches (Pütz [2]1975) und Marx' macht sich
jetzt erst, in der nachrealistischen Literatur, bemerkbar.

Ein altes, jedoch immer wieder neu ins Diskussionsfeld rücken-
des Problem ist die Frage, welche Bedeutung das Jahr der Reichsgründung für die literarhistorische Periodisierung haben kann; da-

mit ist nicht so sehr gemeint, ob das Jahr 1871 als Beginn der literarischen Moderne anzusehen ist (Just 1973), als vielmehr ob diese
»Scheiteljahre des bürgerlichen Realismus« (Kreuzer 1971) nicht zugleich dessen epochales Ende markieren. Hermand (1967 und
1965) insbesondere setzt sich mit seinem Konzept der »Literatur der
Gründerzeit« für eine solche Neugliederung ein; Nietzsche, Meyer,
Heyse, der alte Storm, Anzengruber, Wildenbruch, Spitteler, Jordan,
Hamerling u.v.a. lassen sich nach Hermand nicht mit den Stilkrite-
rien eines »bürgerlichen Realismus« erfassen: Das »Gesetz der dramatischen Fallhöhe«, die Bevorzugung des »großen Bildes«, Herren-
moral und Machtverlangen seien Merkmale der »wilhelminischen
Adelskaste« und des sich »kapitalisierenden Bürgertums«, die auch
auf die Dichter abfärbten und somit den Epochenbegriff einer gründerzeitlichen Literatur nahelegten. Martini ([4]1981; siehe auch David 1966) hat diesem Vorschlag in einigen Punkten widersprochen
(verengter Blick auf ästhetisch sekundäre und damit wenig repräsentative Leistungen, Mißachtung der literarischen Kontinuität bei
Storm, Heyse und Meyer auch über 1871 hinaus). Doch plädiert
auch *Realismus und Gründerzeit* (1976) für den epochenbildenden
Einschnitt von 1871: »Die Gründerzeit sprengt die Weltanschauung, das Gattungs- und Stilgefüge des Realismus. Die realistischen
Erzähler bleiben zwar weiterhin schöpferisch, ja viele ihrer größten
Leistungen entstehen erst jetzt, aber die programmatische und pole-
mische Phase ist vorüber. Neue, antirealistische Programme beherrschen die Öffentlichkeit.« (Bucher u.a. 1976, S. V) In diesem Zusammenhang muß aber auch an Sengles Ausspruch anläßlich der
Novellistik C. F. Meyers erinnert werden, wo es heißt, »daß kein un-
versöhnlicher Widerspruch zwischen dem Realismus und den monumentalen Tendenzen der Zeit besteht« (I, S. 275). Aus literatur-
theoretischer Sicht kann Eisele (1976, S. 119) sogar einen
Zusammenhang behaupten. Auch nach Kiefer (1997, S. 9 f.)
schließt ein literarhistorischer Begriff der Gründerzeit »die Differenzierung in verschiedene Stilbereiche wie fortwirkenden Realismus,
monumentalen Renaissancismus oder beginnenden Naturalismus
nicht aus.«

Die Binnenstrukturierung der Realismusepoche erfolgt nach unterschiedlichen Gesichtspunkten; man gliedert nach Entwicklungs-
bewegungen (Früh-, Hoch-, Blüte-, Spätzeit: Walzel [2]1920, Linden
1932, Alker [3]1969), historisch-ökonomischen Abläufen (Böttcher
u.a. 1975), Dichterpersönlichkeiten (Stern 1885, v. Wiese 1969)
und regionaler Herkunft, z. B. »die Schweizer« (Oehlke 1921,
Sprengel 1998); als ein Mischtyp, der diese Kriterien vereint, kann
Martinis Epochendarstellung gelten. In Sterns (1885) Literaturge-

schichte nehmen Gustav Freytag und Otto Ludwig die zentrale Stelle des Kapitels über den »poetischen Realismus« ein; Storm, Keller, Raabe und Meyer dagegen erscheinen zusammen mit Anzengruber, Vischer, Heyse, Ebner-Eschenbach, Spielhagen und Saar bereits als Vertreter der »neuesten« Literatur. Weitbrecht (1901) nennt als Hauptvertreter des »poetischen Realismus« neben Freytag und Ludwig: Hebbel, Kurz, Gotthelf, Keller, Meyer und Jordan; Raabe und Fontane erscheinen nur in einem Unterkapitel als »verwandte Geister«. Alker (^{3}1969) rechnet dem Realismus (»Anfänge und Aufstieg«) Gotthelf, Alexis und Mörike als Erzähler, Grabbe und Büchner als Dramatiker, Mörike und Droste-Hülshoff als Lyriker zu; Hebbel dagegen wird thematisch dem »Kampf um den Mythos« zugeordnet. Eine dezidiert knappe Auswahl, die den Schwerpunkt auf die Erzähldichtung legt, läßt Martini (^{4}1981) erkennen: Stifter, Keller, Storm, Raabe, Fontane, Meyer; alle anderen, leider auch Ebner-Eschenbach und Saar, finden sich im jeweiligen gattungsgeschichtlichen Kapitel. Kohlschmidt (1975) schließlich sieht Mörike, Droste-Hülshoff, Stifter und Ludwig auf dem »Weg zum Frührealismus«, während Storm, Raabe, Fontane, Gotthelf, Keller und Meyer den »Hochrealismus« bilden.

In der marxistischen Literaturgeschichtsschreibung wird der Realismusbegriff nicht nur auf das 19. Jahrhundert bezogen, sondern auf die gesamte neuzeitliche Literaturentwicklung seit Ausgang des Mittelalters. Der Sammelband *Probleme des Realismus* (1962) dokumentiert die Diskussion um die Frage, ob der Realismus eine jeder wertvollen Kunst immanente Erscheinung ist oder ob er sich erst historisch, d.h. seit der Renaissance als vorherrschende Schaffensmethode entfaltet hat. Die Entscheidung fällt für die historische Lösung.

Pracht (1964) modifiziert dieses Votum, indem er zwischen der Entstehung des Realismus, der sich durchaus schon in der Antike ankündige, und dessen Durchsetzung als herrschende künstlerische Methode in der Renaissance unterscheidet. Kagan (1974, S. 735) interpretiert den Realismus, den er schon im Paläolithikum entdeckt, »nicht als Methode des künstlerischen Schaffens, sondern als spezifische Eigenschaft einiger Gattungen«.

Der Sammelband *Probleme des Realismus* will zugleich die historische Notwendigkeit des sozialistischen Realismus beweisen, der sich als einzigen legitimen Erben des kritischen Realismus begreift. Dahinter steht die Überzeugung, daß sich das Widerspiegelungsverhältnis zwischen Literatur und Geschichte ständig verbessere und schließlich zur unbestrittenen Überlegenheit der sozialistisch-realistischen Dichtung führe:

»Der Realismus setzt im Vergleich zu allen früheren literarischen Richtungen *in der Regel* eine vollständigere, exaktere, künstlerisch wahrheitsgetreuere Widerspiegelung der objektiv existierenden Wirklichkeit voraus, der Wirklichkeit, so wie sie ist, ohne verlogene Idealisierung und satirische Verzerrung, eine Widerspiegelung, die sich nicht auf die äußere Wahrnehmung beschränkt, sondern die in das Wesen der dargestellten Erscheinungen, in ihre gesellschaftliche Bedingtheit und ihren historischen Sinn eindringt« (Blagoj, S. 213).

Realistische Werke sind an der »wahrheitsgetreuen Darstellung der Wirklichkeit: das heißt des gesellschaftlichen Lebens in seiner gesetzmäßigen Eigenbewegung und der typischen Charaktere in ihrer Eigenentwicklung« zu erkennen (Elsberg, S. 550). Die Kennzeichen einer solchen historischen künstlerischen Methode zählt Kagan (1974, S. 727) auf:

»erstens eine *bestimmte Art und Weise* der Erkenntnis der Wirklichkeit; zweitens eine *Art und Weise wertorientierter Interpretation* des Lebens; drittens eine *Art und Weise der Umgestaltung* der Gegebenheiten des Lebens in bildhaftes Gewebe der Kunst (eine Art und Weise künstlerischen Modellierens und Konstruierens); viertens eine *Art und Weise des Aufbaus eines Systems* von Bildzeichen, in denen eine künstlerische Information fixiert ist und vermittelt wird.«

Sutschkows Untersuchung (1972) geht im wesentlichen nicht über die Ergebnisse hinaus, die der Band *Probleme des Realismus* formuliert hat. Für Sutschkow ist Realismus eine Schaffensmethode, die historisch zu jenem Zeitpunkt entstehen mußte, da sich die Notwendigkeit einer rationalen Analyse der gesellschaftlichen Entwicklung ergab (Erschütterung des Feudalismus, Sittenschilderung in Fazetien, Fabliaux, Schwänken und Schelmenromanen; S. 14 und 18). Die soziale Analyse (S. 31), die Typisierung (S. 33) und schließlich auch die Erkenntnis der kausalen Beziehungen im gesellschaftlichen Leben (S. 115) sind zentrale Bestandteile der Methode; alle Gestaltungsmittel, ausgenommen die mythologische Tendenz (dazu Koopmann 1979), sind zugelassen (S. 501). Die Besonderheit des Realismus im 19. Jahrhundert sieht Sutschkow in der schonungslos deutlichen Kritik (S. 265) an der bourgeoisen Gesellschaft mit ihren klassenspezifischen Konflikten und der sich aus dem kritischen Einspruch ergebenden sozialen Zukunftsperspektive. Sutschkow, dessen Abhandlung die gesamte neuzeitliche Entwicklung der internationalen Literatur umfaßt (jedoch ohne Bezug auf die Autoren des deutschsprachigen Realismus, Ausnahmen sind Hebbel und Wagner), orientiert sich an einem starren sozialistischen Realismuskonzept (S. 166), das keine Alternativen anerkennt:

»Die bürgerlichen Realisten haben diese Fähigkeit zur objektiven Untersuchung der Welt fast völlig verloren. Sie geben in ihren Werken häufig nur
ein annäherndes Bild vom Leben. Der bürgerliche Realismus ist unfähig,
die Gegenwart synthetisch zu erfassen und darzustellen, weil ihm der wirkliche Inhalt der gesellschaftlichen Beziehung entgeht.« (S. 338)

Da Sutschkow einen Unterschied zwischen Wirklichkeit und wirklicher Wirklichkeit, d.i. marxistisch interpretiertem Wirklichkeitsbild
zuläßt, kann er Realismus nicht als »einfache und unmittelbare Kopie der Wirklichkeit« (S. 501) verstehen, sondern spricht ihm auch
eine antizipierende Funktion zu (Kritik am Naturalismus). – Von einer solchen Utopie- und Idealbildungsfunktion ist in der marxistischen Literaturgeschichtsschreibung wiederholt die Rede (Rosenberg
1969 und 1972).

Dem marxistischen Konzept entsprechend, verzichten Böttcher
u.a. (1975) auf die Ableitung eines Epochenbegriffs aus literaturim-
manenten Kriterien; die gesamtgesellschaftliche Entwicklung, dargestellt vorzugsweise auf der Grundlage der Texte zeitgenössischer Autoren (K. Marx, F. Engels, dann auch W.I. Lenin), bestimmt die
literarhistorische Kontinuitäts- und Zäsurenbildung. Danach gliedert sich die zweite Jahrhunderthälfte in »Von der Niederlage der
bürgerlich-demokratischen Revolution bis zur Vollendung der kapitalistischen Umwälzung. 1849 bis 1870« und »Von der Pariser
Kommune und der Gründung des preußisch-deutschen Reiches bis
zur Konsolidierung des Imperialismus. 1871 bis zum Ausgang des
Jahrhunderts«; beide Perioden erfahren eine Untergliederung: 1859
als Wende von dem Jahrzehnt der Konterrevolution zur Neubele-
bung des politisch-öffentlichen Lebens und 1885 als Signal des ein-
brechenden Imperialismus. Die Literaturgeschichte gruppiert die literarischen Zeitströmungen in eine sozialistische, eine apologetische
und eine humanistisch-bürgerliche Literatur; die Besonderheiten des
jeweiligen Menschenbildes, des historisch-politischen Bewußtseins
und der Funktion der Literatur begründen eine solche Gliederung.
Als Leitfaden der literarhistorischen Gesamtsicht dient das Verhältnis der Autoren zu den aktuellen Volksbewegungen, insbesondere
zur Entfaltung des Proletariats. Der Realismusbegriff taucht in unterschiedlichen Konstellationen auf (bürgerlicher, kritischer, psychologischer Realismus) und wird im Sinn einer künstlerischen Methode, deren Ziel es ist, das marxistisch-geschichtsphilosophisch gefaßte
Wirklichkeitsbild widerzuspiegeln (»Erfassung der realen Verhältnisse«, S. 407), als bekannt vorausgesetzt (vgl. dagegen die Bemerkung
in *Zur Theorie des sozialistischen Realismus* 1974, S. 375: »Die Aussa-
ge, daß Kunst eine Widerspiegelung objektiver gesellschaftlicher
Verhältnisse ist und einen aktiven Klassencharakter trägt, sagt über

Realismus und sozialistischen Realismus in dieser allgemeinen Form noch nichts aus.«). So unterbleibt auch eine Auseinandersetzung mit der Forschung – abgesehen von einigen nebulösen Hinweisen auf bürgerliche Literarhistoriker; ebensowenig läßt sich eine Rezeption der Bemühungen um einen kybernetisch fundierten Widerspiegelungsbegriff erkennen.

Das gegenwärtige Epochenverständnis ist wesentlich durch die Literaturgeschichte Fritz Martinis (1962, [4]1981) geprägt; die Anlage des Buches zeigt, daß sich die Einheit der Epoche aus wechselnder Blickrichtung erschließen soll: Gemeinsamkeiten in den historischen Voraussetzungen, vergleichbare stilistische und thematische Ausrichtung, ähnliche Präferenzen im Gattungssystem, Symptomatik der biographischen und literarischen Entfaltung. Martinis Epochendarstellung orientiert sich (wie Böttcher u.a. 1975) an den ästhetisch-qualitativen Gipfelleistungen der Epoche.

Die Anordnung der neueren sozialgeschichtlichen Projekte (Glaser 1982, McInnes/Plumpe 1996) folgt weitgehend thematischen, gattungsgeschichtlichen und biographischen Aspekten; sie sind vom sozialgeschichtlichen Ansatz durchdrungen, bieten aber in den einzelnen Abschnitten teils neue Sichtweisen, teils bloße Zusammenfassungen des Altbekannten. Eine literaturgeschichtliche Gesamtdarstellung aus einheitlichem Blickwinkel gelingt erst wieder Sprengel (1998). Daß ihre Gliederung von der »Reichsgründung bis zur Jahrhundertwende« den Realismus-›Block‹ in seiner Mitte durchschneidet, mag weniger beklagt als begrüßt werden, ergibt sich doch so unabweislich der Modernitätsgehalt der nur vermeintlich ans 19. Jahrhundert geknüpften realistischen Literatur. Sprengel hält sich korrekt an eine nationalstaatliche Differenzierung, die zur systematischen Separierung des deutschsprachigen Realismus in österreichischen, schweizerischen und deutschen Realismus führt (vgl. Günter/ Butzer 1998, Butzer u.a. 1999). Welche Hoffnungen oder Sorgen sich in dieser neuen Gewissenhaftigkeit geltend machen, bleibt noch zu erkunden; was die Realismusforschung betrifft, so hob sie in letzter Zeit doch eher das Globale und international Kompatible der regional bzw. staatlich differenzierbaren Beiträge des deutschsprachigen Realismus hervor.

2.4.2 Die sprachgeschichtliche Entwicklung

Theorie und Praxis der Realismusepoche sind ohne einen Hinweis auf deren Sprach- und Stiltendenz nur unvollständig erfaßt. Auf die Notwendigkeit einer solchen Blickrichtung hat am nachdrücklichsten Friedrich Sengle (1971) hingewiesen; sein Kapitel über die Literatursprache der Biedermeierzeit setzt nicht nur neue Maßstäbe für Literaturgeschichtsschreibung und Werkinterpretation der vorrealistischen Zeit, sondern ermöglicht es auch, aus dem Kontrast heraus die stilistische Eigenart der Folgezeit historisch genauer zu erfassen. Dies muß der Realismusforschung um so gelegener kommen, als es kaum sprachgeschichtliche Untersuchungen speziell zum 19. Jahrhundert (mit seiner neuen Sprache der Familienzeitschriften und dem Wortschatz der Industrie) gibt (Wagner 1943, Langen 1957, Tschirch [2]1975, Wimmer 1991). Die erste umfassende Arbeit zur Sprache des Realismus aus literarhistorischem Gesichtspunkt stammt von Berkhout (1942). Die Amsterdamer Dissertation befaßt sich mit den Besonderheiten in Wortgebrauch, Syntax, Bild und Vergleich sowie Darstellung (gemeint ist deren Subjektivität bzw. Objektivität); als Materialgrundlage dienen für die Biedermeierzeit Grillparzer, Mörike und Stifter, für den poetischen Realismus Hebbel und Ludwig; die Analyse konzentriert sich jeweils auf das Jambendrama, das Prosadrama und die Erzählprosa. Berkhout entdeckt genuin realistische Elemente, deren Charakter jedoch durch Funktionszusammenhänge modifiziert werden kann. Als Ergebnis hält er die Abwendung von jeglicher Rhetorik fest. Auf Wortebene beobachtet er den Rückgang der attributiven Adjektive. In der Syntax fällt der verstärkte Ellipsen- und Aposiopesengebrauch auf; mit relativ freier Satzgliedstellung und konjunktionslosen Sätzen bemüht man sich allgemein um eine einfache Diktion.

Das Unbefriedigende an Berkhouts Arbeit liegt darin, daß er in den meisten Analysefällen von einem gesicherten Katalog realistischer Sprachelemente ausgeht. Zu einem solchen Katalog kommt man allenfalls über die Auswertung zeitgenössischer Grammatiken, Stilistiken und Sprachlehren; das jedoch hat Berkhout unterlassen. Zudem ist die Grundlage der Untersuchung, Hebbel und Ludwig, viel zu schmal, um zu präzisen Aussagen führen zu können. Trotzdem traf Berkhout genau den Kern der realistischen Stiltendenz.

Gansberg (1964) setzt Berkhouts Arbeit mit feineren Analyseverfahren auf breiterem Grund fort, indem sie sich auf die Wandlungen im Prosawortschatz in der Zeit von 1835 bis 1855 konzentriert; diese bei Sengle angefertigte Dissertation ist das Gründlichste, was bisher zu diesem Thema vorliegt. Gansberg präzisiert die epochentypische Abwendung von der Rhetorik als einen Abbau des übertreibenden Stilprinzips; der Extrem-, empfindsam-enthusiastische und gebildet-geistreiche Wortschatz wird zu einer mittleren Stillage nivelliert, in der die Tendenz zum sachlich-konkreten Wort und zur Detailschärfe dominiert (Arbeitsvorgänge, Szenerie,

Interieurs, Lokalkolorit durch maßvolle Verwendung des Dialekts). Gansberg sieht den Brennpunkt des realistischen Stils im Verklärungspostulat; es zeigt sich in der Wortwahl als Bevorzugung des dämpfenden, milden, schönen und edlen Wortmaterials; im semantischen Bereich überwiegen die Bedeutungsfelder um ›Sonne‹, ›Lachen‹, ›Arbeit‹, ›Gesund‹, ›Kraft‹ und ›Poetisch‹.

Gansberg kommt zu ihren Ergebnissen aufgrund von quantitativen Analysen. Dagegen lassen sich Einwände formulieren: Signifikante Vorkommenshäufigkeiten mißt man an Wortwiederholungen; aber dieselbe Lautgestalt garantiert keineswegs einen gleichbleibenden Inhalt; so kann man z. B. feststellen, daß in Kellers *Romeo und Julia auf dem Dorfe* auffallend häufig das Wort ›still‹ vorkommt; damit ist aber noch wenig gesagt, wenn man berücksichtigt, daß das Wort je nach Zusammenhang Unterschiedliches bedeutet.

Weitere Stiltendenzen des Realismus zählt Sengle (1971) auf (vgl. auch das Freytag-Zitat bei Widhammer 1972, S. 72): Das biedermeierliche Prinzip der Sprachfreiheit verliert in der neuen Epoche seine Geltung (Sengle I, S. 379); Sprachspannungen, bei denen Wörter extrem entgegengesetzter Stillage aufeinanderprallen, werden vermieden (S. 431); die Syntax richtet sich nun streng nach dem Klarheits- und Durchgliederungsgebot K.F. Beckers (S. 573); anaphorische Reihungen werden ungewöhnlich (S. 529); gesuchte Neubildungen (S. 463) und vermeintlich hochpoetische, ungewöhnliche Komposita (S. 485) werden verworfen; die Bildlichkeit steht jetzt im Dienst der Anschaulichkeit (S. 517), alles »Geblümsel« verfällt der erbarmungslosen Kritik (S. 520 ff.).

Dazu schreibt Eduard Engel, von dem Sengle (I, S. 520) sagt, er habe das Erbe des Realismus für die Schule kodifiziert:

»Je weniger Bilder, desto weniger schiefe und krumme Bilder. Lieber ein bißchen farblos, aber vernünftig, als bunt wie eine Narrenjacke; lieber gar nicht gebildert, wo man kein Innenbild geschaut hat, als ungeschaute Bilder aus dem Tintenfaß herausgestippt. Wehe dem Bildnerstil des Ewigabstrakten: der Eindruck ist im Geistigen so widerwärtig wie im Straßenleben der Anblick eines Betrunkenen.« (Engel 1913, S. 395).

Nach Hamon (1973, S. 183) zeichnet sich der realistische Diskurs dadurch aus, daß er jeden schwer verständlichen Ausdruck durch einen lesbaren ersetzt.

Die Kunstfertigkeit des Einfachen setzt jedoch in vielen Fällen eine »Meisterschaft über die Sprache« voraus, die das Rhetorische weniger verdrängt, sondern eher aufhebt; Fontane: »Wir müssen uns mit Leichtigkeit in Assonanzen und Alliterationen ergehen können, wir müssen imstande sein, unser Ohr mit dem Wohllaut eines neu-

en Reimes zu kitzeln, wir müssen mit der rechten Hand 6 Antithe-
sen und mit der linken 12 Wortspiele ins Publikum schmeißen können.« (Brief an Fr. Witte vom 18. 10. 1852) Auch wenn Fontane
hier von der Beherrschung einer Fremdsprache spricht, sollte man
diese Stelle bei der Beschreibung eines realistischen Stils berücksichtigen.

Der Realismus ist sprach- und stilgeschichtlich gesehen die Epoche der literarisierten Umgangssprache und des ästhetisierten Dialogs (*Causerie*); sein Ende beginnt mit der modernen Sprachkrise.

2.4.3 Das literarische Publikum

Struktur, Verhaltensweise und Funktion des literarischen Publikums
im Realismus werden erst in neuerer Zeit erforscht. Wer las Bücher
bzw. Zeitschriften? Wer konnte aufgrund der üblichen Sozialisati-
onsbedingungen überhaupt Interesse am Lesen entwickeln? Was
wurde bei welchen Gelegenheiten für gewöhnlich bevorzugt gelesen?
Welche Zugänge zum Buch boten sich den Lesewilligen? Wie attraktiv war der Bücherkauf, das Zeitschriftenabonnement und der
Leihbibliotheksbesuch? Die Antworten auf all diese Fragen können
unsere Kenntnisse und Vorstellungen von der Zeit beträchtlich er-
weitern und vertiefen.

Grundlegende Informationen finden sich in dem Materialien-
band *Realismus und Gründerzeit* (1976, S. 161-257). Einen zusam-
menfassenden Situationsbericht mit einer Fülle weiterführender Literatur und auf der Grundlage neuester Einsichten legt Erich Schön
(1999) vor. Es deutet sich an, daß rund 50 % der Bevölkerung, die
Unterschicht (Lohnarbeiter, ärmere Handwerker, Kleinbauern, Sub-
alternbeamte, Dienstboten, niedere Chargen des Militärs), als Träger
der literarischen Kultur kaum wirksam werden konnten (Ausbildung, finanzielle Situation, Wohnverhältnisse). Das literarische Publikum rekrutiert sich aus den unterschiedlichen Schichten des Mittelstandes (ermittelt aufgrund des Steueraufkommens); besonders
der obere Mittelstand (Angehörige freier Berufe, kleinere Unternehmer, Grundbesitzer, höhere Beamte in Verwaltung, Erziehung und
Wissenschaft, Anwälte) verfügt über die besten Voraussetzungen für
eine literarische Kultur (vgl. mit Blick auf die *Gartenlaube* jetzt genauer Becker 1996, S. 120). Eine entscheidende Rolle bei der Entwicklung und Lenkung des Leseinteresses kommt den Schulen, insbesondere den humanistischen Gymnasien und höheren
Töchterschulen, zu. »Daß deutsche Literatur als Domäne der bürgerlichen Frau erscheint, wird durch deren Schulbildung gestützt.«

(Becker 1996, S. 114) Allgemein anerkannte Lehrbücher und aktuelle Themenkataloge dokumentieren, wie einschneidend diese Institutionen die literarische Bildung beeinflußten (Bewahrung des Klassizismus und der Verskultur, Bevorzugung der historischen Dichtungen, Entwicklung eines Trivialidealismus und Epigonentums, Verhinderung der Aufnahme realistischer Literatur). Die patente Lehrmethode im literarischen Unterricht stellt das Auswendiglernen dar (vgl. *Realismus und Gründerzeit* Bd. 2, S. 70). Eine Reihe von »Popular-Poetiken« (Enders 1971) wendet sich jetzt ausdrücklich an eine breite Öffentlichkeit (vgl. auch Rhöse 1978, S. 85 ff.).

Für eine genauere Kenntnis des literarischen Publikums und der ›gelesenen‹ Literatur ist ein Blick auf die Kinder- und Jugendliteratur unerläßlich. Glaubt man kritischen Forschungsergebnissen, so wird hier die Quelle einer unheilvollen Erziehungstradition sichtbar, in der Unterdrückung (von Anfang an programmierter Verzicht auf Selbstbestimmung zugunsten der Herrschenden, Triebverdrängung), Entfremdung (allein von der Erwachsenenwelt ausgehende Rollenzuweisung) und Ablenkung (illusorische Aufwertung des Tugendhaften, die das Interesse am Bestehenden und seiner Veränderbarkeit kompensieren soll) die Leitmotive bilden; es scheint, daß die Kinder- und Jugendliteratur »sich völlig unbeeindruckt zeigt von der sozialkritisch-demokratischen Literaturentwicklung im 19. Jahrhundert (jungdeutsche und Vormärz, Büchner, Heine, Georg Weerth, Gesellschaftskritik des Naturalismus), ein Signal für die fortschreitende Trivialisierung und Verbürgerlichung der KJL während des Jahrhunderts« (Dahrendof 1980, S. 41). Das Modisch-Klischeehafte dieser Sicht vom 19. Jahrhundert macht allerdings skeptisch gegenüber solchen Wertungen.

Bis in die 80er Jahre ist der käufliche Erwerb von Büchern selten. Bücher, vor allem zeitgenössische Literatur, waren unerschwinglich teuer. Erst ab 1867, dem Jahr der Klassikerfreigabe, begannen preiswerte Klassikerausgaben immer zahlreicher zu erscheinen (1. Reclam-Heft: *Faust*; Sippell-Amon 1974). Die Gründerjahre brachten zudem Prachtausgaben hervor, deren privater Besitz attraktiv gemacht wurde. Die verlegerische Initiative – zwischen 1848 und 1880 befindet sich der Buchhandel in einer schweren Absatzkrise – konzentriert sich besonders auf den Vertrieb von Romanen in relativ billigen Romanreihen. Allmählich bilden sich auch Buchgemeinschaften (1873: Allgemeiner Verein für Deutsche Literatur). Doch das allgemeine Leseinteresse wird nach wie vor durch die Leihbibliotheken befriedigt. Was Wilhelm Dilthey dazu schreibt, spiegelt wohl nicht die Lesewirklichkeit ab, sondern drückt eher ein Unbehagen aus:

»Es ist unermeßlich, was heute an Romanen konsumiert wird. Aus den Leihbibliotheken wandern täglich unzählige schmutzige Exemplare auf die Sofas der unzähligen müßigen Frauen unserer sogenannten europäischen Gesellschaft. Auf geheimnisvolle Weise verschwinden einige von ihnen in die Zimmer der Töchter, andere verlieren sich in Bedientenstuben, in die Kammer der Näherin, in die chambres garnie der Kommis, der Kaufmannsdiener.« (Dilthey 1877, S. 108.)

Was also heute auf dem weiten Feld der Medienunterhaltung als utopischer Umriß eines Leseparadieses erscheint, maß damals den engen Raum der schriftstellerischen Bewegungsfreiheit aus, kennzeichnete die Quellen für das Scheitern der Realisten oder ihre Flucht in die Verkäuflichkeit oder ihren Widerstand, der wie manch anderer Widerstand immer erst posthum gefeiert wird.

2.4.4 Voraussetzungen und Einflüsse

Keine Epoche ist nur das, was ihre Literatur von ihr mitteilt und überliefert; neben und hinter ihr steht das ganze Leben, dem die Nachwelt nach eigenem Gutdünken zum Ausdruck verhilft. Faktoren der politischen, gesellschaftlichen, wirtschaftlichen, theologischen, philosophischen, naturwissenschaftlichen und weltliterarischen Gesamtsituation prägen das Epochenbild. Es hängt von der zugrundeliegenden Theorie über die Prinzipien der Literaturgeschichtsschreibung ab, welchen Stellenwert solche Voraussetzungen und Einflüsse in den einzelnen Epochendarstellungen einnehmen: Sie können im Rahmen eines ›ersten Kapitels‹ als »Grundlagen« erscheinen (Martini [4]1981; bedeutend differenzierter Sprengel 1998), sie können als sozialgeschichtliche Parallelen die literaturgeschichtliche Entwicklung begleiten (Sagarra 1972), oder sie können aufgrund einer primären, wissenschaftstheoretischen Entscheidung für die Dominanz der sozialökonomischen Kräfte als dialektische (stimulierende, aber auch reagierende) Bezugspunkte der literarischen Geschichtsschreibung dienen (Böttcher u.a. 1975). Die sozialgeschichtliche Perspektive unterstreichen auch Glaser (1982) und McInnes/Plumpe (1996).

Über die Sozial- und Wirtschaftsgeschichte im 19. Jahrhundert informiert bibliographisch Wehler (1976). Eine (teilweise kommentierte) Auswahlbibliographie, geordnet nach Sachgebieten, findet sich auch bei Sagarra (1972) und übersichtlich gegliedert bei Sprengel (1998). Eine erste Orientierung in die Zeit gewähren die Bände 15-17 des Gebhardtschen *Handbuchs der deutschen Geschichte.* Einen Einblick in die soziale Struktur und deren Relevanz für den literarischen Figurenbestand und die Konfiguration vermittelt die noch immer wichtige Monographie von Bramsted (²1964).

Die politische Voraussetzung für die Literatur des Realismus trägt denselben Namen wie diese Literatur: Realismus. Damit ist nicht nur ein pragmatisches Prinzip des Machbaren gemeint, sondern vor allem auch das Primat der Macht, der Stärke und des Interesses. ›Realismus‹ bedeutet Machtpolitik nach Innen wie nach Außen. Die dazu gehörende Wirklichkeit der Kriege und sozialen Disziplinierungen bildet den Horizont, vor dem der literarische Realismus in Erscheinung tritt. Der politische Realismus ist ein Projekt, eine Bündelung von Initiativen in nachrevolutionärer Zeit zur Kompensation des Versäumten und zur Legitimierung des Unterdrückten. Nicht um neue ›Dinge‹ geht es, für deren Abbildung sich der literarische Realismus interessieren könnte, sondern um ›alte Kräfte‹, die eine realistische Literatur aus dem Bann des Selbstverständlichen und Berechtigten reißt, um seine Unnatur und Rechtswidrigkeit empfindbar zu machen.

Planen und Verwirklichen bilden den Grundzug der Politik im Bann dieses Realismus; es ist eine düstere Folie, von der sich der literarische Realismus abzuheben sucht. Dabei entstehen unterschiedliche, für die Literatur der Epoche wichtige Konstellationen: Der Plan einer bürgerlichen Demokratie in Freiheit und Einheit mißlingt (Revolutionsjahr 1848); statt dessen gedeiht der nationale Gedanke allein (Reichsgründung 1871); die Projekte und Initiativen der Unternehmer definieren eine neue Lebens-, Kraft- und Wirkungsform (Industrialisierung und Kapitalisierung); gesellschaftliche Gruppierungen dienen ausschließlich der Durchsetzung von Interessen in einer antagonistisch gespannten Situation (die Zweck-Mittel-Kategorie als Prinzip gesellschaftlicher Gliederung, Einigung und Polarisation als soziales Instrument der Konkurrenzwirtschaft). Das zweckrationale Denken und Tun enthüllt gleichermaßen seine faszinierende und abschreckende Macht wie seine verzweiflungsvolle und tröstende Ohnmacht. Der »Geist der Zeit oder Zukunft«, der nach Feuerbach (1842) »Realismus« heißen sollte, entdeckt in der natürlichen Lebenswelt Prinzipien wie den Energieerhaltungssatz (1842), dessen metaphorische Bedeutung ebenso in der ökonomischen Rollenverteilung zwischen Nehmenden und Gebenden wie im poetischen Prinzip der ›epischen Integration‹ mitschwingt. In dieser Konstellation erhalten Glück und Elend, Erfolg und Versagen, Wollen und Verzicht, Kritik und Rechtfertigung, Organisation und Spontaneität, Agilität und Verweigerung, Mitmachen und ›Aussteigen‹ ihren ethischen wie ästhetischen Ort.

2.4.5 Nachwirkungen des Realismus

Die Forschung hat zahlreiche Nachwirkungen des Realismus mit
wechselnder Glaubwürdigkeit hervorgehoben. Kluckhohn (1935)
nannte die Heimatkunst und den völkischen Realismus. In der marxistischen Literaturwissenschaft ging der Realismus des 19. Jahrhunderts als Erbe in den sozialistischen Realismus und seine Bitterfelder
Wege ein (*Sozialistische Realismuskonzeptionen* 1974, *Zur Theorie des
sozialistischen Realismus* 1974). Gegen das expressionistische Pathos
setzte die ›neue Sachlichkeit‹ erneut den realistisch-nüchternen Bericht. Die sogenannte *Expressionismusdebatte* im Exil zentrierte sich
um avantgardistische Möglichkeiten einer modernisiert realistischen
Literatur (Schmitt/Schramm 1973). Bertolt Brecht (1940, S. 116)
begrüßte den inneren Monolog und die Montage als nützliche Er-
weiterung der Methoden zur Erfassung der sozialen Kausalität innerhalb einer sich wandelnden Realität. Brinkmann (³1977), der in
der realistischen Dichtung die immer stärker werdende Dominanz
der Subjektivierung beobachtete, brachte diese Tendenz – auf den
Roman des inneren Monologs vorausweisend – mit der ästhetischen
Theorie Adornos in Verbindung (vgl. z.B. Adornos Feststellung:
»Will der Roman seinem realistischen Erbe treu bleiben und sagen,
wie es wirklich ist, so muß er auf einen Realismus verzichten, der,
indem er die Fassade reproduziert, nur dieser bei ihrem Täuschungs-
geschäft hilft.« S. 64). Preisendanz (1969) sah zwar in der modernen
Dichtung einen Abbau des Realismus, erklärte diesen Vorgang aber
nicht aus der Reaktion auf eine sich wandelnde Wirklichkeit, sondern aus dem Versuch, die »Potentialität des Unwirklichen« darzustellen. Hier deuten sich Differenzierungen an, die neben einem
›dokumentarischen‹ oder ›operativen‹ Realismus auch einen ›magi-
schen Realismus‹ befördern und ihn als wichtige Facette der Moderne ausweisen (Scheffel 1990).

In jüngerer Zeit bemühte sich die *Autoren-Edition* des Bertels-
mann-Verlages, eine spezifisch realistische Literatur neu anzuregen:
»Angestrebt wird eine realistische Schreibweise. Nicht die Schwierigkeit des Autors angesichts einer widersprüchlichen Realität, sondern
die Realität selber ist das Thema der Autorenedition.« (Zit. nach:
Realismus – welcher? 1976, S. 115) Dieses Programm weist allerdings
weniger auf die Realismuspraxis des 19. Jahrhunderts zurück, der
gerade die Reflexion über die Möglichkeiten des Erzählens angesichts einer widersprüchlichen Wirklichkeit höchst wichtig war
(man denke an die komplizierte Erzähltechnik Raabes); vielmehr
fühlt man sich an das Erzählkonzept der Biedermeierzeit erinnert,
die sich auch wenig um die erzählerische Planung sorgte (Sengle II,

925). Sengle (III, 1047) erinnert daran, daß der Realismus, stärker als Klassik oder Romantik, das Gymnasium früh und für lange Zeit (bis 1945) erobert habe. Zimmerli (1984) sieht in der avantgardistisch verpönten, aber in der Gegenwart erneut verwendeten Erzählhaltung die Möglichkeit für einen »Neuen Realismus«, insofern sich diese ›naiven‹ Darstellungsverfahren »nun in der Reflexion auf die Durchlaufstufen des Realitäts-Verweigerungs-Realismus« abermals bewähren könnten.

Gegenwärtig ist der Realismus weltweit präsenter denn je, und zwar in seinen geschliffensten Facetten und unter Wahrung bzw. Steigerung seiner populären Aura. Dies gilt nicht nur von den ›Print-Medien‹ (siehe die Romane von J. Fowles oder T.C. Boyle), sondern überhaupt und insbesondere vom Kinofilm, und zwar nicht nur dann, wenn er als ›populärer Film‹ den perfekten Illusionseffekt anstrebt (Eder 1999), sondern gerade auch dann, wenn er als ›Cyberfilm‹ mit virtuellen Welten spielt. Als »Lehrfilm des radikalen Konstruktivismus«, mithin als millionenfach wirkender Multiplikator wesentlicher Aspekte des Realismusproblems zweier Jahrhunderte, gilt augenblicklich Wachowskis Film THE MATRIX (Wirtz 1999).

3. Die Formenwelt im Realismus

Mit Recht gilt weltweit, daß realistisches Schreiben am besten auf epischem Feld gedeiht; die Höhepunkte des Realismus liegen vornehmlich im Bezirk des Narrativen. Dennoch wäre es falsch, behaupten zu wollen, daß sich der Realismus grundsätzlich oder wesentlich auf die Erzählkunst eingeschworen habe. Schon Fontane hat in seiner frühen programmatischen Schrift *Unsere lyrische und epische Poesie seit 1848* (anonym 1853) unterstrichen, daß der »Realismus« ein wesentliches Merkmal aller drei Gattungen sein kann; und er nennt als Vertreter dieses gattungsgeschichtlich differenzierten Realismus für das Drama Hebbel, für die Lyrik Freiligrath und für den Roman Gotthelf.

In einem erweiterten Sinn ist die eigentliche Gattung des Realismus die Familienzeitschrift. Eine Literaturgeschichte nach ›realistischem‹ Grundsatz, die sich also nicht nur im ›Wolkenkuckucksheim‹ der hohen Kunst umsieht, sondern beschreibt, was wirklich passiert, wird dieses vielfach und oft auch primär prägende Medium unbedingt in den Vordergrund rücken. Die Familienzeitschriften des 19. Jahrhunderts übermitteln ihre Botschaften nicht nur auf dem effektivsten Weg, sie schreiben sie auch vor. In ihnen zu veröffentlichen heißt nicht nur, sein Publikum zu erreichen und gut zu verdienen, sondern auch Rücksicht zu nehmen bis an die Grenze des Selbstverrats. Solche Zeitschriften repräsentieren das geltende Sprach-, Bild- und Normensystem, dem man sich anpassen muß, um verständlich zu bleiben und ›anzukommen‹, selbst wenn man gerade dieses System eigentlich aus den Angeln heben möchte. Ein buntes Spektrum des Zeitschriften-Angebots (von der *Gartenlaube* bis zur *Deutschen Rundschau*; vgl. Obenaus 1987) definiert dieses zeitgemäße Kommunikationsfeld. Es darzustellen heißt, die mannigfaltigen Verstrickungen, die den literarischen Alltag der Realisten ausmachten, zur Geltung zu bringen (von Graevenitz 1993, Helmstetter 1997).

Insbesondere die Untersuchungen Sengles haben ergeben, daß die Literatur der realistischen Epoche, ihr Textbegriff, eine typische Verengung und Vereinheitlichung gegenüber der Gattungsvielfalt während der Biedermeierzeit aufweist; Widhammer (1972, S. 54) betont insbesondere den Zusammenhang zwischen der Furcht vor der nationalen Zersplitterung und dem Abbau der Formenvielfalt.

Trotzdem begegnet auch nach 1848 ein beträchtlicher Formenreichtum. Um zu erfahren, welche Formen tatsächlich gewählt wurden, lohnt es sich, in der Literaturgeschichte von Heinrich Kurz (^{2}1873) nachzuschlagen. Obwohl Kurz die Epochenzäsur 1848 nicht kennt, sondern den Zeitraum von 1830 bis 1866 als eine Einheit behandelt, erfährt man hier vieles über Vorkommen und Verbreitung einzelner Gattungen; solche Detailinformationen behalten ihren Wert, zumal spätere Epochendarstellungen nicht in gleicher Weise einläßlich berichten.

Kurz gliedert nach »Poesie« und »Prosa« auf. Der weitaus umfassendste Teil seines Werks gilt der Beschreibung der »Poesie«, der lyrischen, didaktischen, epischen und dramatischen; die lyrische Poesie wird untergliedert in politische, philosophische, orientalische Lyrik, in geistliches und weltliches Lied und Dialektdichtung; die epische Poesie fächert sich nach Stoffbereichen auf, an deren erster Stelle die nationalgeschichtlichen, dann die frei erfundenen Stoffe angeführt werden; hier treten das idyllische und komische Epos, die poetischen Erzählungen und Legenden hinzu; unter dramatischer Poesie werden genannt: das historische Drama, Trauer- und Schauspiel, Volksschauspiel, Lustspiel (Salonlustspiel, Konversationsstück, politisches, historisches und aristophanisches Lustspiel), die Posse und die Oper. Die Prosa umfaßt Prosa-Dichtung, historische Prosa, didaktische Prosa und rhetorische Prosa; unter Prosa-Dichtung zählt Kurz auf: historischer Roman (biographischer, kulturhistorischer [politischer, sozialer Roman, Kriminalgeschichte], ethnographischer Roman), Familienroman, Tendenz- bzw. Zeitroman, Dorfgeschichte, Novelle; unter historische Prosa fallen allgemein: Geschichtsschreibung, Literaturgeschichtsschreibung, Reisebeschreibung; die didaktische Prosa umfaßt die philosophischen, pädagogischen, naturwissenschaftlichen usw. Forschungen des Zeitraums.

3.1 Erzählkunst

Die bedeutendste Leistung des Realismus deutscher Sprache liegt auf dem Gebiet der Erzählprosa. Als eine von der literarästhetischen Tradition nicht vorbelastete Form (gemeint ist sowohl der Roman als auch die Prosa überhaupt) öffnete sie sich bereitwillig und experimentierfreudig den wandelnden historischen und sozialen Erscheinungen der Zeit (Sengle 1959) und nahm als eine Art narrativer Sozialgeschichte die Konkurrenz mit der Wissenschaft auf. Der Roman erfüllte prompt das Aktualitätsbedürfnis der Leserschaft und erober-

te sich mit seiner Flexibilität gegenüber den raschen Wandlungen
der Wirklichkeit immer deutlicher das literarische Feld.

»Der Roman hat für die moderne Menschheit diese tiefe Bedeutung, diese
einschneidende Wichtigkeit, weil keine andere Kunst, und auch kein anderer Zweig der Dichtkunst dem geistigen Bedürfnisse derselben so Rechnung
trägt, ein so bequemes, ausgiebiges, zweckdienliches Vehikel der Mitteilung
der respektiven geistigen Interessen und Bedürfnisse hinüber und herüber
ist.« (Spielhagen 1883, S. 38)

Realistisch zu erzählen heißt nichts anderes als die Gesetze des Epischen strikt zu befolgen, also: ruhig, klar und sachlich (›objektiv‹) zu
berichten. Dieser Purismus hebt die Realisten von den Epikern der
benachbarten Epochen ab, obwohl ihr Standpunkt im Grunde nur
ein klassizistischer ist. Komposition, insbesondere das Prinzip der
epischen Integration, und Figurendarstellung (Lebendigkeit, Indivi-
dualpsychologie, Vermeidung der durch die Fiktion nicht motivier-
ten Redeweisen) unterscheiden die Erzählprosa des Realismus von
der erzählerischen Praxis in der Biedermeierzeit (Sengle II, S. 917)
und verweisen auf die Veränderungen im Weltbild; besonders das
realistische Individualitätsprinzip geht auf den »Abbau des metaphysischen und normativen Denkens« zurück (Sengle II, S. 918).
    Levine (1974) definiert den realistischen Erzählstil folgenderma-
ßen

»The style of realism is plain, direct, more or less colloquial, uninhibited by
the conventions of other literary genres, and thick with the details of the
phenomenal world. The form of realism is free from the constraint of poetic ordering, of mythic patterning, concentrating on the individual rather
than the type and creating him and his narrative in great particularity. The
narrative movement follows the direction of biography or history, subject to
the interests of plausibility rather than of shapeliness and coherence. The
subject of realism is the ordinary, characters thoroughly mixed rather than
heroic, noble, or immaculately virtuous, who live in and whose fates are de-
termined largely by a society (itself carefully implied or described) which
entails for its survival a life of compromise for all of its members.« (S. 235)

Einige Formulierungen wie »free from the constraint of poetic ordering, of mythic patterning«, wären heute wohl angesichts der entdeckten intertextuellen Verfahren zu revidieren.
    Die realistische Erzählprosa gliedert sich in Roman und Novelle.
Aus der Vielzahl gattungsorientierter Gliederungsansätze (seit Kurz
²1873) seien hier nur zwei wichtige erwähnt: Martini (⁴1981) unterscheidet in Roman und Novelle, indem er die Erzählung dem
Roman zuordnet. Bezüglich des Romans umreißt er vier stoffliche

Grundtypen, die er nach thematischen Bezugskreisen ermittelt hat: gesellschaftskritischer Zeitroman (räumlich, zuständlich; Prinzip des Nebeneinander), Geschichtsroman und Geschichtserzählung (national, positivistisch), Dorfroman und Dorferzählung (regional-idyllische Abwehrhaltung gegenüber Stadtkultur und moderner wirtschaftlicher Entwicklung), Entwicklungs- und Bildungsroman (biographische Verdichtung intrapersoneller und interpersoneller Wachstumsbedingungen). Demetz (1964) teilt die realistische Literatur in historischer Roman (W. Scott), Kriminalgeschichte (Neuer Pitaval) und Roman der guten Gesellschaft (J. Austen) auf. In solchen Ausrichtungen erkennt er die formgeschichtliche Tradition des europäischen Realismus, an der auch der deutschsprachige Realismus teilhat. Zugleich arbeitet Demetz am konkreten Beispiel (Fontane) die gattungsspezifisch gelenkte Themenbildung realistischer Erzählkunst heraus; alle drei Formen bilden Modelle für eine je besondere Wirklichkeitsdarstellung und Konfliktbehandlung. In einem späteren Aufsatz (1967) erweitert Demetz sein Formenmodell, indem er eine Typologie des realistischen Erzählens auf vier Problemkreisen aufbaut:

1. die Integrierbarkeit unterschiedlicher Stoff-, Form- und Stilbereiche,
2. die Abwendung von den Ausnahmeerscheinungen des Heldischen und die Hinwendung auf das Typische des Durchschnittlichen,
3. die Interdependenz des die Umwelt prägenden und des zugleich von ihr geprägten Menschen,
4. die Darstellungsweise, die eine Entfremdung zwischen Ich und Welt begründet, obwohl es eigentlich um deren Vereinigung geht. Einfach macht es sich in dieser Beziehung Loofbourow (1970, 1974), der ›Realismus‹ mit Erzählprosa identifiziert.

3.1.1 Roman

Die zentralen Konzepte des realistischen Romans heißen fast einstimmig Einheit, Totalität, Authentizität und Objektivität. ›Einheit‹ bedeutet Funktionalität aller Teile, kausale und logische Kohärenz bzw. Dependenz, wobei die Betonung der funktionalen Tauglichkeit ihrerseits wieder mit dem Gesundheitsideal der Realisten korrespondiert; ›Einheit‹ verlangt weiterhin einen dramenähnlichen Aufbau, so z.B. die aktartige Buchgliederung in Freytags *Soll und Haben*, den analytischen Aufbau in Fontanes *Cécile* oder Raabes *Stopfkuchen*

oder die Tendenz zur Dialogisierung wie bei Marie von Ebner-
Eschenbach; bezeichnend für diese Tendenz zur ›kompositorischen
Motivation (Tomaševskij in: Zeller 1980, S. 94) ist Fontanes Lob
über *Soll und Haben*: »Da wird im ersten Bande kein Nagel einge-
schlagen, an dem im dritten Bande nicht irgend etwas, sei es ein
Rock oder ein Mensch aufgehängt würde« (Werke, Hanser-Ausgabe III/1, S. 298). Stifter, der dem Freytagschen Roman genau das
abspricht, was Fontane lobt, kritisiert ebenfalls vom Standpunkt
der epischen Integration (Brief an Gustav Heckenast, 7. Febr.
1856). ›Totalität‹ umfaßt sowohl die extensive Fülle aller beobacht-
baren Vorgänge und Gesetzmäßigkeiten (besonders bei Spielhagen)
als auch die intensive Dichte symbolischer Verweise. Zum Anspruch des Authentischen gehört neben der ›Quellentreue‹ sowohl
die Aktualität des Erzählten (Gegenwärtigkeit, Relevanz) als auch
des Erzählens (moderne und verfeinerte Erzähl-, Darstellungs- und
Beschreibungstechniken). ›Objektivität‹ meint die epischen Darstellungsprinzipien der Gelassenheit, Sachlichkeit und Überlegenheit
(Sengle 1959, 5. 196).
    Der Objektivitätsbegriff ist eng mit der Romantheorie Friedrich
Spielhagens verbunden. Der Roman darf nach Spielhagen weder einen allwissenden, überlegen kommentierenden und reflektierenden,
noch einen planenden, einteilenden oder sich gar an den Leser wen-
denden auktorialen Erzähler erkennen lassen; er darf nicht den Eindruck erwecken, daß seine Geschichte eine beliebige Erfindung des
Erzählers ist, sondern muß Wirklichkeit und Geschehen an sich,
d.h. unvermittelt präsentieren, wobei ›unvermittelt‹ insofern ein
problematischer Begriff ist, als gerade episches Darstellen im Gegensatz zum dramatischen immer indirekt erfolgt (Spielhagen 1883, S.
116 f.). Für Spielhagen liegt die patente Methode für eine erzählerisch unaufdringliche Darstellung von Wirklichkeit in der Wahl eines Romanhelden, der nicht nur Subjekt der Geschichte, sondern
Träger jenes Gesichtswinkels ist, unter dem Wirklichkeit wahrge-
nommen wird und zur Darstellung gelangt. Der Kunstgriff, Wirklichkeit »aus erster Hand« (S. 124) monoperspektivisch zu objektivieren, gelingt wiederum dann am leichtesten, wenn der Held des
Romans die Aufgabe übernimmt, seine Geschichte selbst zu erzählen; deshalb bevorzugt Spielhagen den Ich-Roman. Spielhagen
glaubt, mit der Wahl dieser Erzählhaltung das ästhetische Problem
der Wirklichkeitsobjektivierung, das erkenntnistheoretische Problem
der Wahrnehmung und das wissenschaftlich-positivistische Problem
der Beschreibung am besten und für alle Zeiten gültig gelöst zu haben. Nach Ricklefs (1991) geht es hierbei allerdings weniger um
Wahrnehmungsprobleme und Fragen, wie man Wirklichkeit ange-

messen objektivieren, sondern wie man deren ›Spontaneität‹ trotz der objektivierenden ›Darstellungstechnik‹ erhalten könne; entwickelt wird dies an der Dramentheorie Otto Ludwigs.

Wesentliche Momente von Spielhagens Theorie wurden schon im Augenblick ihrer Veröffentlichung mit Skepsis betrachtet (Fontane an W. Hertz, 14. 1. 1879: »reine Quakelei«); die ältere Forschung schloß sich dem Verdikt der Brüder Hart an (6. Heft der *Kritischen Waffengänge* 1884) und vermerkte, »daß von der epischen Dichtung Individualität und Tonart des Vortragenden, d.h. des Erzählers nicht zu trennen sind, daß also dem Roman weit weniger ein objektiver Charakter zukommt, als Spielhagen ihm zugeteilt wissen möchte« (Mielke [4]1912, S. 206; dagegen verteidigt das erfolgreiche Lehrbuch von Keiter und Kellen [4]1912 das Objektivitätsprinzip). Die spätere Forschung (Hellmann 1957) hat diese Theorie auf ihren historischen Ort und die systematische Konsistenz überprüft und sie als brüchig, widersprüchlich und ideologisch manipulativ entlarvt; allerdings vollzog sich diese Kritik auf dem Grund einer nicht minder problematischen These von der »essentielle[n] Subjektivität der Welterfahrung« (S. 142); der systematische Zusammenhang zwischen dieser erkenntnistheoretischen Voraussetzung und einer bestimmten Erzählkonvention (Dominanz der Erzählerfigur) ergibt sich nicht so selbstverständlich, wie Hellmann annimmt (Rebing 1972, S. 208, Anm. 36; Wehrli 1974, S. 114.). Verkürzend läßt sich sagen, daß Hellmann in Spielhagens Theorie eine semantische Antinomie entdeckt und diese moralisch als »Täuschungsmanöver« (S. 155) interpretiert, ohne die formallogische Unterscheidung in Objekt- und Metasprache zu berücksichtigen.

Der thematische Spielraum des Romans umfaßt das Verhältnis zwischen Individuum und Gesellschaft (bevorzugt dargestellt an den empfindlichsten Exponenten dieser Beziehung, den Frauen und Kindern) sowie zwischen Gesunden und Kranken (Thomé 1993), die Modellierung eines (städtischen, dörflichen) Zusammenlebens, die Analyse der Konfliktbildung und die Finalität der (tragischen, versöhnten, resignierten) Lösung. Der realistische Roman umfaßt ebenso die Möglichkeiten der historischen Gesellschaftsanalyse und Gesellschaftskritik wie die ahistorischen Probleme der individuell-existentiellen Selbstfindung und Selbstbewahrung. Die Innerlichkeitsthematik bleibt als (komplementärer, kontrastiver und alternativer) Bezugspunkt der geschichtlichen und gesellschaftlichen Bewegungen und Konstellationen überall sichtbar.

Die historische Erklärung der realistischen Romanform wendet eine wiederkehrende Denkfigur an: Demnach spiegelt der Roman unmittelbar die Zeittendenzen wider, er reagiert auf die geschichtlich-gesellschaftliche und philosophisch-erkenntnistheoretische Situation. Dieses sozialdeterministische Axiom kann dazu führen, daß unter demselben Realismus-Etikett gegensätzliche Formtypen (episch integrierte und chaotische) in Erscheinung treten (Bullivant 1984).

Stern (1885) sieht in der Zersplitterung der gegenwärtigen Kulturzustände, in den divergierenden »Kämpfen im Schoß der Gesellschaft« die Triebkraft einer literarischen Form, die sich Spiegelung und Verklärung in einem zum Ziel setzt. Lukács (1939) interpretiert diese Zerklüftung als die spezifische Oberfläche eines kapitalistischen Systems, dessen ökonomische Einheitlichkeit die Einheit der Romanform bedinge, zugleich aber deren kritisch-utopische Opposition hervorrufe (bei Keller die Schweizer Volksdemokratie, bei Raabe die freien mittelalterlichen Stadtgemeinwesen).

Der realistische Roman knüpft nicht an die Romantradition der Romantiker und Jungdeutschen an; seine prägenden Vorbilder findet er in England in den Werken Scotts, Dickens' und Thackerays (Bucher 1976); auch J.F. Cooper erweist sich als wichtig. Die neuere Forschung betont, daß die Geschichte des Romans in Deutschland keineswegs als eine Sonderentwicklung anzusehen ist, die durch die vermeintliche Vorherrschaft des Bildungsromans verursacht sei (Pascal 1956); vielmehr gelingt der deutschen Romankunst, wenn auch mit einer gewissen Verzögerung, durchaus der Anschluß an die europäische Erzähltradition (Sengle II, 803 f.; besonders Swales 1997).

Auf die allgemeine ästhetisch-theoretische Anerkennung mußte der Roman bis weit in die zweite Jahrhunderthälfte warten; die Praxis lief der Theorie um vieles voraus (Sengle 1959). Trotzdem findet sich eine beachtliche Reihe interessanter zeitgenössischer Romanabhandlungen, deren Titel erst dank der verdienstvollen Quellenbibliographie von *Realismus und Gründerzeit* (1976) wieder greifbar geworden sind (Biedermann 1870, Kreyßig 1871, Mähly 1872, Keiter 1876); schon vor der Jahrhundertwende erscheint die erste Auflage von Mielkes *Der deutsche Roman im 19. Jahrhundert*, der noch immer über die akademisch-universitäre Gleichgültigkeit gegenüber der erfolgreichen Gattung klagen muß.

Karl Ferdinand Becker, Autor einer maßgebenden Stilistik der Zeit, nennt folgende Gipfelleistungen des Genres:

»Als Romandichter unserer Zeit, die Romane von wirklich gutem Gehalt geschaffen haben, sind zu nennen: Gustav Freytag (Soll und Haben, die verlorene Handschrift, die Ahnen), Victor von Scheffel (Ekkehard), Friedrich Spielhagen (Problematische Naturen, in Reih und Glied, Hammer und Amboß, Sturmflut, Platt Land), Berthold Auerbach (Schwarzwälder Dorfgeschichten), Gottfried Keller (Grüner Heinrich), Paul Heyse (Die Kinder

der Welt, Im Paradies), Julius Rodenberg (Die Straßensängerin von London), Wilhelm Jensen (Die Namenlosen, Nach hundert Jahren, Nirwana,
Nach Sonnenuntergang, Metamorphosen), Robert Hamerling (Aspasia),
Levin Schücking (Ein Schloß am Meer, Ein Sohn des Volks, Der Doppel-
gänger u. a.), Robert Schweichel (Die Bildschnitzer vom Achensee, die
Falkner von St. Vigil), Rudolf von Gottschall (Im Bann des Schwarzen Ad-
lers, Das Fräulein von St. Amaranthe) u. a.« (Becker [3]1884, S. 580)

Der Zeitroman

Das Genre Zeitroman (der Begriff soll hier auch den Gesellschafts-
und Eheroman umfassen) wird zum Prüfstein aller Realismustheori-
en. Ohne auf die Realismusepoche festgelegt zu sein, gilt der Zeitroman doch als Inbegriff einer die aktuelle Wirklichkeit erfassenden
Romanform (Hasubek 1968). Seine wissenschaftliche Erforschung
steht bis heute im Bann der für die deutsche Kunstleistung negativ
ausfallenden Realismusbestimmungen von G. Lukács (1945) und E.
Auerbach (1946). Der deutschsprachige Roman hat nach Lukács
nicht das hohe Niveau des europäischen Romans erreichen können,
da, sozial gesehen, »die objektive-wirtschaftliche Einheit einer
durchkapitalisierten Gesellschaft« fehle, und »das noch immer klein-
liche, geographisch zerrissene, gesellschaftlich unorganisch-heteroge-
ne deutsche Leben« (S. 12) keine wirklich neuen Kunstmittel der
Wirklichkeitswiedergabe entstehen lasse; nur an Keller sei dank der
schweizerischen Sonderentwicklung zu erkennen, »was aus der deutschen Literatur hätte werden können, wenn 1848 die demokratische
Revolution gesiegt hätte« (S. 20). Auch Erich Auerbach geht von einer kritischen Wirklichkeitsanalyse aus und macht das Provinzielle,
Altmodische und Rückständige des deutschen Lebens für das Aus-
bleiben einer authentischen realistischen Romankunst verantwortlich. Beide Erklärungsansätze haben nur den Status von Hypothesen, da sie den kausalen oder dialektischen Zusammenhang von
Kunst und Wirklichkeit nicht ausdrücklich beweisen, sondern als
selbstverständlich voraussetzen. Die Untersuchungen von Brinkmann, Preisendanz, Ohl und Swales haben dies erkannt und dabei
zugleich die besondere Leistung des deutschen Realismus herausge-
arbeitet (Erfahrungsbegriff als Thema und erzähltechnisches Problem).
    Auch Kafitz (1978) weist auf die besonderen Bedingungen der
poetischen Figurenkonstellation hin, deren symptomatischer Anspruch aus einer dichterischen »Befähigung zum aktiven Wahrnehmen von Sinnstrukturen« (S. 232) hervorgeht und deren polare
Qualität die Eigenart des realistischen Romans konstituiere: »Die
Struktur des deutschen realistischen Romans erfaßt in der polaren

Bezogenheit von humanem Menschenbild und widerständiger Realität nicht altfränkisches Winkeldasein, sondern einen, wenn auch negativen, so doch wesentlichen Grundzug der Epoche.« (S. 27)

Daneben bleibt aber das Interesse an der wirklichkeitserfassenden Kapazität des Zeitromans bestehen. Die wirtschaftlichen (Industrialisierung, Kapitalisierung), gesellschaftlichen (Auseinandersetzung des Bürgertums mit Adel und viertem Stand, schichteninterne Konfliktbildung), politischen (Reichserwartung und Reichsgründung) und philosophischen (Positivismus, Materialismus, Pessimismus) Bewegungen dienen nicht nur als historische Grundlage für die Erklärung literarästhetischer Eigenart, sondern sie bilden auch einen Katalog von Fakten und Zusammenhängen, die bei der wissenschaftlichen Lektüre eines Zeitromans abfragbar sind.

Den Anspruch, die zeitgenössische Wirklichkeit wahrheitsgetreu und lebensecht wiederzugeben, konnte kein deutscher Realist einlösen. Die Forschung hat daraus unterschiedliche Schlüsse gezogen: Sie wertete entweder den deutschen Zeitroman gegenüber dem englischen, französischen und russischen ab, oder aber sie wertete das Realismusprinzip ab, indem sie es als schlechte Ästhetik verwarf (McDowall 1918, Wellek 1961). Erst die späteren Bemühungen um eine breit angelegte und quellenkundlich fundierte Dokumentation und Analyse der Romantheorie und Romankritik vermitteln Einblick in das historisch ästhetische Problem des realistischen Zeitromans. Steinecke (1975) hat gezeigt, daß bereits in den 40er Jahren des 19. Jahrhunderts die Diskussion um Möglichkeiten und Grenzen eines realistischen (d.i. wirklichkeitsnahen) Zeitromans zu einem Ende kam, und zwar mit negativem Ergebnis: In der Tat erwies es sich als unmöglich, aktuelle Wirklichkeit im literarischen Medium getreu widerzuspiegeln; und als Grund für das Scheitern des Genres wurde schon damals das Argument der nationalen und gesellschaftlichen Zersplitterung Deutschlands angeführt.

Die deutschen Realisten, von den *Grenzboten*-Programmatikern bis zu Fontane, wußten um diesen Diskussionsverlauf und schlugen deshalb eigene Wege ein. Der realistische Zeitroman fügte sich in die Ästhetik der Verklärung. Man hat richtig gesehen, daß »Moralisierung sozialen Geschehens, Harmonisierung der Zeitkonflikte, Idyllik der Schluß-Tableaus, Verselbständigung der Reflexion« (Worthmann 1974, S. 164) die Hauptzüge dieser Gattung sind, deren leitender Poesiebegriff die »korrigierende Transzendierung einer an sich mangelhaften ›prosaischen‹ Wirklichkeit« (S. 166) einfordert. Aber das alles rechtfertigt nicht, im Zusammenhang mit der epochentypischen Versöhnungstendenz – bei der man nicht zuletzt an Keller, Raabe und Fontane denkt – von »einer sublimierten Entfremdung von der problematischen Zeit-Wirklichkeit« (S. 167) zu sprechen.

Solche Erklärungen gewinnen nicht an Klarheit, wenn darüber hinaus dem deutschen Realismus pauschal ein »Hang zu apologetischer Deutung der Wirklichkeit, zu affirmativer Konstruktion der Welt aus der Idee« (S. 167) zuerkannt wird. Neuere Ansätze (Swales 1997) entwerfen ein angemesseneres Bild, das dem kritischen Zug dieses Realismus gerechter wird.

Der historische Roman

Der historische Roman (einschließlich Geschichtserzählung und -novelle) gehört zu den erfolgreichsten Gattungen der zweiten Jahrhunderthälfte. Faktoren der literarischen Tradition, der politisch-ideologischen Konfrontation in der Zeit des Kulturkampfs (Hirschmann 1978), der aktuellen Historiographie und der schulischen Erziehung begünstigten die Entfaltung und Konsolidierung dieses Genres (Aust 1994).

Als literarisches Vorbild galt Walter Scott, der seinerseits viel von Benedikte Naubert gelernt hatte. Auf Nauberts Pionierrolle hinzuweisen ist nicht nur ein Akt historischer Gerechtigkeit; auch im 19. Jahrhundert trugen Frauen wesentlich zur Entwicklung und Kultur des Romans, zumal des historischen, bei. Daß sie deshalb auf Widerstand stießen, ist nicht verwunderlich, galt doch unter Männern als gewiß, daß solche Romane »umfassende gelehrte Studien« voraussetzten, »zu deren Aneignung der Frauen Geist und Talent sich niemals wesentlich berufen fühlen kann« (*Blätter für literarische Unterhaltung*, 1834, S. 1323; vgl. Habitzel/Mühlberger 1996).

Wegweisend wirkten an der ›Scottschen Romanform‹ sowohl strukturelle als auch thematische Besonderheiten: Ein Abschnitt aus der Nationalgeschichte, der zeitlich nicht über sechzig Jahre zurückliegen sollte, damit er als unmittelbare Vorgeschichte der Leserschaft interessant und aktuell bleiben konnte, wurde durch das Medium eines fiktiven und ›mittleren‹ Helden dargestellt (Scott selbst durchbrach später seine poetologische Zeitlimitierung; bezeichnenderweise erfolgte die Rezeption dieser Zeitbegrenzung bei Fontane nicht unter dem Stichwort des historischen, sondern des modernen Zeitromans); die abenteuerlichen Begegnungen dieses Helden mit den großen und kleinen Stationen der Heimatgeschichte, in die er meist passiv gestoßen wird, machen die jeweiligen politischen und sozialen Interessenkonflikte deutlich, beleuchten die Motive und Ursachen geschichtlich verbürgter Tatsachen und modellieren einen individuellen Entwicklungsgang. Allerdings entfernt sich der Held des

deutschen historischen Romans immer entschiedener vom Scottschen Waverleytyp und profiliert sich statt dessen in der Rolle des
aktiven Mitstreiters, wie sie durch Georg Sturmfeder aus Hauffs
Lichtenstein vorgeprägt wurde (Eggert 1971, S. 119, Sottong 1992).
    Willibald Alexis formulierte schon 1823 in seinem Scott-Essay
die Prinzipien der für den Realismus fruchtbaren Romanform:

»Wie in der Natur muß daher auch der Romanenheld in Verwickelungen
mit der Außenwelt kommen, und mit je mehreren Erscheinungen er in
Konflikt geräth, um so interessanter wird der Roman. Steigern wir dieses
Verhältniß immer mehr, so wird endlich die Person des sogenannten Hel-
den ganz zurücktreten, wogegen die andern mannigfachen Gegenstände zur
Hauptsache im Romane werden. Dieß scheint uns der Sieg der Objektivität
über die Subjektivität und vielleicht die Bestimmung aller Romane.« (The
Romances of Walter Scott, 1823; zit. nach Steinecke 1976, S. 33)

Während die Jungdeutschen Scott wegen mangelnder Aktualität ab-
gelehnt hatten, sahen die Realisten in ihm das Vorbild für eine Literaturform, die sich gegen alles Romantisch-Phantastische und Sub-
jektiv-Tendenziöse wandte. Man begrüßte die Vereinigung von
Dichtung und Geschichte als »die wahre historische Poesie« und
verkündete,

»daß die Geschichte, deren Wissenschaft zu einem Kultus zu werden beginnt, der Dichtkunst denselben Dienst zu leisten berufen ist, welchen
einst die Kirche den bildenden Künsten leistete: durch Zwang und Be-
schränkung zu innerer Freiheit und gesteigerter Kraft zu führen. War uns
doch auch hierin schon so lange Shakespeare ein Vorbild, er, der nie das
Gerippe einer Fabel erfand, aber immer das Fleisch und Blut dazu.« (Hermann Kurz' sämtliche Werke, hrsg. von H. Fischer, Bd. 5, S. 7)

Stern (1885) hob das epochentypische integrative Moment der Gattung anschaulich hervor, indem er das romanhafte Ineinander von
Geschichtlich-Faktischem und Menschlich-Poetischem mit dem
Verhältnis zwischen Brennstoff und Feuer verglich.
    Im Umkreis des realistisch-historischen Erzählens lassen sich
mehrere Schwerpunkte unterscheiden: Willibad Alexis (1789-1871)
entfaltet insbesondere in den beiden späten Romanen *Ruhe ist die
erste Bürgerpflicht oder Vor fünfzig Jahren* (1852) und *Isegrimm*
(1854) ein breites zeitkritisches Panorama der Berliner und mär-
kischen Gesellschaft in der unmittelbaren Vorzeit der Befreiungskriege, eine Zeitanalyse, deren Spitze sich deutlich gegen die restaurative
Entwicklung des Nachmärz richtet. Ein Brief aus dem Jahr 1849
dokumentiert die gewandelte Einstellung des Dichters gegenüber
dem Preußen nach 1848; Alexis bekennt, »daß ich bis dahin als

Dichter in der Idee des Preußentums, der Hohenzollernschen Mission mit allen Kräften, aus vollster Überzeugung gelebt, mich nun gedrungen fühle, gegen dieses spezifische Preußentum mit allem, was mir an Kraft blieb, zu kämpfen.« (Zit. nach Böttcher u.a. 1975, S. 625). So spricht das Vorwort zu *Ruhe* denn auch deutlich aus, worum es im Roman gehen wird, um den »Zustand moralischer Zerrüttung und Verwesung, der Preußens Niederlage [1806] möglich machte«. Alexis' sozialkritische Ausrichtung des historischen Romans führt ihn schließlich konsequenterweise zum Zeitroman, dem er ja nie fern stand; seine letzte Arbeit ist ein großer Gegenwartsroman, der das kapitalistische Berlin in den Vordergrund rücken sollte und von dem nur ein Bruchstück in Novellenform unter dem Titel *Ja in Neapel* 1860 erscheint (Alker [3]1969). »Sein Spätwerk widerspricht der These, in den Jahren nach der Revolution[,] in denen der größte Teil des Bürgertums sich von der Politik fernhielt, sei die bürgerliche Literatur insgesamt der Tendenz erlegen, gesellschaftliche Probleme zu privatisieren.« (Böttcher u.a. 1975, S. 628)

Hermann Kurz (1813-1873), der nichts Höheres kannte, als »sich neben die Geschichtsschreiber zu stellen und seinen grauen Umrissen Farbe und Leben zu leihen« (SW Bd. 4, S. 183), verband den kulturhistorischen mit dem psychologischen Roman (I. Kurz 1920) und fand damit den Weg zu einer historisch-authentischen und zugleich aktuellen Form der Gesellschaftskritik. Schon *Schillers Heimatjahre* (1843) lassen die Kennzeichen einer realistischen Schreibart erkennen, die Alker ([3]1969) als Quellentreue, Betonung der sozialen Thematik und soziales Engagement des Dichters zusammenfaßte.

»Nicht um romantische Verwickelungen handelt es sich, sondern das Leben soll dargestellt werden, das mit seinen kleinen Zügen oft einen überraschenden Kommentar zu den größten politischen Ereignissen gibt, und die Verwandtschaft lang' hingeschwundener Generationen in ihrem Fühlen und Streben mit dem Geschlecht von heute soll hervortreten, auf daß unsere Zeit [...] die Vergangenheit klar überschauen und in ihrem Spiegel die Zukunft erkennen möge.« (SW Bd. 4, S. 183)

Im Jahr 1854 erschien *Der Sonnenwirt*, der, von der Scott-Tradition abrückend (Böttcher u.a. 1975, S. 1167 f., Anm. 60), das existentielle, gesellschaftliche und moralische Scheitern eines Straffälligen auf die entwicklungsfeindliche Haltung der Umwelt zurückführte. Kurz wollte die individuelle und soziale Deformation eines durchaus zu Besserem angelegten Menschen als Gleichnis für die gesellschaftlich-institutionelle Verzahnung aller Lebens- und Persönlichkeitsbereiche verstanden wissen. Der aktenkundige Verbrecher galt ihm als Symp-

tom einer defekten Gesellschaftsstruktur. »Ein Volk aber soll seine
Wahrzeichen nicht wegwerfen, und ein Wahrzeichen ist ihm nicht
bloß sein Liebling, auf den es stolz ist, ein Wahrzeichen ist ihm
auch der Verbrecher, dessen es sich schämt.« (SW Bd. 7, S. 166)
Der historische Roman mit der Struktur einer Kriminalerzählung
reicht hier deutlich in den modernen Gesellschaftsroman hinein
(man denke auch an die formengeschichtliche Eigenart von Fontanes *Quitt*).

Es blieb einem anderen Typ des historischen Romans überlassen,
an die Lieblinge des Volks zu erinnern. Im ›Bann des Historismus‹
erschien eine Flut vaterländischer, ethnographischer, archäologischer
und ägyptologischer Romane, die eine eigentümliche Verbindung
von Vergangenheit und Gegenwart anstrebten und deren Verfasser
häufig Professoren waren (dazu aber einschränkend Eggert 1971, S.
123, Anm. 20). Die Erschließung der historischen bzw. mythologi-
schen Tiefendimension, die Zurückführung des nationalen Erfolgs
auf bürgerlich edle Tugenden wie Arbeit und Bildung und zugleich
die Abwendung von den aktuellen Problemen hin zur exotischen
Kulisse und sensationell effektreichen Begebenheit charakterisieren
den plötzlichen Aufschwung und die anhaltende Blüte dieses Genres, die R. von Gottschall als »kulturhistorische Hypertrophie« be-
zeichnete ([3]1892, S. 157).

Wilhelm Heinrich Riehl (1823–1897) nahm sich vor, als »No-
vellist einen Gang durch tausend Jahre der deutschen Kulturge-
schichte« anzutreten und weder den Verführungen der »Butzenschei-
ben-Novellistik« zu verfallen noch der professoralen Gelehrsamkeit
die Zügel schießen zu lassen (*Lebensräthsel* 1888, Vorwort). Riehl
war überzeugt, die Gegenwart nie aus den Augen verloren zu haben,
da sich ihm aufgrund seines dynamischen Volksbegriffs Vergangenheit und Zukunft in jedem gegenwärtigen Augenblick erschlossen
(vgl. das Konzept der Portraitkunst in *Kulturgeschichtliche Charakter-
köpfe* 1891).

Als »ein Stück nationaler Geschichte in der Auffassung des
Künstlers« (*Gesammelte Schriften* hrsg. v. Proelß, Bd. 1, S. 99) sah
Joseph Viktor von Scheffel (1826-1886) den historischen Roman
an, der für ihn das Erbe des Epos angetreten hatte. Der Erfolg
Scheffels verband sich mit den nationalen Ereignissen der Zeit: Bis
1865 erreichte der Roman *Ekkehard. Eine Geschichte aus dem zehn-
ten Jahrhundert* (1855) bloß drei Auflagen; dann aber stieg die Auf-
lagenzahl bis zum Todesjahr des Dichters auf neunzig.

Angeregt durch die Reichsgründung, durch die Vision der »Ein-
brüche unserer germanischen Vorfahren in das römische Gallien«,
erzählt Gustav Freytag (1816-1895) die Entwicklung einer deut-

schen Familie von der Völkerwanderung bis 1848 (*Die Ahnen* 1872/
80); die Beeinflussung durch die naturgeschichtliche Theorie Dar-
wins ist unverkennbar. Ausgangspunkt des Romanzyklus war »das
Verhältnis des einzelnen Menschen zu seinem Volke, die Einwirkungen der Gesamtheit auf den einzelnen und das, was jeder einzelne
durch seine Lebensarbeit der Gesamtheit abgibt« (*Erinnerungen aus
meinem Leben* 1887).

Felix Dahn (1834-1912), Ernst Eckstein (1845-1900) und Georg Ebers (1837-1898) versorgten den literarischen Markt mit antiker Weltgeschichte, römisch-germanischer Mythologie und ägypti-
schen Intrigen, während Louise Mühlbach (d. i. Klara Mundt
1814-1873) das 18. Jahrhundert. mit bändefüllendem Fleiß er-
schloß, John Retcliffe (d.i. Hermann Goedsche 1815-1878) die aktuellen Ereignisse der Weltgeschichte zu fesselnden politischen und
ethnographischen Guckkastenbildern verarbeitete (Mielke [4]1912,
Neuhaus 1972 und 1981, Klotz 1979) und Gregor Samarow (d.i.
Oskar Meding 1829-1903) seine politischen Memoirenromane ro-
mantisch-brutal ausmalte (Stern 1885, S. 325 f.). Hirschmann
(1978) gibt zu bedenken, daß die bunte Zeit- und Raumkulisse des
historischen Genres auf dem Hintergrund des Interessenkonflikts im
Kulturkampf einen deutlich hervortretenden »Staffagecharakter«
aufweise und daß sich der nationale Zug weitgehend mit dem anti-
katholischen gleichsetzen lasse.

Alle namhaften Realisten schrieben historische Romane, Novellen oder Chroniken. Hier sind zu nennen: Stifters *Witiko* (1865/
67), Kellers *Züricher Novellen* (1878/79), Storms Chroniken (z. B.
Aquis submersus 1875/76), Raabes Geschichtsromane (*Das Odfeld*
1888), Fontanes *Vor dem Sturm* (1878) und alle Novellen Meyers.
Zu den genannten Werken liegt eine weitgefächerte wissenschaftliche Literatur vor; sie hier auch nur andeutungsweise zu vergegenwärtigen, kann nicht die Absicht sein. Vielmehr geht es darum zu
zeigen, welche durchschlagende Bedeutung ein Genre für eine Epoche haben kann. Dieser Siegeszug einer Gattung wurde von den Er-
ziehungsanstalten energisch unterstützt: Die Schulen förderten ein
auf das Kulturgeschichtliche und Stoffliche gerichtetes Leseinteresse
und sorgten sich dabei wenig um die Vermittlung eines ästhetisch
differenzierten Geschmacks; so konnte die historische Dichtung in
Vers und Prosa ein von früh auf entwickeltes Lesebedürfnis immer
erneut befriedigen (Jäger in *Realismus und Gründerzeit* 1976, S.
251). Die dogmatische Dominanz des Kulturhistorischen erstickte
zugleich die Rezeption anderer Gattungen; man denke nur an die
Ablehnung, die *Der grüne Heinrich* durch die zeitgenössische kultur-
historisch orientierte Kritik (Kreyßig 1871) erfahren mußte (Boe-

schenstein 1969, S. 32 f.). Selbst in den zarten Kreis der jungen Leserinnen drang die historisch lärmende Gattung ein (Wilkending
1999).

Der Bildungsroman

Wenn man vom Bildungsroman im Realismus spricht, denkt man
vor allem an zwei Romane: Stifters *Der Nachsommer* (1857) und
Kellers *Der grüne Heinrich* (1854/55, 2. Fass. 1879/ 80). Holteis
Christian Lammfell (1853), Freytags *Soll und Haben* (1855), Raabes
Der Hungerpastor (1864), Spielhagens *Hammer und Amboß* (1869)
und Ebner-Eschenbachs *Das Gemeindekind* (1887) erzählen natürlich auch von Bildungswegen und Orientierungskonflikten; doch
rechnet die Forschung diese Werke üblicherweise dem Individual-
(Steinecke 1975) oder dem Zeitroman zu; dem entsprechend unterscheiden sich auch die literarischen Vorbilder; nicht Wilhelm Meister, sondern Edward Waverley und David Copperfield gelten als literarische Leitfiguren. – Der Bildungsroman bleibt im Realismus
eine Sondererscheinung. Das heißt aber nicht, daß der Realismus
auf eine umfassende Darstellung der individuellen Entfaltungsvorgänge überhaupt verzichtet; aber er sieht in dem einzelnen Lebenslauf weniger die innere Reifung und den zielbewußten Weg, als vielmehr einen Sozialisationsprozeß, in dem sich Persönlichkeitsstruktur
und gesellschaftliche Fasson wechselseitig bedingen, wobei die rationalen, emotionalen und irrationalen Faktoren der Persönlichkeitsbildung sichtbar werden.

Stifters und Kellers Bildungsromane gehen zwei entgegengesetzte
Wege: Der Bildungsweg im *Nachsommer* konzentriert sich auf die
Einführung des Zöglings Heinrich Drendorf in das bereits zur
Wirklichkeit gewordene Bildungsziel und hängt somit nicht vom
Reifungsgrad einer inneren Formkraft, sondern vom bloßen Entdekken und Nachvollziehen ab. Die genretypische Spannung zwischen
Weg und Ziel liegt hier nicht so sehr zwischen Entwicklungsanfang
und Entwicklungsende, sondern einerseits zwischen der Romangegenwart im Rosenhaus und der Romanvergangenheit, von welcher
der Freiherr von Risach erzählt, andererseits zwischen der utopischen Überhöhung der Romanwirklichkeit und der historischen Situation des Dichters und seiner Leser.

Heinrich Lee dagegen erfährt diese Spannung unmittelbar als innere und äußere Widersprüchlichkeit, die er nicht lösen kann und
an der er zerbricht. Die Jugendgeschichte, man pflegt gattungsgeschichtlich auf die pietistische Autobiographie und Goethes *Dichtung und Wahrheit* zu verweisen, wird zum individuellen und allge-

mein menschlichen Kondensat einer versäumten Bildung, einer
Schulden machenden Verzögerung (A. Muschg) bei der praktischen
Aneignung der Welt (Kellers Brief an Vieweg, 3. Mai 1850). Die
schließliche Selbsterkenntnis vermag dem tragischen Schluß der ersten Fassung die dennoch nötige versöhnende Wirkung zu verleihen
(Brief an Vieweg, 28. April 1853), während die zweite Fassung –
zwar ohne tragischen Ausgang – den viel ungewisseren Weg des zur
Resignation Gelangten andeutet. Als ›Künstlerbiographie‹ spiegelt
und problematisiert Kellers Roman wesentliche Grundpositionen
des realistischen Programms.

Die Geschichte der Bildungsidee im 19. Jahrhundert mündet in
der radikalen Bildungskritik Nietzsches. Dazu kommt es zwangsläu-
fig, sobald Bildung zum Besitzprivileg der begüterten bürgerlichen
Gesellschaft erstarrt. Wer solche Bildung besitzt, gebraucht und
mißbraucht sie zu doppeltem Vorteil: Er benutzt sie als Ausweis für
seine bestandene Integration in die bürgerliche Gesellschaft, und in-
strumentalisiert sie in seinem Bestreben, die eigene Überlegenheit
gegenüber Adel und viertem Stand darzustellen.

3.1.2 Novelle

Die Novelle ist neben dem Roman die dominierende Literaturform
des Realismus. Gemeinhin gilt, daß sich der Realismus in der novellistischen Form am prägnantesten verwirklicht hat. Der gegen die
kompositorische Lockerheit der biedermeierlichen Erzählprosa ge-
richtete realistische Grundsatz der epischen Integration erfüllt sich
mustergültig in der neuen ›strengen‹ Form. Die hohen strukturellen,
thematischen und ästhetischen Anforderungen des Dramas werden
jetzt auf die Novelle übertragen, ein Bestreben, das sich allerdings
schon in der Biedermeierzeit abzeichnete (Markwardt 1959, Bd. IV,
S. 401 f.). Bekannt ist Storms Ausspruch: »die heutige Novelle ist
die Schwester des Dramas und die strengste Form der Prosadichtung.« (*Storm-Schmidt-Briefwechsel*, hrsg. von K.E. Laage, Berlin
1976, Bd. 2, S. 49 f. und Anmerkung dazu) Schon die romantische
Literaturtheorie sah in der Novelle – mehr noch als im Roman – ein
wirklichkeitsnahes Genre (Sengle II, S. 836 f.; Martini [4]1981, S.
623). Das Realistische in der Novelle des Nachmärz tritt darin zu
Tage, daß sie eine reale oder jedenfalls mögliche Begebenheit darstellt, bei äußerster Verdichtung und punktueller Konzentration ein
Höchstmaß an Typik und Symbolik erzielt und in der Vermittlung
zwischen dichterischer Subjektivität und novellistischer Totalität
jene Polarität begründet, die epochentypisch ist (Martini 1960 und

[4]1981; von Wiese [8]1982, Aust [3]1999). Die kompositorischen Prinzipien der Auswahl, Akzentuierung, Typisierung und Symbolisierung (Silz 1954) entsprechen der erkenntnistheoretischen Position des Realismus, der Welterfahrung nicht mehr losgelöst von der erkennenden Individualität (mit all den persönlich und umweltbedingten Brechungen) gestalten kann, aber zugleich Allgemeingültiges, Repräsentatives und Gesetzmäßiges ausdrücken will; die Reflexion über den Erzählvorgang und vor allem die Rahmung ist für diese Situation kennzeichnend. Der bürgerliche Hintergrund, der die politisch-sozialen und wirtschaftlichen Möglichkeiten, mehr noch aber die Gefährdungen des Individuums aktualisiert, fördert eine Literaturform, die das Einmalige und Isolierte sowohl kausal erklärt und damit als symptomatischen Vorgang begreifbar macht, wie auch irrational überhöht und somit zum außerordentlichen Fall stilisiert, der auf eine verrätselte Wahrheit hindeutet (Martini 1960, Freund 1998). Auf diesem Hintergrund ergab sich für Martini eine charakteristische Konvergenz von Epochenstil und Gattungshorizont:

»Die vorwaltenden Aufbauelemente der Novelle in diesem Zeitraum – die variable Rahmenkomposition, die fiktive mündliche und subjektivierende Erzählsituation, der Erinnerungsbericht, die chronikalische Fiktion, die Leitmotivik, die Situations-, Bild- und Dingsymbolik, die Technik der Vordeutungen, der Rück- und Abblendungen, der Sprünge und Abbreviaturen, der Wechsel von Bericht und Szene – alles war bestimmt, eine objektivierende Wiedergabe und eine subjektive Durchdringung und Deutung, eine dichte Abbildung von ›Wirklichem‹ und dessen Stilisierung zum Bedeutungsvollen zur Einheit zu bringen.« (Martini [4]1981, S. 615).

Trotz der beeindruckenden Koinzidenz epochaler und gattungsgeschichtlicher Faktoren bleibt fraglich, ob die ›realistische Novelle‹ nicht doch nur eine Fiktion der Literaturwissenschaft ist, weil sie einerseits die Vielfalt der angewandten erzählerischen Möglichkeiten mißachtet (weder Keller noch Raabe lassen sich über einen einheitlichen novellistischen Kamm scheren) und andererseits Struktureigenschaften nennt, die auch den realistischen Roman, z.B. Fontanes, kennzeichnen (Aust [3]1999).

Faktoren der literarischen Distribution (Zeitschriften, beginnende Massenproduktion) begünstigten die epische Kurzform (Hackert 1995) und verwandelten sie schon in vorrealistischer Zeit zu einem Modeartikel (Sengle II, S. 840), ja geradezu in ein ›nivelliertes‹ Genre der Tagesproduktion (G. Keller). An die Stelle des biedermeierlichen Taschenbuchs treten in der Realismuszeit Novellensammlungen (Sengle II, S. 54 und 817 f.): 1853 Stifters *Bunte Steine*, 1856

und 1874 Kellers *Leute von Seldwyla*, 1876 Saars *Novellen aus Österreich*, 1883 Ebner-Eschenbachs *Dorf- und Schloßgeschichten*; Paul
Heyse und Hermann Kurz gaben ab 1871 den *Deutschen Novellen-
schatz* heraus.

Martini hat in prägnanten Worten die formale und thematische
Vielfalt der realistischen Novelle beschrieben; sie kennt die humori-
stische und komische wie die tragische Spielart und umfaßt das
Märchenhafte (Keller, Raabe, Storm), Spukhafte (Halm, Storm,
Saar; dazu von Wilpert 1994) und Idyllische (Storm) ebenso wie das
Historische (Meyer), Gesellschaftliche (Keller, Fontane, Saar) und
Psychologische (Heyse).

»[Das novellistische Erzählen] konnte das Erzählgewicht mehr auf die ein-
zigartige Begebenheit und ihren pädagogisch-didaktischen oder symbolischen Sinn wie bei Keller, mehr auf die Abfolge gleitender innerer Situationen und Stimmungen wie bei Storm, mehr auf das interessante Problem
wie bei Heyse, mehr auf den psychologisch-moralischen Innerlichkeitsvor-
gang wie bei Raabe, mehr auf die Rätsel des Schicksalhaften wie bei Meyer,
mehr auf das Psychologisch-Gesellschaftliche wie bei Saar und das Mora-
lisch-Gesellschaftliche wie bei Marie von Ebner-Eschenbach und Louise
von François, schließlich mehr auf das Kriminalistisch-Psychologische wie
bei Fontane legen.« ([4]1981, S. 624 f.)

3.1.3 Dorfgeschichte

Von Anfang an steht die Dorfgeschichte im Zentrum der realistischen Standortbestimmung. Als neu entdecktes Medium zeugt sie
im Moment der modernen Globalisierung von der absichtlichen Be-
schränkung auf einen örtlich, zeitlich und gesellschaftlich eng gezo-
genen Wirklichkeitsbereich. Akzentuiert werden die Wachstums-
und Lebensbedingungen auf dem Lande fernab der Stadt und doch
für diese entworfen. So entstehen regionale Lebensbilder mit päd-
agogisch-didaktischer Zwecksetzung. Realistisch zu schreiben heißt
hier, die Menschen natürlich, lokal spezifisch reden zu lassen. Darin
liegt die Lizenz für eine gemäßigte Annäherung an dialektal gefärbte
Redeweisen (vgl. Gansberg [2]1966, S. 107 f.). Solche als realistisch
geltenden Darstellungsprinzipien finden sich auch außerhalb des
deutschen Sprachraums schon früh und sehr wirkungsreich in den
Romanen Maria Edgeworths (1767-1849) und Walter Scotts
(1771–1832); dies mag davor bewahren, die genretypische Regiona-
lität allzu voreilig als ästhetisch minderwertig darzustellen (E. Auerbach 1946); Provinzialismus als literarische Form und als wertende
Kategorie fallen nicht zusammen: Die Entwicklung der Dorfge-

schichte umgreift sowohl die Richtung in den modernen europäischen Gesellschaftsroman als auch den Rückzug in die minderwertige, ideologisch verbrämte Modeliteratur.

Die Realisten nahmen die Impulse der Dorfgeschichte auf, obwohl die realistische Programmatik nach anfänglicher Milde gegenüber den Dorfgeschichten Berthold Auerbachs und den Bauernro-
manen Gotthelfs das Genre, besonders die sentimentale Idyllik und
den nicht integrierten Detailrealismus kritisierte; der ›Volkston‹
blieb bei den Realisten beliebt (Sengle II, S. 937): Stifter, Storm,
Keller, Raabe, Fontane, Anzengruber, von Ebner-Eschenbach und
von Saar schrieben Dorfgeschichten oder wandten ihre Technik an
bzw. setzten dorfgeschichtliche Elemente zur Verstärkung der Konfliktbildung und zur schärferen Modellierung komplexer Sachverhalte ein. Als eine der Wenigen ihrer Zeit durchbricht Marie von
Ebner-Eschenbach geradezu raffiniert die Tabus, die insbesondere
das weibliche Publikum ›schützen‹ sollten; in der bedeutenden
Dorfgeschichte *Er laßt die Hand küssen* (1886) richtet sie eine Erzählsituation ein, die es erlaubt, »mit hellem Erzählerbehagen« von
der alltäglichen Gewalt und den heimlichen Gelüsten im Feudal-
system zu berichten; den Willen zur ›Versöhnung‹ kennt dieser Realismus nur im Zusammenhang mit dem lockenden »Kapital«.

Als spezifisch realistische Gattung wandte sich die Dorfgeschichte sowohl gegen eine realitätsferne Idyllik als auch gegen die »Gefahr
der Überfremdung durch Industrialisierung und Urbanisierung«
(Hein 1976, S. 36). Von der Epochenzäsur 1848 wird sie als Form
wenig berührt; ihr geschichtlicher Höhepunkt fällt in den Zeitraum
zwischen 1830 und 1880. Die Jahre 1860 bzw. 1870/71 markieren
den Einbruch der Massenunterhaltungsliteratur in das Genre; ab
1860 erscheinen Dorfgeschichten in der *Gartenlaube*. Ihr weiterer
Weg steht im Zeichen der rapide fortschreitenden Industrialisierung
und der Aufhebung aller lokalen Differenz im Nationalen. Wenn
die Novellen L. von Sacher-Masochs dorfgeschichtliche Elemente
enthalten (vgl. *Venus im Pelz*, *Don Juan von Kolomea* 1870), bestätigt sich freilich abermals, daß auch in diesem Fall die ›literarische
Provinz‹ europäisch relevant bleibt und an die Moderne heranrückt.

Elemente der Dorfgeschichte greift die sogenannte Ghetto-
Geschichte auf, die Leopold Kompert (1822-1886) mit seinem Erst-
lingswerk *Aus dem Ghetto* (1848) begründete.

3.2 Drama

Die Frage nach der Geschichte des Dramas im Realismus betrifft
zwei verschiedene Seiten der künstlerischen Tätigkeit: Sie richtet
sich einerseits auf Art und Umfang der zeitgenössischen Dramenproduktion, auf die Entstehungsgeschichte und das ästhetische Profil einzelner dramatischer Werke; sie richtet sich andererseits auf die
regulär fortlaufende Theaterpraxis mit ihren Spielplänen und Auf-
führungen, die einen jeweiligen Ausschnitt aus der Gesamtheit ge-
genwärtiger und vergangener dramatischer Literatur aktualisieren
bzw. realisieren. Die neuere Spezialforschung bemüht sich darum,
dieser doppelten Blickrichtung gerecht zu werden, indem sie inter-
pretatorische, statistische und historische Verfahren miteinander verbindet und so das Ineinandergreifen von ästhetischer Theorie, literarischer Produktion, bühnengeschichtlicher Realisation bzw.
Wirksamkeit und innenpolitischer Situation zu erhellen sucht. Hier
ist vor allem die Habilitationsschrift von Helmut Schanze (1973) zu
nennen, die zusammen mit kleineren Vorarbeiten den gesamten
Problembereich auf breiter Grundlage erschließt; diese ersten Ergebnisse werden, materialkundlich vertieft, durch Max Bucher (1976)
weiter ausgebaut.

Es ergibt sich in mehrfacher Hinsicht eine auffallende Diskre-
panz: Seit Hegels *Ästhetik* gilt das Drama – die Tragödie zumal – als
die höchste Form im Gattungsgefüge; Vischers *Ästhetik*, Schellings
Philosophie der Kunst (aus dem Nachlaß erschienen 1859) und die
zahlreichen Poetiken, Regelbücher und Dichtungslehren von Gottschall, Conrad Beyer, Gustav Freytag, Albert Brachvogel, Wilhelm
Henzen, Heinrich Bulthaupt u. v. a (dazu Bucher 1976, S. 136 ff.)
prägen diese Wertung mit Nachdruck den angehenden Dramati-
kern, dem bühneninteressierten Publikum und allen in der Schule
Lernenden ein; zugleich jedoch müssen sie die Erfolglosigkeit ihrer
Bemühungen erkennen, können sie nicht umhin, das Versagen der
gegenwärtigen Dramenproduktion zu beklagen, ihr Absinken in
Epigonentum, Dilettantismus und Trivialität zu brandmarken.

Nach Schönert liegen die Ursachen für den Umstand, daß Dramentheorie und Dramenproduktion das begehrte Ziel einer neuen
Klassizität verfehlen und statt dessen eine bloße Epigonalität verwirklichen, wahrscheinlich

»in der vom Revolutionsschock begründeten Distanz zum ›Kraftdrama‹ und
›Tendenzdrama‹ des Vormärz, in der von Patriotismus und Nationalismus
getragenen Neigung zur ›splendid isolation‹ gegenüber Literaturentwicklun-
gen im Ausland, aber auch unter sozial psychologischem Aspekt im Hin-
blick auf Handlungsfähigkeit und geringe Konfliktfreudigkeit, sowie in der

Diskussion der vielbeklagten Theatermisere der Zeit, der ökonomischen
und organisatorischen Bedingungen der Bühne.« (Schönert 1979, S. 690)

Das Interesse an der theoretischen Begründung und praktischen
Förderung der dramatischen Form erwächst keineswegs aus einem
rein ästhetischen Ehrgeiz; die Entwicklung eines repräsentativen
Dramas war eng mit nationalpolitischen Erwartungen bzw. Enttäuschungen verknüpft. Es war nicht nur Hermann Hettner (1852),
der erkannte, daß große dramatische Kunstepochen nur dort entstehen können, »wo ein Volk zum gedeihlichen Abschluß eines gewaltigen Bildungsprozesses gelangt ist« (Hettner 1852/1924, S. 9); »die
freie und gesunde Staatsentwicklung, die die Lebensbedingungen aller gesunden Kunst ist« (S. 10), war jedoch in der nachrevolutionären Zeit nicht gewährleistet; also mußte auch das Drama verküm-
mern. Das galt nicht minder für die Komödie: »Unser Staat, der
noch immer nicht ein Rechts-, sondern nur ein Polizeistaat ist, erlaubt nicht die Komödierung staatlicher Zustände.« (S. 156) Der
geographischen, nationalen und gesellschaftlichen Zersplitterung
entsprach eine diffuse Theorie des Dramas, die das Ideal einer geradezu schon episierenden Dramenform hervorbrachte. Dieser damals
noch gattungsfremden Tendenz glaubte Hettner mit einer energi-
schen Besinnung auf die festen und allgemeingültigen Grundgesetze
des Dramas entgegenwirken zu können. Eine entscheidende Voraussetzung lag in der »Objektivität der historischen Tragödie«:

»Die historische Tragödie, wie der wahrhaft historische Roman, dichtet in
die geschichtlichen Vorgänge nicht etwas Neues und Fremdes hinein; sie
dichtet nur klar und Allen offenbar die Poesie heraus, die in dieser selbst
liegt, wenn auch noch schlummernd und durch die Breite der äußeren Zu-
fälligkeit verdunkelt. [...] Die historische Poesie [...] ist ganz Wahrheit und
ganz Dichtung.« (S. 52)

Diesem Anspruch genügten nach Hettner vorläufig weder Schiller
noch Hebbel noch Prutz (S. 55 f.).
   Doch solche Verfallsklagen verhindern keineswegs die tatsächliche Entfaltung der dramatischen Gattung; im Gegenteil, sofern
Theorie und Kritik einen praktischen Klassizismus (Schanze 1973,
S. 33) fordern sowie »Gattungsreinheit bei allen dramatischen Formen, Rückkehr zum Regeldrama, Versrestauration, Behandlung großer, d.h. antiker und nationalhistorischer Stoffe« (Bucher 1976, S.
140), begünstigen sie durch diese ideologische ›Subventionierung‹
deren rapide Entwicklung. Der Erfolg der Gattung beruht auf mehreren Faktoren: Sie lenkt in den 50er Jahren durch eine apolitische,
harmonisierende Konfliktgestaltung von den nachrevolutionären

Zeitverhältnissen ab, sie verspricht in den 60er Jahren seit dem Schillerjahr und dem italienischen Krieg (1859) sowie infolge ihrer strikten klassizistischen Regeltreue, deren idealistische Komponente national motiviert wird (Schanze 1973, S. 52), die nationale Einheitsbildung und verwaltet somit das Hoffnungsprinzip der nachklassischen Dramaturgie (Sengle II, S. 324); und sie erfüllt schließlich in den 70er Jahren das neu erwachte Repräsentations- und Geltungsbedürfnis der siegreichen und neugegründeten Nation. Dadurch geraten Drama und Theaterpraxis in eine kulturpolitische ›Beziehungsfalle‹, in der das kritische ›Gewissen‹, das die Wirklichkeit der Dinge mit den Geboten ihrer Wahrheit verknüpfen will, vor lauter Siegesfeier und Reichsverherrlichung erstickt. So bildet das Theater den eminenten »Ort bürgerlicher Selbstidentifikation« auf der Grundlage wachsender Entfremdung, seine epochentypische Ausprägung liegt im Unterhaltungs- und Bildungstheater (Schanze 1973, S. 8 und 14).

Eine Literaturgeschichtsschreibung, die sich an den ästhetischen Gipfelleistungen orientiert, wird kaum die Gesamtheit der unbedeutenderen Dramenproduktion zwischen Grillparzer und G. Hauptmann vollständig vergegenwärtigen; sie hebt das hervor, was auf dem Hintergrund ihrer philosophischen, historischen oder ästhetischen Theoriebildung als gelungene Ausprägung gelten darf (Witkowski [4]1913, Ziegler 1963). Das Ergebnis dieser Forschungstendenz faßt Martini in seinem Forschungsbericht (1960) mit dem Satz zusammen: »Die Geschichte des Dramas um und nach der Jahrhundertmitte ist die Geschichte Friedrich Hebbels.« (S. 38) In Hebbel aber kristallisiert sich nicht die Geschichte des Dramas in der zweiten Jahrhunderthälfte, vielmehr gelangt bei ihm als dem letzten metaphysischen und deshalb tragischen Dichter (Martini [4]1981, S. 134) eine hundert Jahre alte Tragödienentwicklung zum Abschluß (von Wiese [8]1973).

Neuere Untersuchungen revidieren freilich dieses negative Urteil und sehen sehr wohl Hebbels ebenso eigentümlichen wie produktiven Anteil am epochalen Realismus (Ritzer 1991, Thomsen 1995, Aust 1997). Die wissenschaftliche Erkundung und ästhetische Aufwertung der Komödien Johann Nestroys und der Volksstücke Ludwig Anzengrubers haben es bislang nicht erreicht, die narrativ fixierte Aufmerksamkeit der Realismusforschung auf neue Ausdrucksformen der realistischen Kultur zu lenken. Was die Geschichte des Wiener Volkstheaters in der zweiten Jahrhunderthälfte betrifft, so scheint die Spezialforschung keinen Ansatz für eine spezifisch realistische Ausprägung der dramatischen Gattung entdecken zu wollen (Hein [3]1997); das liegt wahrscheinlich an einem zu eingeschränkten und vielleicht sogar überholten Verständnis von ›Realismus‹. Denn der ›Sonderweg‹ des ›Volksstückes‹ leistet in Theorie wie Praxis einen wesentlichen und eigentümlichen Beitrag zur allgemeinen Realismus-Debatte (Aust, Haida, Hein 1989).

Trotzdem erhält sich der Eindruck, daß eine extensionale Bestimmung dessen, was die Realismusepoche an Dramenliteratur hervorgebracht hat, negativ ausfällt; dies gilt selbst dann, wenn man einräumt, daß gerade *Agnes Bernauer* in die »›realistische‹ Tendenz zur Wiederherstellung eines Objektiv-Gemeinsamen« gehöre (Martini [4]1981, S. 173); schon der hervorgehobene Begriffsgebrauch mahnt hier zur Vorsicht: Sind Besonderheiten der dramatischen Form oder gattungsfremde Einflüsse, also Aspekte der Erzählprosa, gemeint? Im Fall Otto Ludwigs nämlich verhindert der pragmatische Relativismus, der nicht von einer Philosophie, sondern von der menschlichen Natur ausgeht, die Entfaltung eines Dramas, das im tragisch-metaphysischen Weltgesetz gründen soll (Martini [4]1981, S. 197 f.; vgl. Ricklefs 1991). Das Nebeneinander von Neoklassizismus und programmatischem Realismus hat nach Sengle (II, S. 322) zur Folge, daß nahezu alle großen Realisten eigentlich Dramatiker werden wollten; daß sie es dann doch nicht wurden, sondern zu einer »ehrlichen Erzählprosa« (I, S. 282) fanden, liegt an deren Ausrichtung auf den Realismus; »denn die Entspannung, die den Realismus zur Erde zurückführte und zur Erzählprosa befähigte, gefährdete das Drama in seiner Wurzel.« (I, S. 282). Folgt man einer Realismus-Definition Kohls (1977, S. 203), derzufolge »realistische Kunst prinzipiell zur ›Gegenkultur des Lachens‹« gehöre, so wird man sich auch mit der Frage auseinandersetzen müssen, weshalb dieser Zeit weder eine realistische Komödie gelingen noch eine gelungene Komödie realistisch geraten wollte. Anders gewendet: nach Kohls Maßstab könnten Nestroys Possen, und zwar alle, nicht nur die großen Werke im Nachmärz *Mein Freund* (1851) und *Kampl* (1852), einen wesentlichen Beitrag zum Realismus im Drama und auf der Bühne leisten.

Die statistische Spielplan- und Erfolgsanalyse zeigt ein verändertes Bild: Oper und Operette nehmen den ersten Platz in der Rangliste der Aufführungserfolge ein; Lustspiel und Trauerspiel folgen mit Abstand (dazu die Tabellen bei Schanze 1973). Alle »Opernhäuser sind überfüllt und unsere Schauspielhäuser werden immer leerer«, klagte schon Hettner (1852, S. 177).

»Schlag auf Schlag folgen sich hier die tiefgreifendsten Werke. Nach Méhul und Cherubini kommt Spontini mit der Vestalin und dem Ferdinand Cortez, Rossini mit dem Wilhelm Tell, der zum Teil maßgebend für die ganze Oper der letzten zwanzig Jahre geworden ist. Auber mit der Stummen von

Portici und zuletzt, um uns nur an die Vorzüglichsten zu halten, Meyerbeer
mit den Hugenotten und dem Propheten, und Richard Wagner mit dem
Tannhäuser und dem Lohengrin« (ebd., S. 178).

Daß auch Operetten ›verstanden‹ sein wollen und mehr zum Ausdruck bringen, als die Kulturkritik zugibt, zeigen erst Arbeiten, die
sich mit dieser Gattung ernsthaft beschäftigen (Klotz 1980).

Im Tragödienbereich herrscht das historische Trauerspiel vor.
Hettners Prognose von 1852, daß nicht das historische, sondern das
bürgerlich soziale Drama die authentische Form der kommenden
Zeit sein müsse, »weil uns jetzt und in der nächsten Zukunft mehr
noch als die politischen Kämpfe die sozialen Fragen beschäftigen
werden« (S. 75 f.), erfüllte sich nicht; ein »soziales Drama von Be-
lang ist zwischen ›Maria Magdalena‹ und den ›Webern‹ nicht, vielmehr auf der ganzen Linie eine stagnierende, triviale, leblose und le-
bensfremde Literatur zu verzeichnen« (Dosenheimer 1949, S. 119).
Glaubt man Brecht, so heißen die Klassiker einer bürgerlich revolu-
tionären realistischen Dramenliteratur John Gay, Beaumarchais und
Lenz (Brecht 1940/1971, S. 117)

Das historische Drama der Bildungsdichter (Sengle ⁴1974) bevorzugt antike und mittelalterliche Stoffe (Bucher 1976, S. 142)
und reicht von Paul Heyse über Adolf Wilbrandt und Martin Greif
bis Ernst von Wildenbruch; Martini spricht von einem »theatralisch
[...] aufgebauschten Neobarock« (1980, S. 263). Friedrich Halms
Fechter von Ravenna sowie Ferdinand von Saars *Thassilo* und *Kaiser
Heinrich IV* gehören in dieselbe Reihe; eine Ausnahme bilden allein
die restaurationskritischen Dramen Robert Griepenkerls und Ferdinand Lassalles *Franz von Sickingen*. Das erfolgreichste Trauerspiel ist
der *Narciss* von Albert Brachvogel (Schanze 1971, S. 95 f.). Als repräsentatives ›Massenmedium‹ der realistischen Epoche müßte eigentlich das Festspiel angesprochen werden, das in seiner Art die
neue schöne Wirklichkeit am gültigsten vor Augen führt (Sprengel
1991).

Prinzipen des Illusionstheaters erzeugen die Bühnenwirklichkeit
des Dramas (Schanze 1973, S. 24). Einen großen Einfluß auf den
Aufführungsstil übten die publikumswirksamen Gastspiele der Meininger aus; unter diesem Namen trat das Ensemble des Herzogs Georg II. von Sachsen-Meiningen (1826-1914) im Jahr 1874 erstmals
in Berlin auf. Der Inszenierungsstil, den der Herzog in der Bühnen-
reform seines Hoftheaters schon 1866 entwickelt hatte, begründete
einen ›historischen‹ Realismus, dessen Prinzip der Anschaulichkeit
sich in Repertoire, Spieltechnik und Ausstattung ausdrückte: klassi-
zistisches Repertoire mit Ausrichtung auf das Sprechtheater, dekla-
mationsfreies, natürliches Sprechen, unvirtuose, wirklichkeitsnahe

Bewegungen, integriertes Zusammenspiel besonders in Massenszenen, historisch getreue Bühnenbilder, Kostüme und Requisiten, die das theatralische Bühnengeschehen in einen authentischen Wirklichkeitsvorgang umwandeln sollten (Hahm 1970, Hoffmeier 1988, Osborne 1988). In der Zeit von 1874 bis 1890 gaben die Meininger 81 Gastspiele in 38 europäischen Städten und erreichten insgesamt 1591 Vorstellungen. An der Spitze der Aufführungshäufigkeit steht Schiller (8 Dramen, 1250 Vorstellungen), es folgen Shakespeare (6:820), Kleist (3:220), Grillparzer (26:152) und Molière (2:112) (nach Bucher 1976, S. 150).

Die Lustspielbühne beherrschen Eduard von Bauernfeld und Roderich Benedix, die beide noch aus der Biedermeierzeit kommen; durch sie hindurch wirkt die Tradition der Iffland und Kotzebue weiter (bürgerliches Rührstück). Gustav von Moser und Franz von Schönthan versorgen das Publikum mit Militärschwänken (Holl 1923). Zugleich beginnt der Einfluß der Eugène Scribe, Emile Augier, Alexandre Dumas fils und Victorien Sardou. Paul Lindau, Hugo Bürger (d.i. Lubliner) und Adolf L'Arronge kopieren das französische Sittenstück. Die Zeit der Fabrikation von Erfolgen beginnt; Fragen der ›Verpackung‹ treten in den Vordergrund: »Titel werden plakativer, Abschlüsse effektvoller, Dekorationen opulenter durch illusionierende szenische Tricks.« (Flatz 1980, S. 309) So entsteht eine mentalitätsgeschichtlich wesentliche »Gebrauchskunst« neben dem Realismus (S. 303). Auch hier lernen Literatur- und Theaterwissenschaften erst allmählich, die Spreu vom Weizen zu trennen; nicht alle Werke Charlotte Birch-Pfeiffers (1800-1868) nämlich fallen gleich schlecht aus (Pargner 1998). Aber typisch bleibt, was ein kritischer Beobachter über die Situation schreibt:

»Was das Theater betrifft, ist Frankreich erzeugend, Deutschland empfangend, jenes tonangebend, dieses nachstürmend oder nachhinkend, jenes mit Stolz spendend, dieses mit Demuth bettelnd; der Export ist unbegrenzt, der Import gleich Null; es gibt keine Zollschranken und doch kommt keine deutsche Waare über die französische Grenze. Deutschland hat nach dem Kriege die Theater von Straßburg und Mülhausen annectirt, Frankreich alle deutschen Theater.« (Gottschall [2]1885, S. 324)

Die Frage muß noch offen bleiben, wieviel die statistische Erkundung und ideologiekritische Analyse zur Bildung des Realismusbegriffs und zur Neukonstituierung der Realismusepoche beitragen. Jedenfalls wies schon Gottschall ([2]1900) darauf hin, daß man gerade aus der Betrachtung der erfolgreichen Tagesproduktion wichtige Aufschlüsse über die Dramengeschichte der Zeit erhalten kann. Die Feststellung, daß vor allem »das Drama nach 1848 durch Kritik und

Theorie vom Realismus abgedrängt« worden sei (Bucher 1976, S.
140), kann nur als vorläufige Antwort gelten; denn was hier als fe-
ster Bezugspunkt erscheint, löst sich wieder auf, sobald man sieht,
welche Ansprüche an ein realistisches Drama gestellt werden: die
»Behandlung der sozialen Frage, die Psychologie der unteren Klassen, die ungefärbte Darstellung der Arbeitswelt« (S. 139); die Diskussion um einen realistischen Roman hat bereits gezeigt, wie wenig
solche Erwartungen weiterhelfen.

Der gesamte Bereich des gattungsgeschichtlichen Versagens und
seines Zusammenhangs mit dem Realismus bedarf noch einer
gründlichen Untersuchung; die Schwierigkeit ist um so größer, als
damit zugleich Wertungsprobleme angesprochen sind. Die üblichen
Erklärungsformeln der ästhetischen Fehlentwicklung – klassizistischer Schematismus, epigonaler Formenzerfall, Apologetik des Klas-
senkompromisses – helfen noch wenig. Wie im Fall der Zeitschriften werden auch für das Theater medienwissenschaftlich orientierte
Untersuchungen weiterführen.

3.3   Lyrik

Wie die Geschichte des Dramas gab bis vor kurzem auch die Geschichte der Lyrik in der zweiten Jahrhunderthälfte das Stichwort
für eine kritische Auseinandersetzung mit ihrer Fehlentwicklung. In
den Blick rückte weithin ein prägnant negativer Weg, gekennzeichnet durch Verlust- und Verengungsprozesse: Verlust der Teilhabe am
Metaphysischen und Universalen, mangelnde religiös-kosmische Er-
griffenheit, Verdünnung der lyrischen Tradition zum poetischen
Schmuck, Psychologisierung der Erlebnissubstanz und epigonales
Verhaftetsein an eine unbewältigte Formentradition (Martini
[4]1981). Daß diese negative Bilanzierung auch ein Ausfluß der in
Deutschland vorherrschenden »Originalitätsmanie« war, gab Sengle
(1979, S. 31) nachdrücklich zu bedenken. Befreit man sich also von
dieser selbstverschuldeten Voreingenommenheit der älteren Literaturwissenschaft, so werden die verkannten und übersehenen Leistungen der realistischen Lyrik deutlich (Sengle III, S. 1062 ff.),
denn eine solche gibt es durchaus trotz gegenteiliger Behauptung
(Kleinstück 1980, S. 16; grundlegend jetzt Selbmann 1999).

Nach wie vor gelten zu wenige Untersuchungen dem Verhältnis
von Lyrik und Realismus. Der historisch-topische ›Ruf‹ der Lyrik –
subjektiv, innerlich, romantisch, ursprünglich, vorrational – scheint
einer Öffnung der Gattung zur neuen Wirklichkeit im Wege zu ste-

hen; tatsächlich aber klingen die reinen Stimmen des Allgemein-
Menschlichen im neu gebildeten Chor der nationalen Bewegung
und ihrer Art, Wirklichkeit zu stiften, kräftig mit (Ruprecht 1987).
Gerade von solchen, aber auch ganz anderen Eigenarten der Lyrik
könnten wichtige Impulse ausgehen, die zu einem differenzierten
Verständnis für realistische Darstellungsprobleme führen. Besondere
Aufmerksamkeit verdient in diesem Zusammenhang Henels (1958)
Beschreibung des Übergangs von Erlebnisdichtung zu Symbolismus:

»Der Realist wollte so objektiv sein wie möglich, er wollte die Dinge beschreiben, wie sie wirklich sind, unentstellt von Phantasie oder Vorurteil.
Erst im Verlaufe seiner Bemühungen stellte sich heraus, daß der Künstler
die Natur nur kennt, insofern er sie entdeckt und darstellt, daß er also
nicht wirklich in den Besitz der Wirklichkeit gelangt, sondern eines vielfäl-
tigen Systems von ihm ersonnener bildlicher Darstellungen. Indem nun erkannt wurde, daß noch die realistischste Beschreibung dem Geist des Beob-
achters ebensoviel verdankt wie dem Gegenstand, wurde das Kantische
Vorangehen der Vernunft, das Etwas-in-die-Natur-Hineinlegen, zum bewußt gehandhabten Prinzip der Kunst. Das ist die Stufe des Symbolismus.«
(S. 251)

Sie läßt die Ebene der kruden Abbildung hinter sich und führt zu
sprachlich gefaßten Akten der Realitätskonstitution.

Ein naiver Versuch, »Realismus als stilistische Spielform der Lyrik« zu beschreiben, begegnet bei Fehr (1965); Realismus sei ein
sprachlich-deskriptiver Bezug auf die raumzeitliche Wirklichkeit; die
lyrische Wirkung beruhe hauptsächlich auf Klang, Intonation und
Rhythmus; schon die antike Lyrik weise solche registrierend-konsta-
tierende Darstellungsformen auf. Fehr geht von der Wortbedeutung
(sprachlich-inhaltlicher Gegenstandsbezug) aus und erkennt in der
Hervorhebung einer greifbaren und unmittelbaren »Anschaulichkeit« das Kennzeichen eines reinen Realismus. Da hier jedoch eine
notwendige Auseinandersetzung mit Theodor Meyers (1901) Kritik
der Anschaulichkeitstheorie fehlt, helfen solche Bestimmungen wenig weiter. Zudem ist das Verhältnis zwischen lyrischer und realistischer Komponente keineswegs befriedigend beschrieben; denn das
Lyrische kommt in den angeführten Beispielen (Storm, Keller, Meyer) keineswegs nur durch paralinguistische Elemente zustande, vielmehr gründet es vor allem in Wortwahl und syntaktischer Prädikation.

Über den Zusammenhang von Lyrik und Realismus scheint auch
die Dissertation von Schlaffer (1966) Auskunft zu geben. Aber
schon die Auswahl der behandelten Dichter (Mörike, Droste, Liliencron) kündet an, daß nicht die Lyrik der zweiten Jahrhunderthälfte im Mittelpunkt stehen wird: »Dieser Zeitraum war für die Lyrik

nicht der rechte Nährboden« (S. 6); als Erklärungsgrund führt
Schlaffer die geistige Haltung des poetischen Realismus an, dessen
spezifische Lyrikproduktion den Charakter eines falschen Bewußtseins aufweise (S. 113, Anm. 1). Schlaffer geht es um Problem und
Geschichte des lyrischen Ich und »seiner Objektivation in der Lyrik
des 19. Jahrhunderts« (S. 4). In deutlicher Nähe zu Richard Brinkmanns perzeptionskritischer Untersuchung erkennt auch er eine zu-
nehmende Subjektivierung als dominanten Entwicklungszug (S.
112). »Die Entwicklung geht also von der objektiven und immersei-
enden Welt der Romantik über den subjektiv begrenzten, aber bewegten Ausschnitt der Droste zur subjektiv totalen und bewegten
Welt Liliencrons.« (S. 115)

Der Entwicklung einer spezifisch realistischen Lyrik gilt die besondere Aufmerksamkeit der *Geschichte der deutschen Literatur*
(Böttcher u.a. 1975, S. 649 ff. und 901 ff.). Vor allem in der Zeit
nach 1871 erkennt sie wichtige Neuansätze: Neue Zeiterfahrungen
kommen in Lied, Spruchdichtung und Ballade zum Ausdruck. Als
Merkmale werden aufgezählt: Bewußtheit in der Handhabung der
Reim-, Vers- und Strophentechnik, welche auf die Bewahrung des
lyrischen Ich und einer integren humanen Persönlichkeit verweise,
der Hang zum Beschreibenden und statisch Abbildenden, die Ver-
sachlichung der tradierten Metaphorik, die Vorliebe für Rollen- und
Erinnerungsgedichte, die Neigung zum Zergliedern von Stimmungen und zur reflektierenden Erörterung (S. 902).

Einen besonderen Ort in der Geschichte der Lyrik nimmt die
Entfaltung der politischen Lyrik ein. Das Jahr 1848 markiert ein
vorläufiges Ende der politischen Lyrik der Vormärzzeit. Das Vor-
dringen des Realismus mit der Forderung nach einer mittleren Stillage unterbrach die Entfaltung einer lyrischen Sprechform, die
durch eine Mischung von demokratischem Sozialismus, humanisti-
scher Rhetorik und hegelianisch säkularisiertem Christentum charakterisiert ist (Sengle II, S. 535). Trotz Gesellschaftsbezug und Ver-
änderungsdrang blieb diese Lyrik im Grunde wirklichkeitsfremd
(Sengle Bd. II, S. 538) und verfiel so dem Verdikt des Realismus.
Gleichwohl gab es auch in den 50er und 60er Jahren eine politische
Lyrik. Eine wichtige Bedeutung gewinnt in diesem Zusammenhang
der von Ferdinand Lassalle gegründete Allgemeine Deutsche Arbei-
terverein (1863); in seinem Umkreis entstanden Gedichte Georg
Herweghs, Wilhelm Hasenclevers und Jakob Audorfs; August Geib
und Leopold Jacoby setzten diese Tradition fort (Böttcher u.a. 1975,
S. 479 ff. und 760 ff.).

Einen eigenen Formbereich innerhalb der politischen Lyrik bildet die patriotische Lyrik, die durch den Krieg gegen Frankreich

1870/71 einen neuen Aufschwung erfuhr (Neumann 1911, Zimmer 1971). In ihren religiös-patriotischen Sprachmustern macht sich der Einfluß der Lyrik aus dem Umkreis der Befreiungskriege (1813) bemerkbar: Romantizismus, Religiosität, Innerlichkeit; doch hat sich die Funktion dieser Elemente gewandelt: Sie dienen nun als »Absage an die liberale bürgerliche Tradition von 1848« und als »affirmative Überhöhung des Obrigkeitsstaates im Geiste dynastischer Loyalität« (Zimmer 1971, S. 147).

Von der Erneuerung der Kunstballade im Zeitalter des Realismus ist allenthalben die Rede. Denkt man an die Balladen Fontanes, so läßt sich dieser Wandel in der Terminologie Walter Hincks ([2]1972) als ein Übergang von der nordischen zur legendenhaften Ballade beschreiben: Die »Unversöhnlichkeit der Gegensätze«, die mythologisch-irrationalistische Überhöhung von Antinomien und Konflikten, deren tragische Überwindung eine »heroische Unbedingtheit« verlangt, weicht einem christlichen Prinzip der Vermittlung, das Gelassenheit, Weisheit, Demut und liebende Hilfsbereitschaft umfaßt (S. 16 f.). Daneben erweist sich die Ballade allgemein als eine Form, die besonders geeignet ist, die moderne technische Entwicklung und die aktuellen gesellschaftlichen Bewegungen wiederzugeben.

Friedrich Hebbels Gedichte, die besonders in der Sonett- und Epigrammform die dualistische Problemerfahrung des Dramatikers spiegeln (Martini 1963, S. 138), suchen den Leser sowohl im Gedanklichen als auch im Gefühlsmäßigen zu ergreifen (Meetz [3]1973).

Nach älterer Auffassung fand Theodor Storms Lyrik ihren Brennpunkt in Begriffen wie ›Stimmung‹ und ›Situation‹; demnach konnte ihr vorgeworfen werden, die Goethesche Erlebnislyrik auf eine Stimmungslyrik verengt zu haben; ihr Geltungsanspruch gründete im Authentischen des intensiven Erlebens, das sich vorzüglich im Regionalen entfaltete (Vinçon 1973). Doch angesichts des Reichtums und der Vielfalt benutzter Formen aus unterschiedlichen Traditionen erweist sich eine solche Festschreibung auf Erlebnislyrik als Mißverständnis, das den geradezu »chamäleonhaften Fähigkeiten« Storms nicht gerecht wird (Koopmann 1991, S. 322). Storms »fast impressionistische Stimmungskunst« weist elegische, patriotische und emanzipatorisch-erotische Elemente auf (Vinçon). Das Leitbild eines »sensuellen Realismus« (Martini [4]1981, S. 247) wird in strenger Simplizität und Objektivität verwirklicht, d.h. mit suggestivem Entwurf von Gegenständlichkeit; hinzu kommen Spruchdichtung, Dialoggedichte, erzählende Gedichte u.v.m. (Koopmann 1991). Die Tendenz zum Harmonischen, Abgerundeten und rein Menschlichen verbindet den Dichter mit dem Realismus (Martini 1974). Seine Reflexionen über die Wirkung der Gedichte nähern sich dem Kon-

zept der Programmusik. Vergleicht man Storms Lyrik mit der Lyrik
der Biedermeierzeit (Heine, Droste, Mörike), so wird in Storm »ein
Pionier der realistischen Lyrik« sichtbar (Sengle 1979). Immer wieder durchdringt eine »unverwechselbare Historizität« Storms vermeintlich zeitlose Themen der Liebe und des Todes und begründet
damit den auch hier sich behauptenden »Realismus« (Fasold 1997,
S. 78). Gerade der eigenartige Erlebnisbegriff öffnet den empirisch
eingeschränkten Wahrnehmungsraum für neuartige, forciert subjektive, aber keineswegs unrealistische Empfindungen (Choi 1994).

Man hat Gottfried Kellers »Realismus in der Lyrik« auf die Auswirkungen einer zugrunde liegenden »Erzähllust« zurückgeführt (Alker [3]1969) und damit vor allem deren Grenzen bezeichnen wollen;
die Betonung des Inhaltlichen habe von einer Ausbildung der Formkunst abgelenkt und die lyrische Form zum bloßen Gedankenver-
mittler reduziert; doch erinnerte man demgegenüber zu Recht an
die für Keller typisch weit gefaßte Spanne zwischen belehrender Ge-
brauchslyrik und dichterischer Form. In Kellers Gedicht *Weihnachts-
markt* (Fassung 1854) entdeckt G. Kaiser Züge einer »Aussagenverweigerung«, die den Realismus dieses lyrischen Sprechens überaus
spezifisch kennzeichne:

»Gibt es eine Lyrik des am Felsen der Realität auflaufenden Realismus,
dann an dieser Stelle bei Keller, wo die Aussagenverweigerung eines Details
[gemeint ist das Sinnlose der Namenswahl »die alte Schmidtin«] zum letzten Wort wird. Es ist die Größe dieses Gedichts [...], daß das Poetische des
poetischen Realismus an sein Ende kommt und hinter der Unfaßbarkeit
der schweigenden alten Frau die letzte Unfaßbarkeit der Realität erscheint«
(Kaiser 1987, S. 631).

Sehr zu Recht heißt es abschließend: »Keller stößt damit – in letzter
Konsequenz des Realismus – an die Schwelle der modernen Lyrik
vor« (ebd., S. 633).

Objektivität gilt als Kennzeichen der Lyrik Conrad Ferdinand
Meyers; gattungsgeschichtlich versteht man darunter eine Abwendung vom romantischen Erlebnisgedicht und eine Hinwendung
zum symbolistischen Dinggedicht; strukturell weist sie auf eine Ge-
genstandspräsentation hin, die keine explizite sinnlich-erkennende
oder emotional-erlebende Beteiligung des lyrischen Ich aufweist; besonders Fehr ([2]1980) hielt dies schon für Realismus. Überzeugender
analysiert Martini ([4]1981, S. 345); er sieht, daß das Subjektive in
die Objektivierung der Sinnbildsprache hineingenommen ist und
entdeckt darin eine epochentypische dichtungsgeschichtliche Tendenz, die bei den erzählenden Realisten als verschweigender »Stil der
Dinglichkeit« wiederkehrt.

Das lyrische Werk Theodor Fontanes umfaßt politische Lieder, Verserzählungen, Balladen, Gelegenheits- und Erlebnisgedichte. Während die Balladen schon früh wissenschaftliche Beachtung gefunden haben, wurde die Alterslyrik erst neuerdings im Rahmen der Erforschung von literarischer Spätzeitlichkeit (Martini 1962) entdeckt (Jolles [4]1993). Ein Zug zur formalen und gehaltlichen Untertreibung kennzeichnet die Alterslyrik Fontanes: Die Annäherung der Verskunst an die Prosa, die scheinbare Unbekümmertheit in Komposition und sprachlichem Ausdruck, die Motivierung des dichterischen Sprechens aus dem Augenblicklich-Alltäglichen, das flüchtige Andeuten innerer Bewegung, die Leichtigkeit kritischer Zeitkommentierung, all dies führt zu einer poetischen Leistung, deren bedeutenden Kunstcharakter man erst allmählich zu sehen lernt (vgl. etwa die Gedichteinlage in *Frau Jenny Treibel*, ein Lied, das in seiner Einfachheit und zugleich hintergründigen Vertracktheit beispielhaft für das lyrische Vermögen Fontanes stehen kann. Daß das Epochenkonstitutive und Epochentypische dieser Lyrik gerade in ihrem ›unlyrischen‹ Zug liegt, hebt Richter (1980) hervor: »Der Realismus hat [...] gerade mit ihr eine der reizvollsten und eigenwilligsten Spielarten von Lyrik in die Lyrikgeschichte eingebracht.« (S. 139) Eine Aufarbeitung dieses Beitrages steht noch aus und könnte eine neue Ansicht des Realismus in lyrischem Gewande ergeben.

An weiteren Gedichtsammlungen sind zu erwähnen: Emanuel Geibel: *Juniuslieder* (1848); Friedrich Bodenstedt: *Die Lieder des Mirza Schaffy* (1851); Klaus Groth: *Quickborn* (1852); Fritz Reuter: *Läuschen un Rimels* (1853); Hermann Lingg: *Gedichte* (1854); Karl Gerok: *Palmblätter* (1857); Wilhelm Hertz: *Gedichte* (1859); Karl Gerok: *Pfingstrosen* (1864); Ada Christen: *Lieder einer Verlorenen* (1868); Otto Franz Gensichen: *Spielmannsweisen* (1869, [3]1876); Joseph Victor von Scheffel: *Bergpsalmen* (1870); Hieronymus Lorm: *Gedichte* (1870); Emanuel Geibel: *Heroldsrufe* (1871); Friedrich Bodenstedt: *Aus dem Nachlaß des Mirza Schaffy* (1874); Emanuel Geibel: *Spätherbstblätter* (1877); Rudolf Baumbach: *Lieder eines fahrenden Gesellen* (1878); Heinrich Leuthold: *Gedichte* (1879); Ferdinand von Saar: *Gedichte* (1881); Friedrich Bodenstedt: *Aus Morgenland und Abendland* (1882); Adolf Friedrich von Schack: *Lotosblätter* (1882); Friedrich Wilhelm Weber: *Marienblumen* (1885); Ferdinand von Saar: *Wiener Elegien* (1893); *Patriotisches Gedenkbuch in Prosa und Poesie von der Auflösung des deutschen Reichs im Jahre 1806 bis zur Wiederaufrichtung desselben im Jahre 1871*. Hrsg. von Carl Ruthardt und Wilhelm Föhr, Stuttgart 1879.

3.4 Verserzählung

Kapitel über die Verserzählungen finden sich fast in jeder Literaturgeschichte zum vorliegenden Zeitraum. Aber erst neuerdings ist die literarhistorische Bedeutung dieser außergewöhnlich verbreiteten und wirkungsvollen Gattung bewußt geworden. Eine Analyse der Produktions- und Rezeptionsmotive verspricht einen tiefen Einblick in eine Epoche, deren Fundament üblicherweise die Erzählprosa bildet, die aber ohne diesen konträren, gegenläufigen Faktor nur unvollständig beschrieben wäre. Schon Sengle (Bd. II, S. 630 f.) deutete in seiner Epochendarstellung an, daß die Versepik – formal der gattungsgeschichtlichen Differenzierung der Biedermeierzeit verpflichtet – mit neuen aktuellen oder auch altbewährten Stoffen und Themen weit in das Zeitalter des Realismus hineinreichte und so die Dominanz der Prosa relativierte; dies war möglich, solange sich Monarchie und feudalkirchliche Kultur, auf welche die Gattung angewiesen war, behaupteten. Martini hatte schon vorher ausführlich den vorherrschenden »Rokoko-Orientalismus« charakterisiert ([4]1981, S. 365).

Georg Jäger (1976) verdeutlichte dann das quantitative Ausmaß der »Gattungsrestauration«: 250 selbständige Erstveröffentlichungen zwischen 1866 und 1880, der Höhepunkt der Produktion unmittelbar nach 1871 und das symptomatische Anschwellen der Auflagenzahlen zeigen in aller Deutlichkeit das Ausmaß dieses Siegeszuges; bestes Beispiel ist Scheffels *Der Trompeter von Säckingen*: [1]1854, [2]1859, [11]1870, [100]1882, [200]1892, [300]1914; vgl. a. Böttcher u.a. 1975, S. 617). Poetik und Praxis der monumentalen Geschichtsepik (Jordan, Lingg, Hamerling) spielen in der Zeit der Reichsgründung eine besondere Rolle: Die nationalliterarische Auseinandersetzung mit der Gründungsidee enthält epochentypische Motive (Entstehung eines Volkes, Stammeswanderung, Heroenzucht, Führerpsychologie, Machtverlangen, Götterberufung; vgl. Aust 1979; Ahlers 1998).

Eine besondere Stellung nehmen die Wort und Bild verbindenden Verserzählungen Wilhelm Buschs (1832–1908) ein; ihr Aufbau weist auf das Vorbild der *Jobsiade* von Kortum; die witzige Berichtform ist dem epigrammatischen Lakonismus Heines verwandt. Hier gelingt eine geniale Erneuerung der Gattung (Martini [4]1981, S. 358 ff. und Sengle Bd. II, S. 742).

Im einzelnen sind folgende Verserzählungen zu nennen: Oscar von Redwitz: *Amaranth* (1849); Gustav zu Putlitz: *Was sich der Wald erzählt* (1850); Wolfgang Müller von Königswinter: *Lorelei* (1851); Otto Roquette: *Waldmeisters Brautfahrt. Ein Rhein-, Wein- und Wandermärchen* (1851); Wilhelm Jordan: *Demiurgos, ein Mysterium* (1852/54); Friedrich Bodenstedt: *Ada, die Lesghierin* (1853); Felix

Dahn: *Harald und Theano* (1855); Fritz Reuter: *Kein Hüsung*
(1857); Friedrich Hebbel: *Mutter und Kind* (1859); Robert Hamerling: *Ahasver in Rom* (1866); Hermann Lingg: *Die Völkerwanderung*
(1866/68); Wilhelm Jordan: *Nibelunge* (1867/68 und 1874); Christian Friedrich Scherenberg: *Hohenfriedberg* (1869); Friedrich Wilhelm Helle: *Jesus Messias* (1870); Conrad Ferdinand Meyer: *Huttens
letzte Tage* (1871); Adolf Friedrich von Schack: *Nächte des Orients
oder die Weltalter* (1874); Rudolf Baumbach: *Zlatorog. Eine Alpensa-
ge* (1877); Julius Wolff: *Der Wilde Jäger* (1877); Friedrich Wilhelm
Weber: *Dreizehnlinden* (1878); Gottfried Keller: *Der Apotheker von
Chamounix* (entst. 1851, 1883); Robert Hamerling: *Homunkulus*
(1887).

3.5   Unterhaltungs-, Trivial- und Kolportageliteratur

Besonderheiten der literarischen Struktur, der Herstellungsver-
fahren, der Vertriebsstrategien und des Leserverhaltens legen es
nahe, die Unterhaltungs-, Trivial- und Kolportageliteratur als einen
eigenständigen Literaturkomplex aufzufassen (nicht als Gattung;
vgl. dazu Kreuzer 1975). Eine Untersuchung der massenhaft verbreiteten Literatur in der zweiten Hälfte des 19. Jahrhunderts verspricht neue authentische Aufschlüsse über die dominierenden Ge-
schmacksträger sowie über das zeittypische Verhältnis von Buch
und Leser. Soziologische, psychologische, inhaltsanalytische (aussa-
genanalytische) und hermeneutisch-strukturelle Fragestellungen
greifen hier ineinander. Eine erste Schwierigkeit bei der wissenschaftlichen Aufarbeitung liegt darin, eine umfassende oder zumindest repräsentative Materialsammlung zu erstellen; denn es geht
nicht nur um eine Erfolgsliteratur, von deren Existenz und Wirkung
eine entsprechende Auflagenhöhe zeugt, sondern auch um Zeitungs-
und Zeitschriftenliteratur, die nie in Buchform erschienen ist, um
Kolportageliteratur, deren Texte (Heftchen, Einzelblätter) kaum
noch auffindbar sind. Eine weitere Schwierigkeit ergibt sich angesichts der Notwendigkeit, das Verhältnis zwischen Leserbedürfnis
und Leserbefriedigung historisch-psychologisch zu beschreiben; der
Unterhaltungsbegriff in seiner psychoanalytischen, ideologischen
und ästhetischen Dimension ist noch weithin ungeklärt. Wenn es
richtig ist, daß »eine Literaturgeschichte des einst Gelesenen«
(Žmegač 1980, S. VIII) vor allem die Trivialliteratur berücksichtigen
muß, so bleibt noch viel zu tun; denn die bisherige Historiographie
der unterhaltenden Lektüre kommt oft über eine bloße Kritik am

unterstellten Konsum des Unterhaltungsangebots nicht hinaus; ob man Trivialliteratur auch anders als nur kritisch lesen dürfe, scheint in Wissenschaft und Erziehung umstritten zu sein, und das nicht zuletzt deshalb, weil auch die komplementäre Frage, ob nämlich nicht auch hohe Literatur trivial gelesen werden könne, einen beunruhigend richtigen Sinn ergibt. Die Verdachtsmomente mehren sich, daß realistische Literatur im Sinn einer lebensechten und wirklichkeitsnahen Kunst ein Patentrezept der Unterhaltungsbranche ist, von dem sich die ›klassischen‹ Realisten sogar strikt absetzen müssen (Helmstetter 1997; vgl. schon Korte 1989, S. 110 f.).

Im Vordergrund der bisherigen Trivialliteraturforschung steht die Erzählprosa; neben dem historischen Roman und der Dorfgeschichte sind vor allem die Salon-, Amerika-, Frauen-, Tendenz-, Kaufmann-, Kriminal- bzw. Detektiv- und Abenteuerromane zu nennen (Winterscheidt 1970, Hügel 1978). Aber auch Lyrik und Dramatik weisen eine Vielzahl unterhaltend-trivialer Formen auf, man denke nur an die patriotischen Lieder und die Erzeugnisse der Wein-, Rhein- und Orientromantik, an Operette und Boulevardstück. Besonders der Erfolg der exotischen Abenteuerliteratur mit ihrer Vorliebe für Illusionäres und Sensationelles, für Entstellungen und Übertreibungen zeigt an, wie wenig den Lesern an Wahrscheinlichkeit oder gar »realistischer Milieuwiedergabe« gelegen war (Foltin 1968, S. 251; vgl. dagegen die Bedeutung der Sensationsmotive im gattungs- wie zeittypischen Konfliktlösungs-Denken, Rhöse 1978, S. 81, 90). Doch fällt auch dieses Argument nicht eindeutig aus; denn ›Spannung‹ und ›Realismus‹ schließen sich keineswegs aus, und der heutige Film – sei es Fantasy, sei es Science-Fiction – lehrt, daß ›Unwahrscheinlichkeit‹ dem realistischen Effekt nicht im Wege steht.

Erzähltechnisch gesehen ist der Trivialroman eine relativ geschlossene Literaturform. Das Prinzip der Spannung duldet kein episodisches Rankenwerk, sondern fordert strenge Ökonomie und nähert sich darin dem Prinzip der epischen Integration (Sengle Bd. II, S. 979). Man hat an den Romanen Eugenie Marlitts, Karl Mays und Ludwig Ganghofers zeigen können, in welchem Maße die pietistische Frömmigkeit und das Winckelmannsche Ideal der edlen Einfalt und stillen Größe auf Welt- und Menschenbild der unterhaltenden Literatur eingewirkt haben (Mosse 1974). Zugleich jedoch weisen die populären Lesestoffe eine Fülle von Grausamkeiten auf (Schenda 1970). Das ästhetisch-ideologische Gefälle zwischen Unterhaltungs- und Kolportageliteratur hat Klein (1969) an ausgewählten Beispielen untersucht. Allgemein muß noch als ungewiß gelten, welche Funktionen (konservierende oder innovierende) die unterhaltende Literatur im 19. Jahrhundert erfüllte (vgl. Martini [4]1981, S. 946f.). Daß gerade auch die Unterhaltungsliteratur ein Ursprung sozialer Thematik sein kann, hat Edler (1977) auf breiter Grundlage nachgewiesen. Es muß überraschen, daß ausgerechnet im Umkreis des sensationellen ›Politthrillers‹, z.B. in den Romanen des Sir John Retcliffe, die avanciertesten Positionen der ökonomischen und politischen Theorie erzählerisch umgesetzt werden (Neuhaus 1980). Das Phänomen des ›Hinauflesens‹, also die Möglichkeit, durch Kolportagelektüre aufsteigen zu können, erwähnt Becker (1996, S. 130).

Nur wenige Literaturgeschichten beachten die Unterhaltungsliteratur (Prutz 1860, Stern, 1885, Wolff 1896, Gottschall [7]190l/02, Kummer 1909). Stern z.b. beschreibt in einem Kapitel »Der Realismus für den Tagesbedarf« die »industrielle Ausbeutung der gerade geltenden Lebensanschauung und der beliebten Gestalten« (S. 131); als typische Autoren nennt er Friedrich Wilhelm Hackländer, Charlotte Birch-Pfeiffer, Johann Nestroy, David Kalisch, Louise Mühlbach und Hubertus Temme.

Allgemein kann für die ältere Literaturgeschichtsschreibung gelten, was Langenbucher anläßlich einer Erinnerung an Robert Prutz als Theoretiker und Historiker der Unterhaltungsliteratur festgestellt hat: »wo Unterhaltungsliteratur berücksichtigt wird, ist dafür ein ästhetischer Irrtum verantwortlich, ein Versagen des literarischen Geschmacks und nicht ein methodisch durchreflektierter, geklärter literarhistorischer Ansatz« (S. 123).

Die Entstehung der trivialen Lyrik führt Schönert (1978) auf Bedingungen der Herstellung von Anthologien (isolierende Häufung der Superlative bei gleichzeitiger Vermassung des Einmaligen unter klassifizierenden Rubriken) und auf deren Gebrauch (weibliche Lektüreklischees) zurück. So werde anspruchsvolle Lyrik trivialisiert. Als Merkmale der parallelen trivialen Lyrikproduktion zählt Schönert auf: »weitgehender Verzicht auf literarische Innovation, Stereotypenbildung und serielle Produktion, suggestive Reizstimulation und Fluchtfunktionen« (S. 277).

Bollenbeck (1978) weist an der Konstante des Wanderermotivs Abnutzungserscheinungen nach. Häntzschel (1980) erklärt die Trivialisierung der Lyrik aus den Bedingungen der Mädchenschulen (Bevorzugung der nutzlosen, unterhaltenden Lyrik als Schullektüre, minderqualifizierte Lehrer, reduzierter Lehrplan). Er glaubt in der weiblichen Lyrik, in der Lyrik von Frauen für Frauen, einen fatalen Zusammenhang von programmiertem Bildungsdefizit und poetischem Versagen entdecken zu können: »Herkunft und Milieu der Frauen sowie ihre gegenüber den Männern deklassierte Position erzeugen eine minderwertige literarische Produktion.« (S. 224)

4. Schluß

Weit ist das Feld des Realismus. Sollte man es nicht unübersichtlich nennen? Mit Gewißheit erkennen läßt sich, daß der Realismus zwar die alltägliche, aber nicht jede beliebige, sondern am liebsten die ›eigentliche Wirklichkeit‹ ins Auge faßt. Seine Botschaft heißt nicht einfach ›gesehenes Leben‹, sondern ›treffender Sinn‹; der aber steht nicht als ›Gesetz‹ starr im Bilde, sondern ›verschwimmt‹ eher am Horizont, jedenfalls bleibt er in Bewegung. Denn was der Realismus wesentlich sieht, sieht er nur von weitem. Und so steht er tatsächlich auf weitem Feld, wo er gute Instrumente braucht, um von möglichst verschiedenen Seiten aus die ›Früchte seiner Wirklichkeit‹ einschätzen zu können. Nicht um Registrierung oder Abbildung seiner ›Rohstoffe‹ geht es ihm, sondern um deren Verarbeitung, um eine ›Inszenierung‹, die selbst das Phantastische nicht scheut, wenn es gilt, innerhalb der Bannmeile frappierender Wirklichkeitseffekte das tolle Spiel mit tausend Finessen dezent anzudeuten. Insofern sind realistische Darstellungen trotz aller Einwendungen gegen ihren Wirklichkeitsbezug keine ›leeren Bilder‹, sondern prall volle. Nüchterner formuliert und nur als Frage aufgeworfen: Wenn sich ›Realismus‹ in eine Gleichung fassen ließe, wäre es dann denkbar, daß gerade jene Position, von der auf den ersten Blick so viel abhängt, also die Realität, wider Erwarten und doch konsequenterweise wegkürzbar sei?

5. Bibliographischer Anhang

5.1 Bibliographien – Forschungsberichte – Dokumentationen

5.1.1 Bibliographien

Aus der Reihe der allgemeinen Bibliographien sei hier nur die *Internationale Bibliographie* (1971) genannt, deren systematische Titelerfassung bis Ende 1964 reicht; hier findet man schnell u. a. die zahlreichen Literaturgeschichten und Epochendarstellungen vereint, die man sonst umständlich suchen müßte; das nach Stichworten angelegte Literaturverzeichnis stellt eine unentbehrliche Grundlage jeder Untersuchung zum Thema dar. Eine Spezialauswahlbibliographie liegt von Cowen (1970) vor, welche die Literatur bis 1965 erfaßt; sie vermag jedoch nicht in allen Punkten zu befriedigen (vgl. dazu die Rezension von Folter 1973). Periodische Bibliographien erschienen in MLF von 1947 bis 1952 und GR von 1956-1960. Ein Literaturverzeichnis von ganz besonderem Wert liegt jetzt in der Quellenbibliographie aus *Realismus und Gründerzeit* (1976) vor; hier sind die bis dahin nicht bekannten oder äußerst schwer zugänglichen zeitgenössischen Titel, meistens mit sehr nützlichem Inhaltsabriß, gesammelt.

Eine kommentierte Bibliographie für die Jahre 1921 bis 1939 enthielt regelmäßig der Jahresbericht über die wissenschaftlichen Erscheinungen auf dem Gebiete der neueren deutschen Literatur (erschienen 1924-1956).

Meyer, Richard M.: *Grundriß der neueren deutschen Literaturgeschichte*. Berlin [2]1907

Jahresbericht über die wissenschaftlichen Erscheinungen auf dem Gebiet der neueren deutschen Literatur. Hrsg. von der Literaturarchiv-Gesellschaft Berlin 1924-1956.

German Literature of the Nineteenth Century, 1830-1880. A Current Bibliography. In: MLF 32 (1947), 34 (1949), 35 (1950), 37 (1952).

German Literature of the Nineteenth Century, 1830-1880. A Current Bibliography. In: GR 29 (1954) bis 35 (1960).

Lehmann, Christiane: Beiträge zur Personalbibliographie des Zeitraumes von 1830 bis 1880. In: *Studien zur neueren deutschen Literatur*. Hrsg. von Hans Werner Seiffert. Berlin (Ost) 1964, S. 205-235.

Becker, Eva D., Dehn, Manfred: *Literarisches Leben. Eine Bibliographie. Auswahl-*

verzeichnis von Literatur zum deutschsprachigen literarischen Leben von der Mitte des 18. Jahrhunderts bis zur Gegenwart. Hamburg 1968.

Cowen, Roy C.: *Neunzehntes Jahrhundert* [1830-1880]. Berlin 1970. Dazu die Rezension von Roland Folter in JEGP 72 (1973), S. 107-109.

Internationale Bibliographie zur Geschichte der deutschen Literatur von den Anfängen bis zur Gegenwart. Leitung und Gesamtredaktion Günter Albrecht und Günther Dahlke. Teil II, 1, Berlin (Ost) 1971.

Quellenbibliographie. In: *Realismus und Gründerzeit*, Bd. 1, 1976, S. 337-483.

Fritsch-Rößler, Waltraud: *Bibliographie der deutschen Literaturgeschichten. Bd. 1: 1835-1899.* Frankfurt/M. 1994.

5.1.2 Forschungsberichte, Handbuchartikel, Verfasserlexika

Nur pauschal sei auf die alten Literatur- bzw. Schrifttumsberichte in der *Zeitschrift für Deutschkunde* hingewiesen, die zuerst Alexander Pache (1920 ff.), dann Werner Deetjen (1929 ff.), danach Walther Linden (1932 ff.) und schließlich Joachim Müller (1939-1942) besorgt haben.

Aus zahlreichen Arbeitsberichten und Problemaufrissen ragen zwei große Forschungsberichte hervor: Den ersten verfaßte Stuckert (1941). Der Berichtszeitraum reicht von 1922 bis 1940 und erfaßt (mit einer Ausnahme) nur selbständig erschienene Arbeiten. Stuckert informiert zuerst über die Ansätze zur Bestimmung des Epochenbegriffs und der Epocheneinheit, charakterisiert dann die vorliegenden Literaturgeschichten (die heute noch aufschlußreiche Epochendarstellung von Castle 1935 fehlt) und referiert schließlich den Stand der Forschung zu den großen Realisten und den weniger bedeutenden Zeitgenossen, wobei Stifter, Freytag und Spielhagen übergangen werden.

Martinis Forschungsbericht (1960) steht, was Gliederung und kritische Ausrichtung betrifft, im Zeichen seiner Epochendarstellung (1962). Gegenüber Stuckerts Bericht hat sich eine bedeutsame Wandlung im Selbstverständnis des kritischen Historiographen und in der Einschätzung seiner wissenschaftlichen Möglichkeiten vollzogen. Während Stuckert nämlich das 19. Jahrhundert als eine abgeschlossene Epoche ansah, deren kompakte Einheit durchaus literarhistorisch darstellbar war, zersplitterte sich für Martini das Epochenfaktum aufgrund beschleunigter und intensiver wissenschaftstheoretischer und fachmethodologischer Reflexionen in divergierende Ansichten, in Perspektiven eines methodisch vermittelten Sachverhalts, dessen Faktizität zweifelhafter denn je wurde.

Wer sich speziell über die älteren wissenschaftlichen Bemühungen um den Realismusbegriff informieren will, wird Brinkmanns

(1957, ³1977) kritische Auseinandersetzung mit dem wissenschaftlichen Begriffsgebrauch (von Stern 1885 bis Burger 1952) heranziehen, doch sollte er zur Relativierung zumindest die Rezension von Heuer (Euph. 1959) berücksichtigen. Nach ausgesprochenen methodenkritischen Gesichtspunkten gehen Bernd und Cordula Kahrmann (1973/1974/1976) in ihren Sammelrezensionen vor, welche die Publikationen der Jahre 1969 bis 1974 erfassen; fortgesetzt werden diese Literaturberichte von Aust (1980/1984/1985).

Keinen Forschungsbericht, sondern nur einige Forschungsperspektiven will Martini (1974/1981) im Nachwort zur dritten bzw. vierten Auflage seiner Epochendarstellung geben, wobei ihm die jüngsten Entwicklungen im Bereich der werkimmanenten und empirischen Leserforschung neue Wege zu einer noch immer fehlenden Typologie des realistischen Erzählens zu weisen scheinen.

Ein weitgespannter Überblick über Geschichte und Theorie des Realismus, unter besonderer Berücksichtigung seiner programmatischen Seite, liegt mit der Monographie von Kohl (1977) vor; vom Mimus in der Antike bis zum nouveau roman reicht dieser Abriß, der trotz des gewaltigen historischen und fachwissenschaftlichen Materials die definitorischen Aufgaben mutig und erfolgreich in Angriff nimmt. Methodologischen Fragen wendet sich der Problemaufriß Eiseles (1977) zu; die Realismusforschung habe es in erster Linie nicht mit Fakten zu tun, die quellenkundlich exakt ermittelt werden können, sondern mit (literaturtheoretischen) Begriffen, deren (dynamische) Strukturen rekonstruiert werden müssen.

Für den Berichtszeitraum von 1960 bis 1975 liegt jetzt der gewichtige Forschungsbericht von Gotthart Wunberg (1980) vor. Er gilt dem ganzen Jahrhundert (»von Goethes Tod bis zum Naturalismus«) und versteht sich als »Mittelding zwischen annotierter Bibliographie und Forschungsreferat« (S. 7). Ausgewertet werden hauptsächlich selbständige Publikationen. Wunberg macht vier für das Jahrhundert spezifische Tendenzen aus: die Aufwertung einzelner Autoren (Fontane, Raabe), das abnehmende Interesse am Realismus als besonderem Epochenkonzept, die erzähltheoretisch zugespitzte Diskussion und die gesellschaftlich-politischen Fragestellungen.

In der *Kommentar*-Reihe des Winkler-Verlages legt Cowen (1985) einen Band vor, der die Diskussion über Theorie und Praxis des ›poetischen Realismus‹ zusammenfaßt und eine Fülle bibliographischer Angaben enthält. Lesenswert ist weiterhin die Einleitung zu Lilian R. Fursts Sammelband (1992), ein Forschungsüberblick, der aus komparatistischer Sicht methodisch angelegte Wege durch die komplexe Realismusdebatte bahnt. Den Verlauf der internationalen Realismusdiskussion kommentiert ausführlich Herman (1996).

5.1.2.1 Forschungsberichte

Von 1848 bis zur Gegenwart [später u. d. T. Deutsche Literatur: Realismus bzw. u. d. T. Deutsche Dichtung des 19. Jahrhunderts]. In: *Zeitschrift für Deutschkunde* 34 (1920) – 56 (1942).

Lange, Victor: The Present State of Nineteenth-Century Studies in German Literature. In: GR 16 (1941), S. 278-285.

Kohlschmidt, Werner: Literaturbericht: 19. Jahrhundert. In: *Zeitschrift für deutsche Bildung* 18 (1942), S. 84-90.

Stuckert, Franz: Zur Dichtung des Realismus und des Jahrhundertendes. Ein Literaturbericht. In: DVjs 19 (1941), S. 79-136.

Martini, Fritz: Deutsche Prosadichtung im 19. Jahrhundert. Ein kritischer Literaturbericht. In: DU 1953, Heft 1, S. 112-128.

Rieder, H.: Zur deutschen Literaturgeschichte des 19. Jahrhunderts. In: *Wissenschaft und Weltbild* 11,4 (1958).

Martini, Fritz: Forschungsbericht zur deutschen Literatur in der Zeit des Realismus. In: DVjs 34 (1960); wiederabgedr. Stuttgart 1962.

Kahrmann, Bernd und Cordula: Bürgerlicher Realismus. In: WW 23 (1973), S. 53-68 und 24 (1974), S. 339-356, 26 (1976), S. 356-381.

Martini, Fritz: Nachwort. In: F. M., *Deutsche Literatur im bürgerlichen Realismus.* Stuttgart [4]1981, S. 911-985.

Kohl, Stephan: *Realismus. Theorie und Geschichte.* München 1977.

Eisele, Ulf: Realismus-Problematik: Überlegungen zur Forschungssituation. In: DVjs 51 (1977), S. 148-174.

Aust, Hugo: Bürgerlicher Realismus. Forschungsbericht. In: WW 30 (1980), S. 427-447, 34 (1984), S. 467-478, 35 (1985), S. 72-85.

Wunberg, Gotthart: *Deutsche Literatur des 19. Jahrhunderts (1830-1895). Erster Bericht: 1960-1975.* Bern 1980.

Furst, Lilian R.: Introduction. In: *Realism.* Hrsg. von L.R. Furst. London 1992, S. 1-23.

Werner, Renate: Das Wilhelminische Zeitalter als literarhistorische Epoche. Ein Forschungsbericht. In: *Wege der Literaturwissenschaft.* Hrsg. von Jutta Kolkenbrock-Netz u.a. Bonn 1985, S. 211-231.

Herman, Luc: *Concepts of Realism.* Columbia 1996.

5.1.2.2 Handbuchartikel

Nußberger, Max: Realismus, Poetischer. In: RL Bd. 3, Berlin 1928/29, S. 4-12.

Lange, Victor: Realismus. In: *Literatur.* Hrsg. von Wolf-Hartmut Friedrich und Walther Killy, Frankfurt/M. 1965, Bd. 2, S. 457-474.

Lange, Victor: Romantik und Realismus. In: *Literatur.* Hrsg. von W.-H. Friedrich, W. Killy, Bd. 2, S. 482-507.

Martini, Fritz: Realismus. In: RL 2. Aufl. Bd. 3, Berlin 1968, S. 343-365.

Hoffmann u.a.: Realismus. In: *Historisches Wörterbuch der Philosophie.* Hrsg. von Joachim Ritter/Karlfriedrich Gründer. Basel 1992, Bd. 8, S. 147-178; darin G. Plumpe: [Realismus] IV. Literatur und Kunst, S. 170-178.

Hahl, Werner: Realismus. In: *Literatur Lexikon. Begriffe, Realien, Methoden.* Hrsg. von Volker Meid (= Literatur Lexikon. Hrsg. von Walther Killy, Bd. 14). Gütersloh 1993, S. 265-270.

Gaede, Friedrich: Realismus. In: *Moderne Literatur in Grundbegriffen.* Hrsg. von
    Dieter Borchmeyer/Viktor Žmegač. Tübingen 1994, S. 365-369.
Foltinek, Herbert: Realismus. In: *Das Fischer Lexikon. Literatur.* Bd. 3. Hrsg. von
    Ulfert Ricklefs. Frankfurt/M. 1996, S. 1575-1605.
Herman, Luc: Realismus, Literaturtheorien des. In: *Metzler Lexikon Literatur- und
    Kulturtheorie. Ansätze – Personen – Grundbegriffe.* Hrsg. von Ansgar Nünning.
    Stuttgart/Weimar 1998, S. 451-453.
Reckwitz, Erhard: Realismus-Effekt. In: *Metzler Lexikon Literatur- und Kultur-
    theorie. Ansätze – Personen – Grundbegriffe.* Hrsg. von Ansgar Nünning. Stutt-
    gart/Weimar 1998, S. 453 f.

5.1.2.3 Verfasserlexika

Brümmer, Franz: *Lexikon der deutschen Dichter und Prosaisten vom Beginn des 19.
    Jahrhunderts bis zur Gegenwart.* 6. Aufl. 8 Bde. Leipzig 1913 [1. Aufl. 1885].
Friedrichs, Elisabeth: *Literarische Lokalgrößen 1700-1900. Verzeichnis der in regio-
    nalen Lexika und Sammelwerken aufgeführten Schriftsteller.* Stuttgart 1967.
Friedrichs, Elisabeth: *Die deutschsprachigen Schriftstellerinnen des 18. und 19. Jahr-
    hunderts.* Stuttgart 1981.
Häntzschel, Hiltrud (Hrsg.): *Das 19. Jahrhundert. Restaurationsepoche, Realismus,
    Gründerzeit.* München 1981 (= Deutsche Schriftsteller im Portrait, Bd. 4).
Grimm, Gunter E. und Frank Rainer Max (Hrsg.): *Realismus, Naturalismus und
    Jugendstil.* Stuttgart 1989 (= Deutsche Dichter. Leben und Werk deutschspra-
    chiger Autoren, Bd. 6).
Jacob, Herbert (Bearb.): *Deutsches Schriftsteller-Lexikon 1830-1880.* = Goedekes
    Grundriß zur Geschichte der deutschen Dichtung. Bd. 1 ff., Berlin 1995 ff.

5.1.3 Symposien, Sammelwerke, Dokumentationen, Anthologien

Eine frühe Sammlung wissenschaftlicher Arbeiten zum Realis-
musthema stammt aus dem Jahr 1951 und befaßt sich mit den englischen, französischen, deutschen, russischen und amerikanischen
Besonderheiten des Realismusbegriffs; Harry Levin, der die Sammlung mit der Frage »What is Realism?« einleitet, nennt zwei Grund-
tendenzen: »a democratic attitude toward society, an experimental
attitude toward nature«. Im Jahr 1959 erscheint das 5. Heft des
Deutschunterrichts mit dem Leittitel »Zum Problem des literarischen
Realismus«; unter dem Eindruck der dominierenden, sich gleichwohl widerstreitenden formalanalytischen und gesellschaftsge-
schichtlichen Definitionsansätze werden hier Aufsätze zur Vorgeschichte, Motivik, Epoche und Gattungsgeschichte des Realismus
vereint. Der Band *Probleme des Realismus,* der 1962 erscheint, aber
auf ein Moskauer Kolloquium des Jahres 1957 zurückweist, doku-

mentiert die marxistische Auseinandersetzung zwischen Vertretern
eines ahistorischen und historischen Realismuskonzepts. Das Sym-
posion der *Modern Language Association* in Chicago 1965, an dem
u. a. H. H. H. Remak, H. Hatfield, E. Schwarz und J.
Hermand
teilnehmen und das 1967 in den *Monatsheften* abgedruckt wird, ar-
tikuliert einerseits ein ernstes Mißbehagen am üblichen Begriffsgebrauch, weist aber andererseits auf das europäische Ausmaß der Rea-
lismusproblematik hin. Im Jahr 1969 lenkt R. Brinkmann den Blick
zurück auf die Wege der Realismusforschung seit E. Auerbach bzw.
G. Lukács; massiv kommt nun zum Ausdruck, wie wenig der Realismusbegriff eine selbstverständliche Wortbedeutung, wie sehr er ein
methodisch bestimmter Sachverhalt ist, der sich von seiner Alltags-
bedeutung merklich entfernt hat. Die Breite der Anwendungsmög-
lichkeiten von Realismus (in Literatur, Malerei, Musik und Politik;
Philosophie und Sprachwissenschaft hätten ebenfalls berücksichtigt
werden können) zeigt der Band *Realismustheorien* (1975); den Herausgebern geht es über eine bloße akademische Debatte hinaus um
die wirklichkeitsverändernde Potenz der Literatur; die Dringlichkeit
des Realismusproblems spitzt sich hier in der Frage zu: »Was tun?«
Im *Jahrbuch für Internationale Germanistik* beginnt 1979 die erste
Folge der Diskussionsreihe *Realismus-Probleme*; in seiner Einführung
zu dem 1975 ausgesandten Themenimpuls beklagt Tarot den bislang mit wenig Temperament geführten Gedankenaustausch. Als des
Gelehrtenstreits würdige Themen erachtet er Fragen nach der Konstanz eines Begriffes, der »chamäleonhafte Eigenschaften« besitzt,
nach seinem spezifischen kulturgeschichtlichen Ort (Spät- bzw.
Übergangsphase), nach der Möglichkeit einer formalen Bestimmung
sowie der Identifizierung typischer Gestaltungsverfahren und nach
dem Wahrheits- und Objektivitätsbegriff im Rahmen einer erkenntnistheoretischen Position, die Wirklichkeit und dargestellte Wirklichkeit unterscheidet. Der Sammelband *Bürgerlicher Realismus*
(1981), den Klaus-Dieter Müller herausgibt, vereint neuere Beiträge
zum Realismusbegriff (Demetz 1967, Blumenberg 1964, Martini
1962, Eisele 1976) und zu ausgewählten Themen (Stifter, Keller,
Storm, Freytag, Fontane, Raabe; Drama); die Originalbeiträge befas-
sen sich mit G. Freytag, dem sozialistischen Realismus und der Lyrik.

 Neben den wissenschaftlichen Anthologien gibt es auch eine be-
achtliche Reihe von Quellensammlungen zum Selbstverständnis des
Realismus; spätestens seit Sengles emphatischem Hinweis auf die
›Programmatik‹ im deutschsprachigen Raum wird klar, daß auch
dieser Realismus im Bann der europäischen Entwicklung steht. G.J.
Becker (1963), der Realismus und Naturalismus synonym verwen-

det, bringt als einzigen deutschen Beleg einen Text aus dem Bereich des Naturalismus; der deutsche poetische Realismus in seiner sentimentalen Färbung trage wenig zur gemeineuropäischen Herausbildung eines modernen Realismus bei, dem es in erster Linie um eine typische Darstellung des Alltäglichen gehe. Auch Stromberg (1968) dokumentiert den geringen Anteil des deutschen Realismus an der europäischen Literaturentwicklung. Erst der Materialband zu den ›Epochen der deutschen Literatur‹ *Realismus und Gründerzeit* (Bd. 2, 1975) erfaßt die literaturtheoretischen und -kritischen Reflexionen des Realismus in voller Breite; die Auswertung des neu entdeckten Materials ist noch immer nicht abgeschlossen. Als sehr nützlich und mit abermals neuen Dokumenten versehen erweist sich die Textsammlung, die Gerhard Plumpe (1985) herausgegeben hat. Mit Recht steht die »Herausforderung der Photographie« im Mittelpunkt. Einer der Vorzüge des Bandes ist seine klare, übersichtliche Gliederung; er beginnt mit einem Einblick in die Begriffserklärung zeitgenössischer Konversationslexika, dokumentiert dann die Konzeptgeschichte von ›Realpolitik‹, mißt weiterhin die Spanne zwischen Idealismus und Realismus aus, bringt anschließend Dokumente aus der Literaturprogrammatik und Photographiedebatte sowie Zeugnisse der Abgrenzung vom französischen Realismus und schließlich Ausschnitte aus der Gattungsdiskussion.

Einen bemerkenswerten Sammelband hat Lilian R. Furst (1992) herausgegeben. Komparatistisch angelegt, wird in Textauszügen die romanistische und anglistisch-amerikanistische Realismus-Diskussion von ihren programmatischen Anfängen bei Balzac, Duranty, George Lewes, H. James u.a. über ›Klassiker‹ der Realismus-Forschung wie E. Auerbach, I. Watt, G. Lukács und R. Barthes bis hin zu neuesten Ansätzen von Ph. Hamon, D. Lodge und J. Hillis Miller dokumentiert. Furst unterscheidet mehrere ›Lesarten‹ des Realismus-Problems (humanistische, moderne, rhetorische, leserorientierte, psychoanalytische, postmoderne und feministische). Sichtbar werden Tradition, Brisanz und Aktualität einer grundlegenden kunstkritischen Kategorie. Wer sich über die Fortschritte in der weltweiten Realismus-Diskussion informieren will, sollte den Band zur Hand nehmen; nicht allzu sehr enttäuschen möge die Nachschlagenden die Abwesenheit der deutschsprachigen Realismus-Debatte.

Die Sammelbände *Littérature et Réalité* (1966), *Die Expressionismusdebatte* (1973) und *Realismus – welcher?* (1976) gehören bereits in die Geschichte der Nachwirkungen des Realismus.

5.1.3.1 Die wissenschaftliche Debatte

[Realism.] in: *Comparative Literature* 3 (1951), S. 193-285.
Zum Problem des literarischen Realismus. In: DU 11,5 (1959).
Probleme des Realismus in der Weltliteratur. Hrsg. im Auftrag des Instituts für Slawistik der Deutschen Akademie der Wissenschaften zu Berlin. [Originalausgabe Moskau 1959] Berlin (Ost) 1962.
Realism: A Symposium. In: *Monatshefte* 59 (1967), S. 97-130.
Begriffsbestimmung des literarischen Realismus. Hrsg. von Richard Brinkmann. Darmstadt 1969, ³1987.
Realismustheorien in Literatur, Malerei, Musik und Politik. Hrsg. von Reinhold Grimm und Jost Hermand, Stuttgart 1975.
Realismus-Probleme. Erste Folge. In: JIG 11,2 (1979), S. 7-56.
Bürgerlicher Realismus. Grundlagen und Interpretationen. Hrsg. von Klaus-Detlef Müller. Königstein/Ts. 1981.
Realism. Hrsg. von Lilian R. Furst. London 1992.

5.1.3.2 Quellensammlungen

Documents of Modern Literary Realism. Ed. by George J. Becker, Princeton 1963.
Realism, Naturalism, and Symbolism. Modes of Thought and Expression in Europe, 1848-1914. Ed. by Roland N. Stromberg, London 1968.
Realismus und Gründerzeit. Bd. 2: *Manifeste und Dokumente.* Stuttgart 1975.
Theorie des bürgerlichen Realismus. Eine Textsammlung. Hrsg. von Gerhard Plumpe. Stuttgart 1985.

5.1.3.3 Realismusdebatten im zeitlichen Nachfeld

Littérature et Réalité. Hrsg. von Bela Köpeczi und Peter Juhász, Budapest 1966.
Die Expressionismusdebatte. Materialien zu einer marxistischen Realismuskonzeption. Hrsg. von Hans-Jürgen Schmitt, Frankfurt 1973.
Realismus – welcher? Sechzehn Autoren auf der Suche nach einem literarischen Begriff. Hrsg. von Peter Laemmle, München 1976.

5.1.3.4 Realismus in Europa und Amerika

Becker, George J.: *Master European Realists of the Nineteenth Century.* New York 1982.
Dethloff, Uwe: *Französischer Realismus.* Stuttgart/Weimar 1997 (= Sammlung Metzler, Bd. 306).
Fluck, Winfried: *Inszenierte Wirklichkeit. Der amerikanische Realismus 1865-1900. Theorie und Geschichte der Literatur und der schönen Künste.* München 1992.
Greiner, Walter F./ Kemmler, Fritz (Hrsg.): *Realismustheorien in England (1692-1919). Texte zur historischen Dimension der englischen Realismusdebatte.* Tübingen ²1997.

5.1.3.5 Anthologien

Zeichen der Zeit. Ein deutsches Lesebuch. Hrsg. von Walther Killy. Bd. 3: *1832-1880.*Frankfurt/M. 1959.
Die deutsche Literatur. Texte und Zeugnisse. Bd. 6: *19. Jahrhundert.* Hrsg. von Benno von Wiese. München 1965.
Bürgerlicher Realismus. Hrsg. von Andreas Huyssen. Stuttgart 1974 = Die deutsche Literatur in Text und Darstellung, Bd. 11.
Industrie und deutsche Literatur 1830-1914. Eine Anthologie. Hrsg. von Keith Bullivant, Hugh Ridley. München 1976.
Die deutschsprachige Anthologie. Hrsg. von Joachim Bark, Dietger Pforte. Bd. 1: *Ein Beitrag zu ihrer Theorie und eine Auswahlbibliographie des Zeitraums 1800-1950.* 1970. Bd. 2: *Studien zu ihrer Geschichte und Wirkungsform.* Frankfurt/M. 1969.

5.2   Realismus

5.2.1 Realismus in Philosophie, Sprachwissenschaft, Politik, Kunst und Musik

5.2.1.1 Philosophie, Erkenntnistheorie

Berger, Herbert: *Wege zum Realismus und die Philosophie der Gegenwart* [J. H. v. Kirchmann und Fr. Überweg]. Bonn 1959.
Hartmann, Klaus (Hrsg.): *Lebendiger Realismus.* Festschrift für Johannes Thyssen. Bonn 1962. Darin besonders: Hans Wagner, über den Weg zur Begründung des Realismus, S. 27-46; Friedrich Schneider, Die Bedeutung des Realismus in der Erkenntnislehre des 19. Jahrhunderts, S. 47-87.
Lenk, Hans: *Interpretation und Realität. Vorlesungen über Realismus in der Philosophie der Interpretationskonstrukte.* Frankfurt/M. 1995.
Putnam, Hilary: *Realism with a Human Face.* Cambridge, Mass. 1990.
Putnam, Hilary: *Von einem realistischen Standpunkt. Schriften zu Sprache und Wirklichkeit.* Hrsg. von Vincent C. Müller. Reinbek 1993.
Realismus – Antirealismus. Frankfurt/M. 1992.
Sandkühler, Hans Jörg, Pätzold, Detlev (Hrsg.): *Die Wirklichkeit der Wissenschaft. Probleme des Realismus.* Hamburg 1991.
Schantz, Richard: *Wahrheit, Referenz und Realismus. Eine Studie zur Sprachphilosophie und Metaphysik.* Berlin 1996.
Schnädelbach, Herbert: Über den Realismus. Ein Nachtrag zum Positivismusstreit in der deutschen Soziologie. In: *Zeitschrift für allgemeine Wissenschaftstheorie* 3 (1972), S. 88-112.
Selzer, Edgar: *Menschlicher Realismus. Erster Versuch in Richtung einer Rekonstruktion eines kantischen Ansatzes für die teilweise Rechtfertigung des sogenannten »naiven« Realismus als zutreffenden »evolutionären« Realismus in der Form eines einführenden Lese- und Lehrbuches.* Frankfurt/M. 1996.
Stegmüller, Wolfgang: Das Universalienproblem einst und jetzt [zuerst 1956/57].

In: W. St., *Glauben, Wissen und Erkennen. Das Universalienproblem einst und jetzt.* Repr. Nachdr. Darmstadt 1974.

Stegmüller, Wolfgang (Hrsg.): *Das Universalien-Problem.* Darmstadt 1978 (= Wege der Forschung, Bd. 83).

Wallner, Friedrich (Hrsg.): *Grenzziehungen zum konstruktiven Realismus.* Wien 1993.

Zimmerli, Walther Ch.: Das vergessene Problem der Neuzeit. Realismus als nicht nur ästhetisches Konzept. In: JIG 16 (1984), S. 18-79.

5.2.1.2 Sprachwissenschaft

Betten, Anne: *Sprachrealismus im deutschen Drama der siebziger Jahre.* Heidelberg 1985.

Kutschera, Franz von: *Sprachphilosophie.* 2. Aufl., München 1975.

Lewandowski, Theodor: *Linguistisches Wörterbuch.* 5., überarbeitete Aufl., Heidelberg 1990, s. v. Bedeutungstheorie.

5.2.1.3 Geschichtswissenschaft

Faber, Karl-Georg: Realpolitik als Ideologie. Die Bedeutung des Jahres 1866 für das politische Denken in Deutschland. In: *Historische Zeitschrift* 203 (1966), S. 1-45.

Hamerow, Theodore S.: Moralinfreies Handeln. Zur Entstehung des Begriffs ›Realpolitik‹. In: *Realismustheorien.* Hrsg. von R. Grimm/J. Hermand. Stuttgart 1975, S. 31-47.

Stemmler, Peter: »Realismus« im politischen Diskurs nach 1848. Zur politischen Semantik des nachrevolutionären Liberalismus. In: McInnes/Plumpe 1996, S. 84-107.

White, Hayden: *Metahistory. Die historische Einbildungskraft im 19. Jahrhundert.* [1973] Aus dem Amerikanischen von Peter Kohlhaas. Frankfurt/M. 1994.

5.2.1.4 Ästhetik

5.2.1.4.1 Kunstgeschichte

Als guter Realist muß ich alles erfinden. Internationaler Realismus heute. Ausstellungskatalog. Kunstverein und Kunsthaus Hamburg, 4. November 1978 bis 7.Januar 1979.

Baumgart, Fritz: *Idealismus und Realismus 1830-1880. Die Malerei der bürgerlichen Gesellschaft.* Köln 1975.

Čelebonovič, Aleksa: *Bürgerlicher Realismus. Die Meisterwerke der Salonmalerei.* Berlin 1974.

Courbet und Deutschland. Hamburger Kunsthalle 19. Oktober -17. Dezember 1978. Städtische Galerie im Städelschen Kunstinstitut Frankfurt, 17. Januar – 18. März 1979. Ausstellungskatalog.

Herding, Klaus (Hrsg.): *Realismus als Widerspruch. Die Wirklichkeit in Courbets Malerei.* Frankfurt/M. 1978.

Herding, Klaus: Mimesis und Innovation. Überlegungen zum Begriff des Realismus in der bildenden Kunst. In: *Zeichen und Realität.* Hrsg. von Klaus Oehler. Tübingen 1984, S. 83-113.

Hermand, Jost: Die ›wirkliche‹ Wirklichkeit. Zum Realismus-Streit in der westlichen Kunstkritik. In: *Realismustheorien.* Hrsg. von Grimm/Hermand. Stuttgart 1975, S. 118-137.

Jäger, Georg: Der Realismusbegriff in der Kunstkritik. In: *Realismus und Gründerzeit,* Bd. 1, 1976, S. 9-31.

Lankheit, Klaus: Über den frühen Realismus in Deutschland 1800-1850. In: *Der frühe Realismus in Deutschland 1800-1850.* Gemälde und Zeichnungen aus der Sammlung Georg Schäfer, Schweinfurt. [Katalog der] Ausstellung im Germanischen Nationalmuseum Nürnberg [23. Juni bis 1. Oktober 1967]. Nürnberg 1967, S. 19-29.

McDowall, Arthur: *Realism. A study in art and thought.* London 1918.

Nerdinger, Winfried: Zum Realismusbegriff: Von seiner Entstehung 1848 in Frankreich bis zur Situation in der Sowjetunion 1917-1922. In: *Städel-Jahrbuch,* NF 5, Frankfurt/M. 1975, S. 227-246.

Nochlin, Linda: *Realism.* Harmondsworth 1971.

Nolte, Fred O.: *Art and Reality.* Lancaster 1942.

Plumpe, Gerhard: *Der tote Blick. Zum Diskurs der Photographie in der Zeit des Realismus.* München 1990.

Sager, Peter: *Neue Formen des Realismus. Kunst zwischen Illusion und Wirklichkeit.* Köln 1973.

Schlichtenmaier, Bert (Hrsg.): *Aspekte des Realismus.* Grafenau 1999.

Schmidt, Georg: Naturalismus und Realismus. Ein Beitrag zur kunstgeschichtlichen Begriffsbildung. In: *Festschrift zu Martin Heideggers 70. Geburtstag.* Hrsg. von G. Neske, Pfullingen 1959; wiederabgedr. in: G. Sch., *Umgang mit Kunst. Ausgewählte Schriften 1940-1963.* Olten 1966, S. 27-36.

Schmoll, J. A., gen. Eisenwerth: Naturalismus und Realismus: Versuch zur Formulierung verbindlicher Begriffe. In: *Städel-Jahrbuch.* Frankfurt 1975.

Sternberger, Dolf: *Panorama oder Ansichten vom 19. Jahrhundert.* Hamburg 1938, ³1955. Neuauflage Frankfurt 1974 (Suhrkamp Taschenbuch 179).

Tomberg, Friedrich: *Mimesis der Praxis und abstrakte Kunst. Ein Versuch über die Mimesistheorie.* Neuwied 1968.

Weisberg, Gabriel P. (Hrsg.): *The European Realist Tradition.* Bloomington 1982.

Wichmann, Siegfried: *Realismus und Impressionismus in Deutschland.* Stuttgart 1964.

Wille, Hans: Biedermeier und Realismus. In: *Der frühe Realismus in Deutschland 1800-1850.* Gemälde und Zeichnungen aus der Sammlung Georg Schäfer, Schweinfurt. [Katalog der] Ausstellung im Germanischen Nationalmuseum Nürnberg [23. Juni bis 1. Oktober 1967]. Nürnberg 1967, S. 145-149.

Zimmermann, Rainer: *Expressiver Realismus. Malerei der verschollenen Generation.* München 1994.

5.2.1.4.2 Musik

Dahlhaus, Carl: *Musikalischer Realismus. Zur Musikgeschichte des 19. Jahrhunderts.* München 1982.
Scher, Steven Paul: »0 Wort, du Wort, das mir fehlt!« Der Realismusbegriff in der Musik. In: *Realismustheorien.* Hrsg. von Grimm/Hermand. Stuttgart 1975, S. 103-117 (hier weitere Literatur bes. zum Widerspiegelungsproblem).

5.2.2 – 5.2.3 Begriff – Stil – Epoche

Adorno, Theodor W.: *Noten zur Literatur.* Bd. 1, Frankfurt/M. 1958.
Auerbach, Erich: *Mimesis. Dargestellte Wirklichkeit in der abendländischen Literatur.* Bern 1946, 5. Aufl. 1971.
Aust, Hugo: *Theodor Fontane: »Verklärung«. Eine Untersuchung zum Ideengehalt seiner Werke.* Bonn 1974.
Aust, Hugo: Wilhelm Raabe: Vom alten Proteus. Eine Hochsommergeschichte. Gedanken zur Glaubwürdigkeit eines Realisten. In: *Wilhelm Raabe. Studien zu Leben und Werk.* Hrsg. von Leo A. Lensing und Hans-Werner Peter. Braunschweig 1981, S. 151-167.
Aust, Hugo: *Lesen. Überlegungen zum sprachlichen Verstehen.* Tübingen 1983.
Aust, Hugo: Schriftsteller und Nation im Wilhelminismus. In: *Die Intellektuellen und die nationale Frage.* Hrsg. von Gerd Langguth, Frankfurt/M. 1997, S. 107-124.
Aust, Hugo: Die Finessen des Realismus. In: H.A., *Theodor Fontane. Ein Studienbuch.* Tübingen 1998, S. 9-18.
Austin, J. L.: *Sense and Sensibilia.* Oxford 1962.
Bab, Julius: *Fortinbras oder der Kampf des 19. Jahrhunderts mit dem Geiste der Romantik. Sechs Reden.* Berlin 1914.
Barthes, Roland: Probleme des literarischen Realismus. In: *Akzente* 3 (1956), S. 303-307.
Barthes, Roland: Einführung in die strukturale Analyse von Erzählungen [1966]. In: R. B., *Das semiologische Abenteuer.* Übers. Von Dieter Hornig. Frankfurt/M. 1988, S. 102-143.
Barthes, Roland: L'Effet de Réel. In: *Communications* 11 (1968), S. 84-89; engl. Übers. in: *Realism.* Hrsg. von Lilian R. Furst, London 1992, S. 135-141.
Becker, Eva D.: Das Literaturgespräch zwischen 1848 und 1870 in Robert Prutz' Zeitschrift ›Deutsches Museum‹. In: *Publizistik* 12 (1967), S. 14-36.
Becker, Eva D.: Literaturverbreitung. In: McInnes/Plumpe 1996, S. 108-143.
Becker, George J.: Realism: An Essay in Definition. In: MLQ 10 (1949), S. 184-197.
Berg, Leo *Gottfried Keller oder Humor und Realismus.* Berlin 1889.
Bernd, C. A.: The Advent of German Poetic Realism. In: *Formen realistischer Erzählkunst.* Festschrift for Charlotte Jolles. Hrsg. von Jörg Thunecke und Eda Sagarra. Nottingham 1979, S. 14-23.
Bernd, Clifford Albrecht: *German Poetic Realism.* Boston 1981.
Bernd, Clifford Albrecht: Poetischer Realismus, Bürgerlicher Realismus, Programmatischer Realismus – die Kontroverse um die richtige Benennung einer Epoche in der deutschen Literaturgeschichte. In: *Kontroversen, alte und neue.* Akten

des VII. Internationalen Germanisten-Kongresses Göttingen 1985. Hrsg. von Albrecht Schöne. Tübingen 1986, Bd. 9, S. 110-115; dazu Podiumsdiskussion: Der Realismusbegriff in komparatistischer Sicht, S. 127-132.

Bernd, Clifford Albrecht: *Poetic Realism in Scandinavia and Central Europe 1820-1895*. Columbia 1995.

Bernd, Clifford Albrecht: The emergence of *Poetischer Realismus* as a term of literary criticism in Germany. In: Thematics Reconsidered. Essays in Honor of Horst S. Daemmrich. Hrsg. von Frank Trommler = Internationale Forschungen zur Allgemeinen und Vergleichenden Literaturwissenschaft 1995, S. 229-236.

Blamberger, Günter u.a. (Hrsg.): *Studien zur Literatur des Frührealismus*. Frankfurt/M. 1991.

Böhler, Michael: »Fettaugen über einer Wassersuppe« – frühe Moderne-Kritik beim späten Gottfried Keller. Die Diagnose einer Verselbständigung der Zeichen und der Ausdifferenzierung autonomer Kreisläufe. In: *Nachmärz. Der Ursprung der ästhetischen Moderne in einer nachrevolutionären Konstellation*. Hrsg. von Thomas Koebner und Sigrid Weigel. Opladen 1996, S. 292-305.

Borgerhoff, Elbert B.O.: ›Réalisme‹ and Kindred Words: Their Use as Terms of Literary Criticism in the First Half of the Nineteenth Century. In:PMLA 53 (1938), S. 837-843.

Braun, Maximilian: Gedanken zum Realismusbegriff. In: *Jahrbuch der Raabe-Gesellschaft* 1980, S. 52-68.

Brecht, Bertolt: *Über Realismus*. Hrsg. von Werner Hecht. Frankfurt/M. 1971.

Brecht, W.: Zur deutschen Literaturentwicklung seit 1832. In: *Zeitschrift für die österreichischen Gymnasien* 67 (1916), S. 145-156.

Brecht, Walther: Wege und Umwege in der deutschen Literatur seit hundert Jahren. In: DVjs 7 (1929), S. 423-445.

Brinkmann, Richard: *Wirklichkeit und Illusion. Studien über Gehalt und Grenzen des Begriffs Realismus für die erzählende Dichtung des neunzehnten Jahrhunderts*. Tübingen 1957, ³1977.

Brinkmann, Richard: Zum Begriff des Realismus für die erzählende Dichtung des neunzehnten Jahrhunderts [zuerst 1958]. In: *Begriffsbestimmung*, S. 222-235.

Brinkmann, Richard: Gedanken über einige Kategorien der Literaturgeschichtsschreibung. Anläßlich der ersten beiden Bände von Friedrich Sengles »Biedermeierzeit«. In: *Euphorion* 69 (1975), S. 41-68.

Brinkmann, Richard: Afterthoughts on realism. In: *Realism in European Literature*. Hrsg. von Nicholas Boyle, Martin Swales, Cambridge 1986, S. 183-202.

Brösel, Kurt: *Veranschaulichung im Realismus, Impressionismus und Frühexpressionismus*. München 1928.

Brown, Marshall: The Logic of Realism: A Hegelian Approach. In: PLMA 96 (1981), S. 224-241.

Bucher, Max: Voraussetzungen der realistischen Literaturkritik. In: *Realismus und Gründerzeit*, Bd. 1, 1976, S. 32-47.

Buckley, Thomas L.: *Nature, Science, Realism. A Re-examination of Programmatic Realism and the Works of Adalbert Stifter and Gottfried Keller*. New York 1995.

Bunje, Hans: *Der Humor in der niederdeutschen Erzählung des Realismus*. Neumünster 1953.

Burger, Heinz Otto: Der plurale Realismus des neunzehnten Jahrhunderts. 1832-1888. In: *Annalen der deutschen Literatur*. Hrsg. von H. O. Burger, 2. Aufl. Stuttgart 1971, S. 621-718 [1. Aufl. 1952].

Butzer, Günter/Günter, Manuela: Der Wille zum Schönen. Deutscher Realismus und die Wirklichkeit der Literatur. In: *Sprache und Literatur* 28 (1997), S. 54-77.

Butzer, Günter/Günter, Manuela/Heydebrand, Renate von: Strategien zur Kanonisierung des ›Realismus‹ am Beispiel der *Deutschen Rundschau*. Zum Problem der Integration österreichischer und schweizerischer Autoren in die deutsche Nationalliteratur. In: IASL 24 (1999), S. 55-81.

Chiari, Joseph: *Realism and Imagination* [zuerst 1960]. New York 1970.

Cowen, Roy C.: *Der Poetische Realismus. Kommentar zu einer Epoche.* München 1985.

Demetz, Peter: *Formen des Realismus. Theodor Fontane.* München 1964. Dazu: Peter Uwe Hohendahl: Bemerkungen zum Problem des Realismus. In: OL 23 (1968), S. 183-191.

Demetz, Peter: Zur Definition des Realismus. In: *Literatur und Kritik* 16/17 (1967), S. 333-345.

Demetz, Peter: Über die Fiktionen des Realismus. In: *Neue Rundschau* 88 (1977), S. 554-567.

Dietze, Walter: Probleme der literarischen Periodisierung: Axiome – Fragen – Hypothesen. In: *Seminar* 11 (1975), S. 66-92.

Dilthey, Wilhelm: Charles Dickens und das Genie des erzählenden Dichters. 1877; in: *Theorie und Technik des Romans im 19. Jahrhundert.* Hrsg. von H. Steinecke. Tübingen 1970, S. 108.

Eibl, Karl: Das Realismus-Argument. Zur literaturpolitischen Funktion eines fragwürdigen Begriffs. In: *Poetica* 15 (1983), S. 314-328.

Eisele, Ulf: *Realismus und Ideologie. Zur Kritik der literarischen Theorie nach 1848 am Beispiel des »Deutschen Museums«.* Stuttgart 1976.

Eisele, Ulf: *Der Dichter und sein Detektiv. Raabes »Stopfkuchen« und die Frage des Realismus.* Tübingen 1979.

Eisele, Ulf: Realismus-Theorie. In: Glaser 1982, S. 36-46.

Elsberg, J.: Strittige Fragen bei der Untersuchung des Realismus im Zusammenhang mit dem Problem des klassischen Erbes. In: *Probleme des Realismus in der Weltliteratur.* Berlin (Ost) 1962, S. 27-67.

Engelberg, Ernst: Theoretisch-methodologische Prinzipien der Periodisierung. In: *Genese und Gültigkeit von Epochenbegriffen.* Sitzungsberichte des Plenums und der Klassen der Akademie der Wissenschaften der DDR, Jg. 1973, Nr. 1, Berlin (Ost) 1974, S. 5-23.

Ermatinger, Emil: Zeitstil und Persönlichkeitsstil. Grundlinien einer Stilgeschichte der neueren deutschen Dichtung. In: DVjs 4 (1926), S. 615-650, bes. 637-649.

Fehr, Karl: *Der Realismus in der schweizerischen Literatur.* Bern 1965.

Fehr, Karl: Der Realismus [1830-1885]. In: *Deutsche Literaturgeschichte in Grundzügen.* Hrsg. von B. Boesch, 3. Aufl. Bern 1967, S. 348-406.

Fetzer, John F./Hoermann, Roland/McConnell, Winder (Hrsg.): *In search of the poetic real.* Essays in Honor of Clifford Albrecht Bernd on the Occasion of his Sixtieth Birthday. Stuttgart 1989.

Fülleborn, Ulrich: Frührealismus und Biedermeierzeit. In: *Begriffsbestimmung des literarischen Biedermeier.* Hrsg. von Elfriede Neubuhr, Darmstadt 1974, S. 329-364.

Fuerst, Norbert: *The Victorian Age of German Literature, Eight Essays.* University Park and London 1966.

Fuhrmann, Manfred: Die aristotelische Lehre vom Wirklichkeitsbezug der Dichtung. In: *Positionen der Negativität*. Hrsg. von Harald Weinrich. München
1975, S. 519-520.

Fuller, Gregory: *Realismustheorie. Ästhetische Studie zum Realismusbegriff.* Bonn
1977.

Furst, Lilian R. (Hrsg.): *Realism*. London 1992.

Furst, Lilian R.: *All is True. The Claims and Strategies of Realist Fiction.* Durham
1995.

Gabriel, Gottfried: *Definitionen und Interessen. Über die praktischen Grundlagen
der Definitionslehre.* Stuttgart 1972.

Gabriel, Gottfried: *Fiktion und Wahrheit.* Stuttgart 1975.

Gaede, Friedrich: *Realismus von Brant bis Brecht.* München 1972.

Gebauer, Gunter/Wulf, Christoph: *Mimesis. Kultur – Kunst – Gesellschaft.* Reinbek 1992.

Gebhard, Walter: *»Der Zusammenhang der Dinge«. Weltgleichnis und Naturverklä-
rung im Totalitätsbewußtsein des 19. Jahrhunderts.* Tübingen 1984.

Gelber, Mark H.: Die literarische Umwelt zu Gustav Freytags *Soll und Haben* und
die Realismustheorie der *Grenzboten*. In: OL 39 (1984), S. 38-53.

Geppert, Hans Vilmar: *Der realistische Weg. Formen pragmatischen Erzählens bei
Balzac, Dickens, Hardy, Keller, Raabe und anderen Autoren des 19. Jahrhunderts.*
Tübingen 1994.

Glaser, Hermann: *Literatur des 20. Jahrhunderts in Motiven.* Bd. 1: 1870 bis
1918. München 1978.

Goltschnigg, Dietmar: Vorindustrieller Realismus und Literatur der Gründerzeit.
In: *Geschichte der deutschen Literatur vom 18. Jahrhundert bis zur Gegenwart.*
Hrsg. von Viktor Žmegač, Bd. 11,1, Königstein 1980, S. 1-108.

Goodman, Nelson: *Sprachen der Kunst. Ein Ansatz zu einer Symboltheorie.* Frank-
furt/M. 1973.

Gottschall, Rudolf von: *Zur Kritik des modernen Dramas.* Berlin [2]1900.

Grabes, Herbert: Fiktion – Realismus – Ästhetik. Woran erkennt der Leser Literatur? In: H.G. (Hrsg.): *Text – Leser – Bedeutung. Untersuchungen zur Interaktion
von Text und Leser.* Grossen-Linden 1977, S. 61-81.

Graevenitz, Gerhart von: Memoria und Realismus. Erzählende Literatur in der
deutschen ›Bildungspresse‹ des 19. Jahrhunderts. In: *Memoria. Vergessen und
Erinnern.* Hrsg. von Anselm Haverkamp/Renate Lachmann. München 1993, S.
283-304.

Grant, Damian: *Realism.* London 1970.

Greenwood, E.B.: Überlegungen zu Welleks Realismusbegriff [zuerst 1962]. In:
Begriffsbestimmung, S. 434-447

Gumbrecht, H.-U., Link-Heer, U. (Hrsg.): *Epochenschwellen und Epochenstrukturen im Diskurs der Literatur- und Sprachhistorie.* Frankfurt/M. 1985.

Häntzschel, Hiltrud (Hrsg.): *Deutsche Schriftsteller im Porträt.* Band 4: *Restaurationsepoche, Realismus, Gründerzeit.* München 1981.

Hamburger, Käte: *Die Logik der Dichtung.* 2. Aufl. Stuttgart 1968.

Hamon, Philippe: Un discours contraint. In: *Poétique* 16 (1973), S. 411-445;
übers. ins Engl. in: Furst 1992, S. 166-185.

Hasan, Syed Zafarul: *Realism. An Attempt to Trace its Origin and Development in
its Chief Representatives.* Cambridge 1928.

Haubrichs, Wolfgang: Zur Relevanz von Rezeption und Rezeptionshemmung in
einem kybernetischen Modell der Literaturgeschichte. Ein Beitrag zum Pro-

blem der Periodisierung. In: *Historizität in Sprach- und Literaturwissenschaft.* Hrsg. von Walter Müller-Seidel u.a. München 1974, S. 97-121.

Heise, Wolfgang: Zur Grundlegung der Realismustheorie durch Marx und Engels. In: WB 22,2 (1976), 99-120 und 22,3 (1976), S. 123-144.

Heller, Erich: Die realistische Täuschung [1955]. In: E. H.: *Die Reise der Kunst ins Innere.* Frankfurt/M. 1966, S. 105-119.

Helmstetter, Rudolf: *Die Geburt des Realismus aus dem Dunst des Familienblattes. Fontane und die öffentlichkeitsgeschichtlichen Rahmenbedingungen des Poetischen Realismus.* München 1997.

Hempfer, Klaus W.: *Gattungstheorie. Information und Synthese.* München 1973.

Herman, Luc: *Concepts of Realism.* Columbia, SC. 1996.

Heselhaus, Clemens: Das Realismusproblem [zuerst 1959]. In: *Begriffsbestimmung,* S. 337-364.

Hess, Günter: Die Vergangenheit der Gegenwartsliteratur. Anmerkungen zum letzten Kapitel deutscher Literaturgeschichten um 1900. In: *Historizität in Sprach- und Literaturwissenschaft,* 1974, S. 181-204.

Hinderer, Walter (Hrsg.): *Sickingen-Debatte. Ein Beitrag zur materialistischen Literaturtheorie.* Neuwied 1974.

Historisch-inhaltliche Konzeption der Geschichte der dt. Lit. von der Aufklärung bis zur Gegenwart. In: WB 17,2 (1971), S. 54-86, bes. 65-70.

Hoefert, Sigfrid: Realism and Naturalism. In: *The challenge of German literature.* Ed. by Horst S. Daemmrich/Diether H. Haenicke. Detroit 1971, S. 232-270.

Holub, Robert C.: *Reflections of Realism. Paradox, Norm, and Ideology in Nineteenth-Century German Prose.* Detroit 1991.

Holzer, Horst: Die realistische Literatur und ihr gesellschaftliches Subjekt. In: *kontext* 1 (1976), S. 133-154.

Holzkamp, Klaus: *Sinnliche Erkenntnis. Historischer Ursprung und gesellschaftliche Funktion der Wahrnehmung.* Frankfurt/M. 1973.

Honegger, Johann Jakob: *Literatur und Cultur des neunzehnten Jahrhunderts. In ihrer Entwicklung dargestellt.* Leipzig 1865, 2. Aufl. 1880.

Ingarden, Roman: *Das literarische Kunstwerk.* Tübingen [4]1972.

Jäger, Hans-Wolf: Gesellschaftskritische Aspekte des bürgerlichen Realismus und seiner Theorie. Bemerkungen zu Julian Schmidt und Gustav Freytag. In: *Text & Kontext* 2,3 (1974), S. 3-41.

Jakobson, Roman: Über den Realismus in der Kunst [zuerst 1921]. In: *Russischer Formalismus. Texte zur allgemeinen Literaturtheorie und zur Theorie der Prosa.* Hrsg. von Jurij Striedter. München 1971, S. 373-391.

Jantz, Harold: Sequence and Continuity in Nineteenth-century German Literature. In: GR 38 (1963), S. 27-36.

Jauß, Hans Robert (Hrsg.): *Nachahmung und Illusion.* Kolloquium Gießen Juni 1963. Vorlagen und Verhandlungen. München [2]1969.

John, Erhard: Die Herausbildung des Realismusbegriffs als ästhetische Kategorie in dem Briefwechsel zwischen Goethe und Schiller. In: WB 5 (1959), S. 467-495.

John, Erhard: Zu einigen Seiten des Realismusbegriffes in den Frühschriften Hermann Hettners, In: WB 7 (1961), S. 739-758.

Kagan, Moissej: *Vorlesungen zur marxistisch-leninistischen Ästhetik.* München 1974

Kaiser, Gerhard: Um eine Neubegründung des Realismusbegriffs [zuerst 1958]. In: *Begriffsbestimmung,* S. 236-258.

Kaiser, Gerhard: Realismusforschung ohne Realismusbegriff. In: DVjs 43 (1969), S. 147-160.

Kaiser, Gerhard: *Gottfried Keller. Das gedichtete Leben*. Frankfurt/M. 1981, Taschenbuch-Ausgabe 1987.

Keller, Ernst: Georg Lukács‹ Concept of Literary Realism. In: AUMLA 1977, S.
30-38.

Kessler, Michael: Enthistorisierung des Historischen. Über Schwierigkeiten im
Umgang mit Klassikern und das Problem der erkenntnis- und literaturtheoretischen Verwendung des Widerspiegelungstheorems. In: DVjs 53 (1979), S. 580-
616, bes. S. 608-616.

Killy, Walther: *Romane des 19. Jahrhunderts. Wirklichkeit und Kunstcharakter* [zu
erst 1963]. Göttingen 1967.

Kinder, Hermann: *Poesie als Synthese. Ausbreitung eines deutschen Realismus-Ver-
ständnisses in der Mitte des 19. Jahrhunderts*. Frankfurt/M. 1973.

Kindermann, Heinz: Die literarische Entfaltung des 19. Jahrhunderts. In: GRM
14 (1926), S. 35-52.

Kindermann, Heinz: Romantik und Realismus. In DVjs 4 (1926), S. 651-675.

Klaus, Georg (Hrsg.): *Wörterbuch der Kybernetik*. Frankfurt/M. 1969, s. v. Bewußtsein.

Klaus, Georg: *Kybernetik und Erkenntnistheorie*. Berlin (Ost) 1969.

Klein, Alfred: *Georg Lukács in Berlin. Literaturtheorie und Literaturpolitik der Jahre
1930/32*. Berlin und Weimar 1990.

Klein, Wolfgang, Boden, Petra: Realismus. Vom Weltanschauungsbegriff zum
Kunstbegriff – und zurück? In: WB 36 (1990), S. 268-283.

Kleinstück, Johannes: *Die Erfindung der Realität. Studien zur Geschichte des Realismus*. Stuttgart 1980.

Klix, Friedhart: *Information und Verhalten. Kybernetische Aspekte der organismi-
schen Informationsverarbeitung. Einführung in naturwissenschaftliche Grundlagen
der Allgemeinen Psychologie*. 3. Aufl., Bern 1976.

Knoke, Ulrich: Erich Auerbach – eine erkenntnis- und methodenkritische Betrachtung. In: Phänomenologie und Hermeneutik, hrsg. von Helmut Kreuzer,
LiLi 5, 17 (1975), S. 74-93.

Knüfermann, Volker: *Realismus. Untersuchungen zur sprachlichen Wirklichkeit der
Novellen »Im Nachbarhaus links«, »Hans und Heinz Kirch« und »Der Schimmelreiter« von Theodor Storm*. Diss. Münster 1967.

Knüfermann, Volker: Realismus und Sprache. In: ZfdPh 89 (1970), S. 235-239.

Koch, Walter A.: Aspekte des Realismus. Eine formal-literarische Studie an Hand
von russischen Erzählern. In: W.A.K.: *Vom Morphem zum Textem. Aufsätze zur
strukturellen Sprach- und Literaturwissenschaft*. Hildesheim 1969, S. 222-231.

Köster, Alex: *Julian Schmidt als literarischer Kritiker. Ein Beitrag zur Entwicklung
des Realismus im 19. Jahrhundert und zur Geschichte der Kritik*. Bochum 1933.

Koller, Hermann: *Die Mimesis in der Antike*. Bern 1954.

Koopmann, Helmut (Hrsg.): *Mythos und Mythologie in der Literatur des 19. Jahrhunderts*. Frankfurt/M. 1979.

Korte, Hermann: *Ordnung & Tabu. Studien zum poetischen Realismus*. Bonn 1989.

Kosik, Karel: Zur Realismus-Diskussion. In: *Alternative* (1966), S. 56-73.

Kosing Alfred: Abbildtheorie. Bewußtsein. Widerspiegelung. In: *Philosophisches
Wörterbuch*. Hrsg. von Georg Klaus und Manfred Buhr. 8. Aufl. Berlin (Ost)
1972.

Kreuzer, Helmut: Zur Periodisierung der ›modernen‹ deutschen Literatur [zuerst
1971]. In: H.K.: *Veränderungen des Literaturbegriffs*. Göttingen 1975, S. 41-63.

Kreuzer, Helmut: Zur Theorie des deutschen Realismus zwischen Märzrevolution und Naturalismus. In: *Realismustheorien*. Hrsg. von Grimm/Hermand. Stuttgart 1975, S. 48-67.

Kuchenbuch, Thomas: *Perspektive und Symbol im Erzählwerk Theodor Storms. Zur Problematik und Technik der dichterischen Wirklichkeitsspiegelung im Poetischen Realismus*. Diss. Marburg 1969.

Kühlmann, Wilhelm: Das Ende der ›Verklärung‹. *Bibel*-Topik und prädarwinistische Naturreflexion in der Literatur des 19. Jahrhunderts. In: JDSG 30 (1986), S. 417-452.

Kühnel, Wolf-Dieter: *Ferdinand Kürnberger als Literaturtheoretiker im Zeitalter des Realismus*. Göppingen 1970.

Kunisch, Hermann: Zum Problem des künstlerischen Realismus im 19. Jahrhundert [1966], wiederabgedr. in: H.K.: *Von der Reichsunmittelbarkeit der Poesie*. Berlin 1979, S. 83-113.

Kurscheidt, Georg: *Engagement und Arrangement. Untersuchungen zur Roman- und Wirklichkeitsauffassung in der Literaturtheorie vom Jungen Deutschland bis zum poetischen Realismus Otto Ludwigs*. Bonn 1980.

Larkin, Maurice: *Man and Society in Nineteenth-Century Realism. Determinism and Literature*. London 1977.

Lees, Andrew: Critics of Urban Society in Germany, 1854-1914. In: *Journal of the History of Ideas* 40 (1979), S. 61-83.

Leibfried, Erwin: *Kritische Wissenschaft vom Text. Manipulation, Reflexion, transparente Poetologie*. Stuttgart 1970; 2. erw. Aufl. 1972.

Lempicki, Sigmund von: Wurzeln und Typen des deutschen Realismus im 19. Jahrhundert. In: *Internationale Forschungen zur deutschen Literaturgeschichte*. Festschrift für Julius Petersen. Leipzig 1938, S. 39-57.

Levin, Harry: On the Dissemination of Realism [zuerst 1968]. In: H.L.: *Grounds for Comparison*. Cambridge Mass. 1972, S. 244-261.

Lewes, George Henry: Realism in Art: Recent German Fiction. In: *Westminster Review* 70 (1858), S. 448-518.

Lillyman, William: *Otto Ludwig's ›Zwischen Himmel und Erde‹. A Study of its Artistic Structure*. The Hague 1967.

Lindemann, Klaus: Realismus als ästhetisierte Wirklichkeit. Fontanes frühes Realismusprogramm in seiner Schrift ›Unsere lyrische und epische Poesie seit 1848‹. In: *Aurora* 36 (1976), S. 151-164.

Loofbourow, John W.: Literary Realism Redefined. In: *Thought* 45 (1970).

Loofbourow, John W.: Realism in the Anglo-American Novel. The Pastoral Myth. In: *The Theory of the Novel*. Hrsg. von John Halperin. New York 1974, S. 257-270.

Lotman, Jurij M.: *Die Struktur des künstlerischen Textes*. Frankfurt 1973.

Ludwig, Otto: *Werke*. Hrsg. von Adolf Bartels. Leipzig o.J.

Lugowskis, Clemens: *Die Form der Individualität im Roman. Studien zur inneren Struktur der frühen deutschen Prosaerzählung*. Berlin 1932, Nachdr. Frankfurt 1975.

Lukács, Georg: *Probleme des Realismus* I-III. = G. L., Werke, Bd. 4-6, Neuwied 1964 ff.

Luppa, Annelies: *Die Verbrechergestalt im Zeitalter des Realismus von Fontane bis Mann*. New York 1995.

Mahal, Günter: *Naturalismus*. München 1975.

Markwardt, Bruno: *Geschichte der deutschen Poetik*. Bd. IV: *Das neunzehnte Jahrhundert*. Berlin 1959.

Martini, Fritz: Wilhelm Raabes ›Prinzessin Fisch‹. Wirklichkeit und Dichtung im erzählenden Realismus des 19. Jahrhunderts. In: DU 11,5 (1959), S. 31-58; auch in: *Begriffsbestimmung*, S. 301-336.

Marx, Engels, Lenin: *Über Kultur, Ästhetik, Literatur. Ausgewählte Texte*. Leipzig 1973.

McClain, W. H.: Annette von Droste-Hülshoff's ›Judenbuche‹. A Study in Realism. In: MLF 36 (1951), S. 126-132.

McDowall, Arthur: *Realism. A study in art and thought*. London 1918.

Mehring, Franz: *Gesammelte Werke*, Bd. 11, Berlin/Ost 1961.

Meid, Volker: *Grimmelshausen. Epoche – Werk – Wirkung*. München 1984.

Meier, Sigisbert: *Der Realismus als Prinzip der schönen Künste. Eine ästhetische Studie*. München 1900.

Metscher, Thomas: Ästhetik als Abbildtheorie. Erkenntnistheoretische Grundlagen materialistischer Kunsttheorie und das Realismusproblem in den Literaturwissenschaften. In: *Das Argument* 14 (1972), S. 919-976.

Miething, Christoph: »Realienklassifikation« oder »Wirklichkeit«? Einige Anmerkungen zum logischen Status des Realismus-Begriffs. In: GRM 65 (1984), S. 1-7.

Miles, David H.: Reality and the Two Realisms: Mimesis in Auerbach, Lukács, and Handke. In: *Monatshefte* 71(1979), S. 371-378.

Miller, J. Hillis: The Fiction of Realism: Sketches by Boz, Oliver Twist, and Cruikshank's Illustrations [zuerst 1971]. Wiederabgedr. in: *Realism*. Hrsg. von Lilian R. Furst, London 1992, S. 287-318.

Mittner, Ladislao: Precisazioni sul ›realismo poetico‹. In: *Filologia e critica*. Studi in onore di Vittorio Santoli. Roma 1976, S. 415-436.

Müller, Gerd: *Deutsche Literatur im 19. Jahrhundert [1848 – ca. 1880]*. Bern 1997.

Müller, Günther: Über die Seinsweise von Dichtung. In: DVjs 17 (1939), S. 137-152.

Müller, Joachim: Der Dichter und das Wirkliche. Prolegomena zu einer Ästhetik des Realismus. In: *Wissenschaftliche Zeitschrift der Friedrich-Schiller-Universität Jena*. Gesellschafts- und sprachwissenschaftliche Reihe, Jg. 1952/53, Heft 1, S. 63-72.

Müller, Klaus-Detlef (Hrsg.): *Bürgerlicher Realismus. Grundlagen und Interpretationen*. Königstein/Ts. 1981.

Müller, Udo: *Realismus. Begriff und Epoche*. Freiburg i.B. 1982.

Muschg, Adolf: *Gottfried Keller*. München 1977.

Myrdal, Jan: Zum »Triumph des Realismus«. In: *Akzente* 22 (1975), S. 539-559.

Neisser, Ulric: *Cognitive Psychology*. Englewood Cliffs 1967 (dt. Stuttgart 1974).

Neuber, Wolfgang: Das literarische Programm der Grenzboten bis zum Jahr 1848. In: *Zeitschriften und Zeitungen des 18. und 19. Jahrhunderts in Mittel- und Osteuropa*. Hrsg. von István Fried u. a. Essen 1987, S. 211-228.

Nolte, Fred O.: *Art and Reality*. Lancaster 1942.

Ohl, Hubert: *Bild und Wirklichkeit. Studien zur Romankunst Raabes und Fontanes*. Heidelberg 1968.

Ort, Claus M: *Zeichen und Zeit. Probleme des literarischen Realismus*. Tübingen 1998.

Papiór, Jan: Zum politischen Programm der Grenzboten unter G. Freytags und J. Schmidts Redaktion (1847-1870). Mit bibliographischem Anhang der »polnischen Beiträge« für die Jahre 1845-1889. In: *Das literarische Antlitz des Grenzlandes*. Hrsg. von Krzysztod A. Kucsynski und Thomas Schneider. Frankfurt/M. 1991, S. 106-123.

Pascal, Roy: Fortklang und Nachklang des Realismus im Roman. In: *Spätzeiten und Spätzeitlichkeit*. Vorträge [...], hrsg. von Werner Kohlschmidt. Bern 1962, S. 133-146.

Pasternack, Gerhard (Hrsg.): *Zur späten Ästhetik von Georg Lukács*. Frankfurt/M. 1990.

Peckham, Morse: Is the Problem of Literary Realism a Pseudo-Problem? In: *Critique* 12 (1970), S. 95-112.

Petrow, S.M.: Die Leninsche Widerspiegelungstheorie und das Problem des Realismus. In: WB 17,3 (1971), S. 131-150.

Pike, David: *Lukács und Brecht*. Tübingen 1986.

Plumpe, Gerhard: Systemtheorie und Literaturgeschichte. Mit Anmerkungen zum deutschen Realismus im 19. Jahrhundert. In: *Epochenschwellen und Epochenstrukturen im Diskurs der Literatur- und Sprachhistorie*. Hrsg. von Hans Ulrich Gumbrecht/Ursula Link-Heer. Frankfurt/M. 1985, S. 251-264.

Plumpe, Gerhard: *Der tote Blick. Zum Diskurs der Photographie in der Zeit des Realismus*. München 1990.

Plumpe, Gerhard: Realismus. In: G.P.: *Epochen moderner Literatur. Ein systematischer Entwurf*. Opladen 1995, S. 105-137.

Pracht, Erwin: Probleme der Entstehung und Wesensbestimmung des Realismus. In: *Deutsche Zeitschrift für Philosophie* 9 (1962), S. 1078-1101.

Pracht, Erwin: Zur Wesensbestimmung des Realismus als künstlerische Gestaltungsweise. In: *Wissenschaftliche Zeitschrift der Humboldt-Universität zu Berlin*. Gesellschafts- und Sprachwissenschaftliche Reihe 13 (1964), S. 207-261.

Pracht, Erwin: Mythos und Realismus. In: *Deutsche Zeitschrift für Philosophie* 13 (1965), S. 806-827.

Preisendanz, Wolfgang: *Humor als dichterische Einbildungskraft. Studien zur Erzählkunst des poetischen Realismus*. München 1963.

Preisendanz, Wolfgang: Voraussetzungen des poetischen Realismus in der deutschen Erzählkunst des 19. Jahrhunderts [zuerst 1963]. In: *Begriffsbestimmung* 1969, S. 453-479

Preisendanz, Wolfgang: Das Problem der Realität in der Dichtung. In: *Bogawus. Zeitschrift für Literatur, Kunst und Philosophie* 9 (1969), S. 3-9.

Prendergast, Christopher: *The Order of Mimesis. Balzac, Stendhal, Nerval, Flaubert*. Cambridge 1986.

Probleme des Realismus in der Weltliteratur. Berlin (Ost) 1962.

Pütz, Peter: *Friedrich Nietzsche*. Stuttgart [2]1975.

Quattrocchi, Luigi: *Otto Ludwig e la poetica del realismo*. L'Aquila 1974 [rez. in: Germanistik 17 (1976), 266, Nr. 1345].

Redeker, Horst: *Abbildung und Aktion. Versuch über die Dialektik des Realismus*. Halle 1967.

Reimann, Paul: *Über realistische Kunstauffassung*. 4. Aufl. Berlin (Ost) 1952.

Reinhardt, Heinrich: *Die Dichtungstheorie der sogenannten Poetischen Realisten*. Würzburg 1939.

Remak, Henry H: The German Reception of French Realism. In: PMLA 69 (1954), 410-431.

Remak, Henry H.H.: The Periodization of XIXth Century German Literature in the Light of French Trends. In: *Dichter und Leser. Studien zur Literatur*. Hrsg. von Ferdinand van Ingen u. a. Groningen 1972, S. 105-112.

Reuter, Hans-Heinrich: Umriß eines ›mittleren‹ Erzählers. Anmerkungen zu Werk und Wirkung Otto Ludwigs. In: JDSG 12 (1968), S. 318-358.

Rhöse, Franz: *Konflikt und Versöhnung. Untersuchungen zur Theorie des Romans von Hegel bis zum Naturalismus.* Stuttgart 1978.

Ribbat, Ernst: Epoche als Arbeitsbegriff der Literaturgeschichte. In: *Historizität in Sprach- und Literaturwissenschaft.* Hrsg. von Walter Müller-Seidel u. a. München 1974, S. 171-179.

Richter, Elke: *Unterhaltungen am häuslichen Herd: zeitgenössische Wirklichkeitserfahrung und Tendenzen der Bewußtseinsbildung in der Vermittlung einer bürgerlichen Familienzeitschrift (1852-1860).* Diss. Leipzig 1984.

Ricklefs, Ulfert: Otto Ludwigs Dramentheorie. Zum Problem der Kontinuität zwischen Frührealismus und poetischem Realismus. In: *Studien zur Literatur des Frührealismus.* Hrsg. von Günter Blamberger u.a., Frankfurt/M. 1991, S. 45-76.

Ritchie, James M.: Die Ambivalanz des »Realismus« in der deutschen Literatur 1830-1880 [zuerst 1961]. In: *Begriffsbestimmung,* S. 376-399

Ritchie, James M.: Realism. In: *Periods in German Literature.* Hrsg. von J.M. Ritchie. London 1966, S. 171-195.

Ritzer, Monika: Hebbels Tragödie der Notwendigkeit und die Poetik des realistischen Dramas. In: Blamberger u.a. (Hrsg.): *Studien zur Literatur des Frührealismus.* Frankfurt/M. 1991, S. 77-118.

Rosenberg, Rainer: Zum Menschenbild der realistischen bürgerlichen Literatur des 19. Jahrhunderts. In: WB 15 (1969), S. 1125-1150.

Rosenberg, Rainer: Dt. Lit. zwischen 1830-1871. In: WB 18,1 (1972), S. 121-145.

Rosenberg, Rainer: Die deutsche Literatur im Licht des poetischen Realismus. Das Literaturgeschichtsbild des nachrevolutionären deutschen Bürgertums. Julian Schmidt. Rudolf von Gottschall. In: R.B.: *Zehn Kapitel zur Geschichte der Germanistik. Literaturgeschichtsschreibung.* Berlin (Ost) 1981, S. 78-100, 260 f.

Ruckhäberle, Hans-Joachim/Widhammer, Helmuth: *Roman und Romantheorie des deutschen Realismus. Darstellung und Dokumente.* Frankfurt/M. 1977.

Rückert, Catherine: *Die verklärte Wirklichkeit. Studie zu Gottfried Kellers früher Prosa.* Zürich 1967.

Rumler, F.: *Realistische Elemente in Immermanns ›Epigonen‹.* Diss. München 1965.

Ryder: Diskussionsbeitrag. In: *Realism. A Symposium* 1967.

Schelling, Friedrich Wilhelm Joseph von: Ueber Wissenschaft der Kunst, in Bezug auf das akademische Studium. Aus: Vorlesungen über die Methode des akademischen Studiums. 1803. In: *Ausgewählte Schriften.* Nachdr., hrsg. von Manfred Frank. Frankfurt/M. 1985, Bd. 2, S. 567-577.

Scherer, Wilhelm: *Poetik.* Hrsg. von Gunter Reiß. Tübingen 1977.

Schirmeyer-Klein, Ulla: *Realismus – Literaturprogramm für einen bürgerlichen Staat (Der programmatische Realismus in den ›Grenzboten‹ 1848-1860).* Diss. München 1974 (1976).

Schlenstedt, Dieter (Leitung und Gesamtredaktion): *Literarische Widerspiegelung. Geschichtliche und theoretische Dimensionen eines Problems.* Berlin und Weimar 1981.

Schmidt, Julian: *Geschichte der Deutschen Literatur im neunzehnten Jahrhundert.* Bd. 3: *Die Gegenwart.* 3. Aufl. Leipzig 1856.

Schmidt, Siegfried J.: Skizze einer konstruktivistischen Mediengattungstheorie. In: SPIEL 6 (1987), S. 163-205.

Schneider, Hermann: Spätromantik und Realismus. In: H.Sch.: *Epochen der deutschen Literatur.* Bonn 1946, S. 94-102.

Schneider, Ronald: Die Crux des Realismus – und kein Ausweg? Überlegungen zu einer historisch-hermeneutischen Begriffsbildung. In: *Jahrbuch der Raabe-Gesellschaft* 1978, S. 63-77.

Scholz, Bernhard F. (Hrsg.): *Mimesis. Studien zur literarischen Repräsentation.* Tübingen 1998.

Schulz-Buschhaus, U.: Typen des Realismus und Typen der Gattungsmischung – eine Postille zu Erich Auerbachs *Mimesis.* In: *Sprachkunst* 20 (1983), S. 51-67.

Seiberth, Philipp: Romantik und Realismus. Lebensphilosophische Betrachtungen. In: GR 4 (1929), 33-49.

Seiler, Bernd W.: *Die leidigen Tatsachen: von den Grenzen der Wahrscheinlichkeit in der deutschen Literatur seit dem 18. Jahrhundert.* Stuttgart 1983.

Sengle, Friedrich: Die deutsche Literatur des 19. Jahrhunderts, gesellschaftsgeschichtlich gesehen. In: *Literatur – Sprache – Gesellschaft.* Hrsg. von Karl Rüdinger, München 1970, S. 73-101.

Sengle, Friedrich: Zur näheren Bestimmung des programmatischen Realismus und zu seiner Abgrenzung von den Richtungen der Biedermeierzeit. In: F.S.: *Biedermeierzeit,* Bd. 1, 1971, S. 257-291.

Skizze zur Geschichte der deutschen Nationalliteratur von den Anfängen der deutschen Arbeiterbewegung bis zur Gegenwart. In: WB 10 (1964), S. 643-812, bes. 661-685.

Škreb, Zdenko: Das Selbstverständliche im Realismus. In: *Lenau-Forum* 5 (1973), S. 1-13.

Sommer, Dietrich: Studie zum Begriff des poetischen Realismus bei Otto Ludwig. In: *Wissenschaftliche Zeitschrift der Martin-Luther-Universität Halle-Wittenberg,* Ges.- u. Sprachwiss. Reihe 15 (1966), S. 591-596.

Spielhagen, Friedrich: *Beiträge zur Theorie und Technik des Romans.* Leipzig 1883.

Spriewald, Ingeborg: *Vom ›Eulenspiegel‹ zum ›Simplicissimus‹. Zur Genesis des Realismus in den Anfängen der deutschen Prosaerzählung.* Berlin (Ost) 1974.

Statkow, D.: Über die dialektische Struktur des Immermann-Romans »Münchhausen«. Zum Problem des Übergangs von der Romantik zum Realismus. In: WB 11 (1965), S. 195-211.

Stein, Peter: *Epochenproblem »Vormärz«.* Stuttgart 1974, S. 17-21.

Steinbuch, Karl: *Automat und Mensch. Kybernetische Tatsachen und Hypothesen.* 3. Aufl., Berlin 1965.

Steinecke, Hartmut (Hrsg.): *Romanpoetik in Deutschland: von Hegel bis Fontane.* Tübingen 1984.

Steinmetz, Horst: Der vergessene Leser. Provokatorische Bemerkungen zum Realismusproblem. In: *Dichter und Leser. Studien zur Literatur.* Hrsg. von Ferdinand van Ingen u. a. Groningen 1972, S. 113-133.

Steinmetz, Horst: Die Rolle des Lesers in Otto Ludwigs Konzeption des ›Poetischen Realismus‹. In: *Literatur und Leser. Theorien und Modelle zur Rezeption literarischer Werke.* Hrsg. von Gunter Grimm. Stuttgart 1975, S. 223-239.

Stellmacher, Wolfgang: Lessing-Rezeption im deutschen Nachmärz: Zum Traditionsbezug der realistischen Ästhetik. In: *Erbepflege in Kamenz. Schriftenreihe des Lessing-Museums Kamenz* 12/13 (1992/93), S. 99-111.

Stern, Joseph Peter: *On Realism.* London 1973.

Stern, Joseph Peter: German Literature in the Age of European Realism. In: *German Language und Literature: Seven Essays.* Hrsg. von Karl S. Weimar. Englewood Cliffs 1974, S. 223-306.

Stern, Joseph Peter: Über oder eigentlich gegen eine Begriffsbestimmung des literarischen Realismus [zuerst 1975]. In: *Realismus – welcher?* Hrsg. von P. La-emmle. München 1976, S. 19-31.

Stockinger, Ludwig: Realpolitik, Realismus und das Ende des bürgerlichen Wahr-heitsanspruchs. Überlegungen zur Funktion des programmatischen Realismus am Beispiel von Gustav Freytags *Soll und Haben*. In: *Bürgerlicher Realismus.* Hrsg. von K.-D. Müller. Königstein/Ts. 1981, S. 174-202.

Stuckert, Franz: Die Entfaltung der deutschen Dichtung im 19. Jahrhundert. Ein Versuch. In: DVjs (1938), S. 376-400.

Sutschkow, Boris: *Historische Schicksale des Realismus. Betrachtungen über eine Schaffensmethode.* Berlin (Ost) 1972 [Orig. 1970].

Swales, Martin: Zum Problem des deutschen Realismus. In: *Kontroversen, alte und neue.* Akten des VII. Internationalen Germanisten-Kongresses Göttingen 1985. Hrsg. von Albrecht Schöne. Tübingen 1986, Bd. 9, S. 116-121; dazu Podi-umsdiskussion: Der Realismusbegriff in komparatistischer Sicht, S. 127-132.

Swales, Martin: *Epochenbuch Realismus. Romane und Erzählungen.* Berlin 1997.

Tallis, Raymond: *In defence of realism.* London 1988.

Tarot, Rolf: Mimesis und Imitatio. Grundlagen einer neuen Gattungspoetik. In: *Euphorion* 64 (1970), S. 125-142.

Tarot, Rolf: Probleme des literarischen Realismus. In: *Akten des V. Internationalen Germanisten-Kongresses Cambridge 1975.* Hrsg. von L. Forster/H.-G. Roloff = JIG, Reihe A, Bd. 2,4 (1976), S. 150-159.

Thomas, W.I.: *The Child in America.* New York 1928.

Thomé, Horst: *Autonomes Ich und ›Inneres Ausland‹. Studien über Realismus, Tie-fenpsychologie und Psychiatrie in deutschen Erzähltexten 1848-1914.* Tübingen 1993.

Thormann, Michael: Der programmatische Realismus der Grenzboten im Kon-text von liberaler Politik, Philosophie und Geschichtsschreibung. In: IASL 18 (1993), S. 37-68.

Thormann, Michael: Realismus als Intermezzo. Bemerkungen zum Ende eines Li-teratur- und Kunstprogramms. In: WB 42 (1996), S. 561-587.

Titzmann, Michael: *Strukturwandel der philosophischen Ästhetik. 1800-1880. Der Symbolbegriff als Paradigma.* München 1978.

Träger, Claus: *Studien zur Realismustheorie und Methodologie der Literaturwissen-schaft.* Leipzig 1972; darin besonders: Zur Stellung des Realismusgedankens bei Marx und Engels, S. 7-66.

Träger, Claus: Methodologische Probleme der Realismusforschung. Antikes Erbe und sozialistische Gegenwart. In: WB 20,4 (1974), S. 5-30.

Tschernyschewskij, N. G.: *Die ästhetischen Beziehungen der Kunst zur Wirklichkeit.* Berlin (Ost) 1954.

Ulmann, Gisela: *Sprache und Wahrnehmung. Verfestigen und Aufbrechen von An-schauungen durch Wörter.* Frankfurt/M. 1975.

Villanueva, Dario: *Theories of Literary Realism.* New York 1997.

Walzel, Oskar: *Die Geistesströmungen des 19. Jahrhunderts.* 2. Aufl. Leipzig 1929.

Ward, Mark G. (Hrsg.): *Perspectives on German Realist Writing: Eight Essays.* Lewi-ston 1995.

Warning, Rainer: *Die Phantasie der Realisten.* München 1999.

Wehrli, Beatrice: *Imitatio und Mimesis in der Geschichte der deutschen Erzähltheo-rie unter besonderer Berücksichtigung des 19. Jahrhunderts.* Göppingen 1974.

Weimann, Robert: Das Realismusproblem und das Erbe der frühbürgerlichen Re-volution. In: *Einheit* 30 (1975), S. 1150-1160.

Weimann, Robert: »Realismus« als Kategorie der Literaturgeschichte. In: *Literatur und Literaturtheorie in der DDR.* Hrsg. von Peter Uwe Hohendahl und Patricia Herminghouse, Frankfurt 1976, S. 163-188.

Weimann, Robert: Erzählprosa und Weltaneignung. Zu Entstehung und Funktion des Realismus in der Renaissance. In: *Sinn und Form* 29 (1977), S. 806-846.

Weimann, Robert: Zu Genesis und Struktur realistischer Weltaneignung. Grundzüge eines historisch-funktionalen Realismusbegriffs. In: JIG 11 (1979), S. 12-41.

Weiss, Walter: Biedermeier(Zeit), Vormärz, (Früh)Realismus. Ein Beitrag zur Epochendiskussion. In: *Antipodische Aufklärungen – Antipodean Enlightenments.* Festschrift für Leslie Bodi. Hrsg. von Walter Veit u.a. Frankfurt/M. 1987, S. 503-517.

Wellek, René: Der Realismusbegriff in der Literaturwissenschaft [zuerst 1961]. In: *Begriffsbestimmung,* S. 400-433.

Wellek, René: Erwiderung auf E. B. Greenwoods Überlegungen [zuerst 1962]. In: *Begriffsbestimmung,* S. 448-452.

White, Hayden: *Die Bedeutung der Form. Erzählstrukturen in der Geschichtsschreibung* [1987]. Aus dem Amerikanischen von Margit Smuda. Frankfurt/M. 1990.

Widhammer, Helmuth: Realismus und klassizistische Tradition. Zur Theorie der Literatur in Deutschland 1848-1860. Tübingen 1972.

Widhammer, Helmuth: *Die Literaturtheorie des deutschen Realismus (1848-1860).* Stuttgart 1977 (= Sammlung Metzler, Bd. 152).

Williams, Raymond: Realism. In: R. W., *Keywords. A Vocabulary of Culture and Society.* London 1976, S. 216-221.

Wünsch, Marianne: Vom späten »Realismus« zur »Frühen Moderne«: Versuch eines Modells des literarischen Strukturwandels. In: *Modelle des literarischen Strukturwandels.* Hrsg. von Michael Titzmann. Tübingen 1991, S. 187-203.

Zäch, Alfred: Der Realismus [1830-1885]. In: *Deutsche Literatur in Grundzügen. Die Epochen deutscher Dichtung.* Hrsg. von Bruno Boesch, 2. Aufl. Bern 1961, S. 348-372.

Zeller, Rosmarie: Realismusprobleme in semiotischer Sicht. In: JIG 12 (1980), S. 84-101.

Zimmerli, Walther Ch.: Das vergessene Problem der Neuzeit. Realismus als nicht nur ästhetisches Konzept. In: JIG 16 (1984), S. 18-79.

Zoldester, Ph. H.: Stifter und Novalis. Ein Versuch, Wesensverwandtschaften zwischen Poetischem Realismus und Romantik aufzuzeigen. In: *Adalbert Stifter-Institut. Vierteljahresschrift* 22 (1937), S. 105-114.

5.2.4 Die literarhistorische Epochenbildung

5.2.4.1 Literaturgeschichten

Alker, Ernst: *Die deutsche Literatur im 19. Jahrhundert (1832-1914).* 3. Aufl. Stuttgart 1969 [1. Aufl. 1949/50].

Bartels, Adolf: *Die Deutsche Dichtung der Gegenwart.* 2. Aufl., Leipzig 1899.

Bieber, Hugo: *Der Kampf um die Tradition. Die deutsche Dichtung im europäischen Geistesleben 1830-1880.* Stuttgart 1928.

Boeschenstein, Hermann: *German Literature of the Nineteenth Century.* London 1969.

Böttcher, Klaus u.a. (Hrsg): *Geschichte der deutschen Literatur. Von den Anfängen bis zur Gegenwart. Bd. 8,1/2: Von 1830 bis zum Ausgang des 19. Jahrhunderts.* Berlin (Ost) 1975.

Brinkmann, Karl: *Realismus des 19. und 20. Jahrhunderts.* Hollfeld (1970) = Epochen deutscher Literatur. Sonderheft V.

Cysarz, Herbert: *Von Schiller zu Nietzsche. Hauptfragen der Dichtungs- und Bildungsgeschichte des jüngsten Jahrhunderts.* Halle 1928.

David, Claude: *Von Richard Wagner zu Bertolt Brecht. Eine Geschichte der neueren deutschen Literatur.* Frankfurt/M. 1964.

David, Claude: *Zwischen Romantik und Symbolismus 1820-1885.* Gütersloh 1966.

Dörrlamm, Brigitte u.a.: *Klassiker heute. Realismus und Naturalismus. Erste Begegnung mit Gustav Freytag, Adalbert Stifter, Christian Friedrich Hebbel, Gottfried Keller, Theodor Storm, Wilhelm Raabe, Theodor Fontane, Gerhart Hauptmann.* Frankfurt/M. 1983.

Engel, Eduard: *Geschichte der Deutschen Literatur von den Anfängen bis in die Gegenwart.* Bd. 2: *Das 19. Jahrhundert und die Gegenwart.* Wien 1906 (16. Aufl. 1918).

Erläuterungen zur deutschen Literatur nach 1848. Von der bürgerlichen Revolution bis zum Beginn des Imperialismus. Berlin (Ost) 1954 und öfter.

Field, G. Wallis: *The Nineteenth Century 1830-1890.* London 1975.

Glaser, Horst Albert (Hrsg.): *Vom Nachmärz zur Gründerzeit: Realismus. 1848-1880.* Reinbek 1982 = Deutsche Literatur. Eine Sozialgeschichte. Von den Anfängen bis zur Gegenwart. Hrsg. von H.A. Glaser, Bd. 7.

Gottschall, Rudolf: *Die deutsche Nationalliteratur des neunzehnten Jahrhunderts. Literarhistorisch und kritisch dargestellt.* 4 Bde., 4. Aufl. Breslau 1875. ([7]1901/02).

Hamann, Richard/Hermand, Jost: *Gründerzeit.* Berlin (Ost) 1965, Nachdr. München [2]1974 u.ö.

Heller, O.: *The German Woman Writer in the 19th Century.* Bulletin of Washington University Association 1903.

Hermand, Jost: Hauke Haien. Kritik oder Ideal des gründerzeitlichen Übermenschen? In: WW 15 (1965), S. 40-50.

Hermand, Jost: Gründerzeit und bürgerlicher Realismus. In: *Monatshefte* 59 (1967), S. 107-117.

Hermand, Jost: Grandeur, High Life und innerer Adel: »Gründerzeit« im europäischen Kontext. In: *Monatshefte* 69 (1977), S. 189-206.

Hof Walter: *Der Weg zum heroischen Realismus. Pessimismus und Nihilismus in der dt. Lit. von Hamerling bis Benn.* Bebenhausen 1974.

Imelmann, J.: *Die 70er Jahre in der Geschichte der dt. Lit.* 1877.

Jansen, Josef u.a.: *Einführung in die deutsche Literatur des 19. Jahrhunderts.* Bd. 2: *März-Revolution, Reichsgründung und die Anfänge des Imperialismus.* Opladen 1984.

Just, Klaus Günther: *Von der Gründerzeit bis zur Gegenwart. Geschichte der deutschen Literatur seit 1871.* Bern 1973.

Kainz, Friedrich: *Von Goethes Tod bis zur Gegenwart.* Berlin 1928.

Kiefer, Sascha: *Dramatik der Gründerzeit. Deutsches Drama und Theater 1870-1890.* St. Ingbert 1997.

Kirchner, Friedrich: *Die Deutsche Nationallitteratur des Neunzehnten Jahrhunderts.* Heidelberg 1894.

Koch, Franz: *Idee und Wirklichkeit. Deutsche Dichtung zwischen Romantik und Naturalismus.* 2 Bde, Düsseldorf 1956.

Kohlschmidt, Werner: *Geschichte der deutschen Literatur vom Jungen Deutschland bis zum Naturalismus.* Stuttgart 1975.

Krauß, Rudolf: *Schwäbische Litteraturgeschichte in zwei Bänden.* Bd. 2: *Die württembergische Literatur im 19. Jahrhundert.* Tübingen 1897/99, Nachdruck Kirchheim 1975.

Kummer, Friedrich: *Deutsche Literaturgeschichte des neunzehnten Jahrhunderts dargestellt nach Generationen.* Dresden 1909.

Kurz, Heinrich: *Geschichte der neuesten deutschen Literatur von 1830 bis auf die Gegenwart.* 2. Aufl. Leipzig 1873.

Lauer, Reinhard (Hrsg.): *Europäischer Realismus.* Wiesbaden 1980 (= Neues Handbuch der Literaturwissenschaft, hrsg. von Klaus von See, Bd. 17).

Linden, Walther: Das Zeitalter des Realismus (1830-1885). In: *Aufriß der deutschen Literaturgeschichte nach neueren Gesichtspunkten.* Hrsg. v. H. A. Korff und W. Linden, 3. Aufl. Leipzig 1932, S. 167-192.

Linnenkamp, Rolf: *Die Gründerzeit 1835-1918.* München 1976.

Löhneysen, Wolfgang Freiherr von: Der Einfluß der Reichsgründung von 1871 auf Kunst und Kunstgeschmack in Deutschland. In: *Zeitschrift für Religion und Geistesgeschichte* 12 (1960), S. 17-44.

Lublinski, S.: *Litteratur und Gesellschaft im neunzehnten Jahrhundert.* Bd. 4: *Blüte, Epigonentum und Wiedergeburt.* Berlin 1900.

Mahal, Günther: Einleitung. In: *Lyrik der Gründerzeit.* Tübingen 1973, S. 1-36.

Martini, Fritz: *Deutsche Literatur im bürgerlichen Realismus 1848-1898.* 4. Aufl. Stuttgart 1981 (1. Aufl. 1962).

McInnes, Edward und Gerhard Plumpe (Hrsg.): *Bürgerlicher Realismus und Gründerzeit 1848-1890.* München 1996 (= Hansers Sozialgeschichte der deutschen Literatur, Bd. 6).

Meyer, Richard M.: *Die deutsche Literatur des Neunzehnten Jahrhunderts.* Berlin [4]1910, 6. Aufl. fortgesetzt von Hugo Bieber u. d. T.: Die deutsche Literatur des 19. und 20. Jahrhunderts, 1921.

Mondot, Jean: Der Heilige der C.F. Meyer et les ›Gründerjahre‹. Des rapports de l'oeuvre littéraire à son temps. In: *Recherches Germaniques* 4 (1974), S. 95-106.

Müller, Hans: *Deutsche Literatur zwischen Revolution und Naturalismus (1848-1898). Hauptströmungen und Autoren.* Bukarest [2]1993.

Nagl, Johann Willibald/Zeidler, Jakob/Castle, Eduard: *Deutsch-österreichische Literaturgeschichte. Ein Handbuch zur Geschichte der deutschen Dichtung in Österreich-Ungarn.* Bd. 3: *Von 1848 bis 1890.* Wien 1935.

Oehlke, Waldemar: *Die deutsche Literatur seit Goethes Tode und ihre Grundlagen.* Halle 1921.

Prutz, Robert: *Die deutsche Literatur der Gegenwart. 1848 bis 1858.* 2 Bde., 2. Aufl. Leipzig 1860.

Riemann, Rob.: *Von Goethe zum Expressionismus. Dichtung und Geistesleben Deutschlands seit 1800.* 3. Aufl. Leipzig 1922.

Rinsum, Annemarie und Wolfgang van: *Realismus und Naturalismus.* München 1994. (= Deutsche Literaturgeschichte. Hrsg. von Ernst und Erika von Borries, Bd 7).

Roters, Eberhard (Hrsg.): *Aspekte der Gründerzeit.* Berlin 1974.

Sagarra, Eda: *Tradition und Revolution. Deutsche Literatur und Gesellschaft 1830 bis 1890.* München 1972 [Orig. 1971].

Salomon, Ludwig: *Geschichte der deutschen Nationalliteratur des neunzehnten Jahrhunderts*. Stuttgart 1881.

Schmidt, Julian: *Geschichte der Deutschen Litteratur von Leibniz bis auf unsere Zeit*. Fünfter Band: *1814-1866*. Berlin 1896.

Sittner, G.: *Politik und Literatur 1870/71*. Diss. München 1966.

Sprengel, Peter: *Geschichte der deutschsprachigen Literatur 1870-1900. Von der Reichsgründung bis zur Jahrhundertwende*. München 1998.

Stern, Adolf: *Geschichte der neuern Litteratur. Bd. 7: Realismus und Pessimismus*. Leipzig 1885.

Stern, Adolf: *Die Deutsche Nationallitteratur vom Tode Goethes bis zur Gegenwart*. 3. Aufl. Marburg 1894.

Strasser, René: *Herman Grimm. Zum Problem des Klassizismus*. Zürich 1972.

Sylla, Karl-Heinz: *Der monumentale Stil Conrad Ferdinand Meyers als Symptom des Zeitstils*. Diss. Masch. Jena 1959.

Urbanek, Walter: *Deutsche Literatur. Epochen Gestalten Gestaltungen*. Bd. 2: *Das 19. und 20. Jahrhundert*. Bamberg 1969, 4. Aufl. 1978.

Walzel, Oskar: *Die deutsche Dichtung seit Goethes Tod*. 2. Aufl. Berlin 1920.

Weitbrecht, Carl: *Deutsche Literaturgeschichte des 19. Jahrhunderts*. 2 Teile, Leipzig 1901.

Wiese, Benno von (Hrsg.): *Deutsche Dichter des 19. Jahrhunderts. Ihr Leben und ihr Werk*. Berlin 1969. 2. Aufl. 1979.

Willoughby, L.A.: *German Literature from 1815 to 1880*. London 1932.

Witkowski, Georg: *Die Entwicklung der deutschen Literatur seit 1830*. Leipzig 1912.

Wolff Eugen: *Geschichte der deutschen Litteratur in der Gegenwart*. Leipzig 1896.

Zeman, Herbert (Hrsg.): *Die österreichische Literatur. Bd. 3: Ihr Profil im 19. Jahrhundert (1830-1880)*. Graz 1982.

5.2.4.2 Die sprachgeschichtliche Entwicklung

Becker, Karl Ferdinand: *Der deutsche Stil* [zuerst 1848]. Neu bearbeitet von Otto Lyon, 3. Aufl. Leipzig 1884.

Berkhout, Adrianus Pieter: *Biedermeier und Poetischer Realismus. Stilistische Beobachtungen über Werke von Grillparzer, Mörike, Stifter, Hebbel und Ludwig*. Diss. Amsterdam 1942.

Betz, Werner: »Spätzeiten« in der Geschichte der deutschen Sprache. In: *Spätzeiten und Spätzeitlichkeit*. Hrsg. von Werner Kohlschmidt, Bern 1962, S. 147-167.

Breuer, Dieter: Schulrhetorik im 19. Jahrhundert. In: *Rhetorik. Beiträge zu ihrer Geschichte in Deutschland vom 16. bis 20. Jahrhundert*. Hrsg. von Helmut Schanze, Frankfurt 1974, S. 145-179.

Engel, Eduard: *Deutsche Stilkunst* [zuerst 1911]. 19. Aufl. Wien 1913.

Gansberg, Marie Luise: Zur Sprache in Hebbels Dramen. In: *Hebbel in neuer Sicht*. Hrsg. von Helmut Kreuzer. Stuttgart 1963, S. 59-79.

Gansberg, Marie Luise: *Der Prosa-Wortschatz des deutschen Realismus unter besonderer Berücksichtigung des vorausgehenden Sprachwandels 1835-1855*. Bonn 1964, ²1966.

Khalil, Iman Osman: *Das Fremdwort im Gesellschaftsroman Theodor Fontanes. Zur literarischen Untersuchung eines sprachlichen Phänomens*. Frankfurt 1978.

Knobloch, Eberhard: *Die Wortwahl in der archaisierenden chronikalischen Erzählung. Meinhold. Raabe. Storm. Wille*. Göppingen 1971.

Langen, August: Deutsche Sprachgeschichte vom Barock bis zur Gegenwart. In: *Deutsche Philologie im Aufriß*, 2. Aufl., Bd. 1, Berlin 1957, Sp. 931-1396.

Leitner, Ingrid: *Sprachliche Archaisierung. Historisch-typologische Untersuchung zur deutschen Literatur des 19. Jahrhunderts.* Frankfurt/M. 1978.

Linn, Marie-Luise: *Zur Stellung der Rhetorik und Stilistik in der deutschen Sprachlehre und Sprachwissenschaft des 19. Jhs.* Diss. Marburg 1963.

Loehrke, Otto: *Die künstlerische Bedeutung der Fremdwörter bei Gottfried Keller.* Diss. Greifswald 1911.

Martini: *Bürgerlicher Realismus*, [4]1981, S. 101-115.

Meyer, Richard M.: *Deutsche Stilistik.* 2. Aufl. München 1913.

Murray, Roger, McNall, Sally: Period Styles: A Bibliography of Recent Theory [1950-1972]. In: *Style* 9 (1975), S. 155-180.

Proksch, August: *Theodor Storms Sprache und Stil.* Berlin 1920.

Richter, Harald: *Untersuchungen zum Stil Wilhelm Raabes.* Diss. Greifswald 1935.

Schultz, Albin: *Das Fremdwort bei Theodor Fontane. Ein Beitrag zur Charakteristik des modernen realistischen Romans.* Diss. Greifswald 1912.

Stieglitz, Olga: *Syntaktische Untersuchungen der Sprache Johann Nestroys am Beispiel seiner Zauberposse »Der böse Geist des Lumpazivagabundus«.* 2 Bde., Wien 1974.

Tschirch, Fritz: Bedeutungswandel im Deutsch des 19. Jahrhunderts. (Zugleich ein Beitrag zum sprachlichen Verständnis unserer Klassiker. In: *Zeitschrift für deutsche Wortforschung*, NF 1 (1960), S. 7-24.

Tschirch, Fritz: *Geschichte der deutschen Sprache.* Bd. 2, 2. Aufl. Berlin 1975.

Wackernagel, Wilhelm: *Poetik Rhetorik und Stilistik. Academische Vorlesungen.* Hrsg. v. Ludwig Sieber, 2. Aufl. Halle 1888.

Wagner, Kurt: Das 19. Jahrhundert. In: *Deutsche Wortgeschichte.* Hrsg. von F. Maurer und F. Stroh, Berlin 1943, Bd. 2, S. 319-355.

Wenger, Erich: *Theodor Fontane. Sprache und Stil in seinen modernen Romanen.* Diss. Greifswald 1913.

Wimmer, Rainer (Hrsg.): *Das 19. Jahrhundert. Sprachgeschichtliche Wurzeln des heutigen Deutsch.* Berlin 1991

Die Bände der *Sammlung Metzler* über Raabe ([2]1978), Keller ([2]1977), Fontane ([4]1993), Storm (1973, 1997), Stifter (1979), Busch (1977) und Reuter (1975) enthalten weitere Angaben zum Thema. Siehe auch die Bibliographie der Rhetoriklehrbücher aus dem Zeitraum 1750 bis 1900 in: Rhetorik, hrsg. von H. Schanze, Frankfurt/M. 1974, S. 293-337.

5.2.4.3 Das literarische Publikum

Bachmann, Martin: *Lektüre, Politik und Bildung. Die schweizerischen Lesegesellschaften des 19. Jahrhunderts unter besonderer Berücksichtigung des Kantons Zürich.* Bern 1993.

Becker, E.D./Dehn, M.: *Literarisches Leben. Eine Bibliographie.* 1968.

Breuer, Dieter: *Einführung in die pragmatische Texttheorie.* München 1974, bes. S. 72-97

Burckhardt-Seebaß, Christine: Woran das Volk sich erbaute. Eine Umfrage unter Pfarrern im Jahr 1859. In: *Totum me libris dedo*. Festschrift zum 80. Geburtstag von Adolf Seebaß. Hrsg. von Alain Moirandat u. a. Basel 1979, S. 20-36.

Chase, Jefferson S.: *Representing Germany. The literature of the J.G. Cotta publishing house and the genesis, dissemination and legitimization of German nationalism, 1815-1889*. Ann Arbor, Mich. 1994.

Enders, Horst: Zur Popular-Poetik im 19. Jahrhundert: ›Sinnlichkeit‹ und ›inneres Bild‹ in der Poetik Rudolph Gottschalls. In: *Beiträge zur Theorie der Künste im 19. Jahrhundert*. Hrsg. von H. Koopmann, J.A. Schmoll gen. Eisenwerth. Frankfurt/M. 1971, Bd. 1, S. 66-84.

Engelsing, Rolf: *Analphabetentum und Lektüre. Zur Sozialgeschichte des Lesens in Deutschland zwischen feudaler und industrieller Gesellschaft*. Stuttgart 1973.

Fügen, Hans Norbert: Geibel und Heyse. Elemente und Strukturen des literarischen Systems im 19. Jahrhundert – Dokumentation und Analyse. In: H.N.F.: *Dichtung in der bürgerlichen Gesellschaft: sechs literatur-soziologische Studien*. Bonn 1972, S. 28-50.

Häntzschel, Günter (Hrsg.): *Bildung und Kultur bürgerlicher Frauen 1850-1918. Eine Quellendokumentation*. Tübingen 1986.

Hess, Günter: Panorama und Denkmal. Erinnerung als Denkform zwischen Vormärz und Gründerzeit. In: *Literatur in der sozialen Bewegung. Aufsätze und Forschungsberichte zum 19. Jahrhundert*. Hrsg. von Alberto Martino. Tübingen 1977, S. 130-206.

Jäger, Georg: Die deutsche Leihbibliothek im 19. Jahrhundert. Verbreitung – Organisation – Verfall. In: IASL 2 (1977), S. 96-133.

Konstantinović, Zoran: Der Leser des österreichischen Romans im 19. Jahrhundert. Eine wirkungsgeschichtliche Betrachtung. In: *Literatur und Literaturgeschichte in Österreich*. Hrsg. von Ilona T. Erdélyi. Budapest 1979, S. 81-90.

Kratzsch, Gerhard: *Kunstwart und Dürerbund. Ein Beitrag zur Geschichte der Gebildeten im Zeitalter des Imperialismus*. Göttingen 1969 [für die Zeit um 1900].

Langenbucher, Wolfgang R.: Das Publikum im literarischen Leben des 19. Jahrhunderts. In: *Der Leser als Teil des literarischen Lebens*. Forschungsstelle für Buchwissenschaft an der Universitätsbibliothek Bonn. Kleine Schriften 8, 2. Aufl. 1972, S. 52 ff.

Lundgreen, Peter: Die Eingliederung der Unterschichten in die bürgerliche Gesellschaft durch das Bildungswesen im 19. Jahrhundert. In: IASL 3 (1978), S. 87-107.

Magill, C. P.: The German Author und his Public in the Mid-Nineteenth Century. In: MLR 43 (1948), S. 492 ff.

Schenda, Rudolf: *Volk ohne Buch. Studien zur Sozialgeschichte der populären Lesestoffe 1770-1910*. Frankfurt/M. 1970.

Schön, Erich: Geschichte des Lesens. In: *Handbuch Lesen*. Hrsg. von Bodo Franzmann u.a. München 1999, S. 1-85, bes. 38-53 (mit weiterführender Literatur).

Sippell-Aman, Birgit: Die Auswirkung der Beendigung des sogenannten ewigen Verlagsrechts am 9. 11. 1867 auf die Edition deutscher Klassiker. In: *Archiv für Geschichte des Buchwesens* 14 (1974), Sp. 349-416.

Theilig, Wolfgang: Die Stadtlesegesellschaft von Zeulenroda. Ein Beitrag zur Lektüre-Forschung des 19. Jahrhunderts. In: *Marginalien* 63 (1976), S. 14-22.

Winterscheidt, Friedrich: *Deutsche Unterhaltungsliteratur der Jahre 1850-1860. Die geistesgeschichtlichen Grundlagen der unterhaltenden Literatur an der Schwelle des Industriezeitalters*. Bonn 1970, bes. S. 55 ff. und 128 ff.

Wittmann, Reinhard: Das literarische Leben 1848 bis 1880 (mit einem Beitrag von Georg Jäger über die höhere Bildung). In: *Realismus und Gründerzeit* 1976, Bd. 1, S. 161-257, bes. S. 227-257.
Wittmann, Reinhard: Der Buchmarkt in Deutschland 1848-1880. In: *Börsenblatt für den Deutschen Buchhandel.* Frankfurter Ausgabe 33, Frankfurt/M. 1977, S. A 53-A 64.

5.2.4.3.1 Bildungssystem: Lehrbücher, Schulbibliotheks- und Themenkataloge

(Einige hier genannte Titel und weitere Verweise finden sich im Literaturverzeichnis von *Realismus und Gründerzeit*)

Beck, Fr.: *Lehrbuch des Deutschen Prosastils für höhere Unterrichts-Anstalten, wie auch zum Privatgebrauche. Mit einer Sammlung von Übungsaufgaben, Hinweisung auf Musterbeispiele und einem Anhang über Titulatur der Briefe.* 2. verb. u. verm. Aufl. München 1864.
Benker, Gertrud: Die Vermittlung von Volkslesestoff und Volksbildung in den bayerischen Lesebüchern vor 1900. In: *Bayerisches Jahrbuch für Volkskunde* 1970/71 (1972), S. 157-167.
Brandes, H. K.: *Siebenhundert und sieben Themata zu deutschen Aufsätzen den Schülern der ersten Gymnasialklasse ertheilt.* Detmold 1868.
Cholevius, L.: *Praktische Anleitung zur Abfassung deutscher Aufsätze in Briefen an einen jungen Freund.* Leipzig [4]1878.
Deckelmann, Heinrich: *Die Literatur des neunzehnten Jahrhunderts im deutschen Unterricht. Eine Einführung in die Lektüre.* 2. Aufl., Berlin 1914.
Dietlein, R. u.a. (Hrsg.): *Aus deutschen Lesebüchern. Dichtungen in Poesie und Prosa erläutert für Schule und Haus.* Gera und Leipzig, 2. Aufl. 1887.
Egger, Alois: *Deutsches Lehr- und Lesebuch für höhere Lehranstalten.* 3 Teile, Wien 1868-1872.
Ellendt, Georg: *Katalog für die Schülerbibliotheken höherer Lehranstalten.* 3. neu bearb. Aufl. Halle 1886.
Ernst, Synes: *Deutschunterricht und Ideologie. Kritische Untersuchung der ›Zeitschrift für den deutschen Unterricht‹ als Beitrag zur Geschichte des Deutschunterrichts im Kaiserreich (1887-1911).* Bern 1977.
Gietmann, G.S.J.: *Grundriß der Stilistik, Poetik und Ästhetik. Für Schulen und zum Selbstunterricht.* Freiburg 1897.
Gloël, Heinrich: Die nachgoethesche Literatur in den oberen Klassen. In: *Zeitschrift für den deutschen Unterricht* 11 (1897), S. 22-43.
Gude, C. (Hrsg.): *Erläuterungen deutscher Dichtungen. Nebst Themen zu schriftlichen Aufsätzen, in Umrissen und Ausführungen. Ein Hülfsbuch beim Unterricht in der Literatur.* Bd. 4, 4. Aufl., Leipzig 1877.
Haselmeyer, J.E.: *Dichtungslehre (Poetik) für die oberen Curse der Realschulen Bayerns und verwandter Anstalten.* Würzburg 1878.
Heinisch, G.F./Ludwig, J.L.: *Die Sprache der Prosa, Poesie und Beredsamkeit, theoretisch erläutert und mit vielen Beispielen aus den Schriften der besten deutschen Klassiker versehen. Für höhere Lehranstalten bearbeitet.* 2. sehr verm. u. verb. Aufl. Bamberg 1867.

Herrig, Hans: Das Classicitätsdogma. In: *Neue Monatshefte für Dichtkunst und Kritik* 2 (1875), S. 133-140.

Hoff L./Kaiser, W.: *Handbuch für den deutschen Unterricht an höheren Schulen.* Bd. 2: *Abriß der Rhetorik und Poetik.* Essen 1879/80.

Kappes, K.: *Leitfaden für den Unterricht in der deutschen Stilistik. Für höhere Lehranstalten.* Leipzig 1869, 3. Aufl. 1879.

Katalog für die Schüler-Bibliotheken österreichischer Gymnasien mit deutscher Unterrichtssprache. Hrsg. von Verein Mittelschule in Wien. Wien 1881.

Kluge, Hermann: *Themata zu deutschen Aufsätzen und Vorträgen.* 7. verb. Aufl. Altenburg 1894.

König, R.: *Deutsche Literaturgeschichte.* 12. Aufl. Bielefeld 1882.

Kriebitzsch, K. Th.: *Siebensachen zu den stilistischen Übungen der Schule, bestehend in 500 Themen im Anschluß an das Lesebuch.* Berlin 1867.

Laas, [Ernst]: Der deutsche Unterricht auf höheren Lehranstalten. In: *Zeitschrift für das Gymnasialwesen* 24 (1870), S. 177-243, 705-752.

Lange, Otto: *Deutsche Poetik. Ein Hülfsbuch für Lehrer der deutschen Literatur und zum Selbstunterrichte.* Berlin 1844, 5. Aufl. 1885.

Lundgreen, Peter: *Bildung und Wirtschaftswachstum im Industrialisierungsprozeß des 19. Jahrhunderts.* Berlin 1973

Meyer, Ruth: Das Berechtigungswesen in seiner Bedeutung für Schule und Gesellschaft im 19. Jahrhundert. In: *Zeitschrift für die gesamte Staatswissenschaft* 124 (1968), S. 763-776.

Mozart: *Lehrbuch für die oberen Gymnasialklassen.* 3 Bde. Wien 1851-1853.

Müller, Detlef K.: *Sozialstruktur und Schulsystem. Aspekte zur Theorie und Praxis der Schulorganisation im 19. Jahrhundert.* Göttingen 1977.

Oberembt, Gert: Schülerlektüre und frühe Droste-Rezeption. Ein Beitrag zur literarischen Sozialisation im 19. Jahrhundert. In: *Beiträge zur Droste-Forschung* 4 (1976/77), S. 109-128.

Ringer, Fritz K.: Higher Education in Germany in the Nineteenth Century. In: *The Journal of Contemporary History* 2 (1967), S. 123-138.

Weymar, Ernst: *Das Selbstverständnis der Deutschen. Ein Bericht über den Geist des Geschichtsunterrichts der höheren Schulen im 19. Jahrhundert.* Stuttgart 1961.

Zinnecker, Jürgen: *Sozialgeschichte der Mädchenbildung.* Weinheim 1973.

5.2.4.3.2 Jugendbuch

Dahrendorf Malte: *Kinder- und Jugendliteratur im bürgerlichen Zeitalter. Beiträge zu ihrer Geschichte, Kritik und Didaktik.* Königstein 1980.

Dyhrenfurth, Irene: *Geschichte des deutschen Jugendbuches.* 3. Aufl., Zürich 1967.

Ewers, Hans-Heino u.a. (Hrsg.): *Kinder- und Jugendliteraturforschung 1994/95 ff.* Stuttgart 1995 ff.

Grenz, Dagmar, Wilkending, Gisela (Hrsg.): *Geschichte der Mädchenlektüre. Mädchenliteratur und die gesellschaftliche Situation der Frau.* Weinheim 1997.

Hellermann, Dorothee von (Hrsg.): *Der Seele Schönheit. Erzählungen und Novellen für die weibliche Jugend aus der 2. Hälfte des 19. Jahrhunderts.* Münster 1977.

Könneker, Marie-Luise: *Dr. Heinrich Hoffmanns ›Struwwelpeter‹. Untersuchungen zur Entstehungs- und Funktionsgeschichte eines bürgerlichen Bilderbuchs.* Stuttgart 1977.

Köster, Hermann Leopold: *Geschichte der deutschen Jugendliteratur in Monographien*. 4. Aufl. 1927; Nachdr. München 1972.

Kuhn, Andrea/Merkel, Johannes: *Sentimentalität und Geschäft. Zur Sozialisation durch Kinder- und Jugendliteratur im 19. Jahrhundert*. Berlin 1977.

Kunze, Horst: *Schatzbehalter. Vom Besten aus der älteren deutschen Kinderliteratur*. 3. Aufl. Berlin 1969.

Merget, Adalbert: *Geschichte der deutschen Jugendliteratur*. 3. Aufl., Berlin 1882; Nachdr. Hanau a.M. 1967.

Oberfeld, Charlotte u.a. (Hrsg.): *Zwischen Utopie und Heiler Welt. Zur Realismusdebatte in Kinder- und Jugendmedien*. Frankfurt/M. 1978.

Wolgast, Heinrich: *Das Elend unserer Jugendliteratur*. 1896, [7]1950.

5.2.4.4 Voraussetzungen und Einflüsse

5.2.4.4.1 Politik, Gesellschaft, Wirtschaft

Baumgart, Winfried: *»Europäisches Konzert und nationale Bewegung«. Internationale Beziehungen 1830 bis 1878*. Paderborn 1999 (= Handbuch der Geschichte der internationalen Beziehungen, Bd. 6).

Binkley, Robert C.: *Realism and Nationalism 1852-1871*. New York 1935.

Born, Karl Erich: *Von der Reichsgründung bis zum Ersten Weltkrieg*. München 1975 (= Gebhardt Bd. 16).

Bramsted, Ernest K.: *Aristocracy and the Middle-Classes in Germany. Social Types in German Literature 1830-1900*. Revised Ed., Chicago 1964 [1. Aufl. u.d.N.: Ernst Kohn-Bramstedt. London 1937].

Engelberg, Ernst: *Deutschland von 1849 bis 1871*. Berlin (Ost) 1965.

Frevert, Ute (Hrsg.): *Bürgerinnen und Bürger. Geschlechterverhältnisse im 19. Jahrhundert*. Göttingen 1988.

Glaser, Hermann: *Spießer-Ideologie. Von der Zerstörung des deutschen Geistes im 19. und 20. Jahrhundert*. Neue, erg. Ausgabe. Köln 1974.

Hardtwig, Wolfgang, Brandt, Harm-Hinrich (Hrsg.): *Deutschlands Weg in die Moderne. Politik, Gesellschaft und Kultur im 19. Jahrhundert*. München 1993.

Heilborn, Ernst: *Zwischen zwei Revolutionen. Der Geist der Bismarckzeit (1848-1918)*. Berlin 1929.

Kocka, Jürgen (Hrsg.): *Bürgertum im 19. Jahrhundert*. 3 Bde., München 1988.

Löwith, Karl: *Von Hegel zu Nietzsche. Der revolutionäre Bruch im Denken des neunzehnten Jahrhunderts. Marx und Kierkegaard*. 5. Aufl. Stuttgart 1964.

Mommsen, Wolfgang J.: *Das Ringen um den nationalen Staat. Die Gründung und der innere Ausbau des Deutschen Reiches unter Otto von Bismarck 1850-1890*. Berlin 1993.

Nipperdey, Thomas: *Deutsche Geschichte 1866-1918*. München, Bd. 1: [2]1994, Bd. 2: [3]1995.

Passmore, John: *A Hundred Years of Philosophy*. Harmondsworth 1968.

Schieder, Theodor: *Vom Deutschen Bund zum Deutschen Reich 1815-1871*. München 1975 (= Gebhardt, Handbuch der deutschen Geschichte, 9. Aufl. Bd. 15).

Siemann, Wolfram: *Vom Staatenbund zum Nationalstaat. Deutschland 1806-1871*. München 1995.

des Autoren-Honorars vom 15. bis zum 20. Jahrhundert. Wien 1953, bes. S. 153-194.

Kron, Friedhelm: *Schriftsteller und Schriftstellerverbände. Schriftstellerberuf und Interessenpolitik 1842-1973.* Stuttgart 1976.

Obenaus, Sibylle: *Literarische und politische Zeitschriften 1848-1880.* Stuttgart 1987 (= Sammlung Metzler, Bd. 229).

Rarisch, Ilsedore: *Industrialisierung und Literatur. Buchproduktion, Verlagswesen und Buchhandel in Deutschland im 19. Jahrhundert in ihrem statistischen Zusammenhang.* Berlin 1976.

Rollka, Bodo: *Die Belletristik in der Berliner Presse des 19. Jahrhunderts.* Berlin 1985.

Schrader, Hans-Jürgen: *Im Schraubstock moderner Marktmechanismen. Vom Druck Kellers und Meyers in Rodenbergs ›Deutscher Rundschau‹.* Zürich 1994.

5.2.4.5 Nachwirkungen des Realismus

Brinkmann, Karl: *Realismus des 19. und 20. Jahrhunderts.* Hollfeld 1970, bes. S. 71-77

Canetti, Elias: Realismus und neue Wirklichkeit. In: E.C.: *Das Gewissen der Worte. Essays.* München o. J., S. 66-71.

Der Schriftsteller vor der Realität. In: *Akzente* 3 (1956), S. 303 ff.

Eder, Jens: *Dramaturgie des populären Films. Drehbuchpraxis und Filmtheorie.* Hamburg 1999.

Eggers, Ulf Konrad: *Aspekte zeitgenössischer Realismustheorie, besonders des bundesdeutschen »Sprachrealismus«.* Bonn 1976.

Jacquot, Jean (Hrsg.): *Réalisme et poésie au théâtre.* Paris 1967.

Kaufmann, Hans: Fortsetzung realistischer Erzähltraditionen des 19. Jahrhunderts bei L. Thoma, A. Schnitzler, E. v. Keyserling, G. Hermann und dem frühen H. Hesse. In: *Wissenschaftliche Zeitschrift der Friedrich-Schiller-Universität Jena,* Gesellschafts- und Sprachwissenschaftliche Reihe 20 (1971), S. 499-512.

Kirchner, Doris: *Doppelbödige Wirklichkeit. Magischer Realismus und nichtfaschistische Literatur.* Tübingen 1993.

Kleinstück, Johannes: *Wirklichkeit und Realität. Kritik eines modernen Sprachgebrauchs.* Stuttgart 1971.

Kluckhohn, Paul: Biedermeier als literarische Epochenbezeichnung. In: DVjs 13 (1935), S. 1-43.

Knell, Heiner (Hrsg.): *Realismus und Realität.* Darmstadt 1975.

Kruntorad, Paul: *Phantastischer Realismus und Aktionismus. Zur Rezeptionsgeschichte der österreichischen Nachkriegskunst.* München 1990.

Kunz, Ulrike: *Der Zeit ihre Kunst, der Kunst ihre Freiheit. Ästhetizistischer Realismus in der europäischen Décadenceliteratur um 1900.* Hamburg 1997.

Lehmann, Joachim: Die blinde Wissenschaft. Realismus und Realität in der Literaturtheorie der DDR. Würzburg 1995.

Lück, Hartmut: Die verhimmelten Formen der Realismusforschung oder Verzweifelte Versuche einer Wissenschaft, ihren Gegenstand nicht zu erkennen. Über neuere westdeutsche Arbeiten zum Thema Realismus. In: *Diskussion Deutsch* 10 (1979), S. 420-433.

Nägele, Rainer: Geht es noch um den Realismus? Politische Implikation moderner Erzählformen im Roman. In: *Der deutsche Roman und seine historischen und politischen Bedingungen*. Hrsg. von Wolfgang Paulsen, Bern 1977, S. 34-53.

Nieraad, Jürgen: Über Wahrheit und Wahrscheinlichkeit in der Literatur. Realismusdiskussion in der BRD und in der DDR. In: *Neue Rundschau* 88 (1977), S. 597-609.

Pascal, Roy: Fortklang und Nachklang des Realismus im Roman. In: *Spätzeiten und Spätzeitlichkeit*. Hrsg. von W. Kohlschmidt, Bern 1962, S. 133-146.

Powroslo, Wolfgang: *Erkenntnis durch Literatur. Realismus in der westdeutschen Literaturtheorie der Gegenwart*. Köln 1976.

Preisendanz, Wolfgang: Das Problem der Realität in der Dichtung. In: *Bogawus* 9 (1969), S. 3-9.

Raus, Michael: Ist realistisch erzählen wieder möglich? Ein Annäherungs-Versuch. In: *Literatur und Kritik* 10 (1975), S. 34-41.

Realismus – welcher? Sechzehn Autoren auf der Suche nach einem literarischen Begriff. München 1976.

Reinhold, Ursula: Realismus in der Diskussion. Anmerkungen zum Problemkreis Literatur und Wirklichkeit im literarischen Kontext der BRD. In: WB 25,2 (1979), S. 32-55.

Sandor, András: On Idealistic Realism. In: *Mosaic*. A Journal for the Comparative Study of Literature and Ideas, 4,4 (1971), S. 37-49.

Scheffel, Michael: *Magischer Realismus. Die Geschichte eines Begriffes und ein Versuch seiner Bestimmung*. Tübingen 1990.

Schmitt, Hans-Jürgen (Hrsg.): *Die Expressionismusdebatte. Materialien zu einer marxistischen Realismuskonzeption*. Frankfurt/M. 1973.

Schmitt, Hans-Jürgen/Schramm, Godehard (Hrsg.): *Sozialistische Realismuskonzeptionen. Dokumente zum 1. Allunionskongreß der Sowjetschriftsteller*. Frankfurt/M. 1974.

Schober, Rita: Immer noch: Realismus. In: WB 26,7 (1980), S. 5-21.

Simons, Elisabeth: Neue Aspekte der Realismusforschung in der DDR. In: *Germanica Wratislaviensia* 25 (1975), S. 9-19.

Wegner, Michael: Realistisches Erzählen heute. Zu theoretischen Aspekten der internationalen Literaturentwicklung. In: WB 25,3 (1979), S. 5-23.

Wellershoff, Dieter: Neuer Realismus. In: Die Kiepe 13 (1965), Nr. 1

Wellershoff, Dieter: Norm, Abweichung und Krise. Über die Unvollendbarkeit des Realismus. In: Heiner Knell (Hrsg.): *Realismus und Realität*. Darmstadt 1975, S. 23-39.

Wirtz, Thomas: Lebe langsam. Kunst der Täuschung: Cyberfilme oder Die Beste aller Welten. In: *Frankfurter Allgemeine Zeitung* vom 24. 9. 1999, S. 49.

Zur Theorie des sozialistischen Realismus. Berlin (Ost) 1974.

```
```

5.3 Die Formenwelt im Realismus

5.3.1 Erzählkunst

5.3.1.1 Roman

Bachleitner, Norbert (Hrsg.): *Quellen zur Rezeption des englischen und französischen Romans in Deutschland und Österreich im 19. Jahrhundert.* Tübingen 1990.

Beaton, K.B.: Der konservative Roman in Deutschland nach der Revolution von 1848. In: *Zeitschrift für Religions- und Geistesgeschichte* 19 (1967), S. 215-234.

Beaton, Kenneth Bruce: Gustav Freytag, Julian Schmidt und die Romantheorie nach der Revolution von 1848. In: *Jahrbuch der Raabe-Gesellschaft* 1976, S. 7-32.

Belgum, Kirsten L.: *Interior meaning. Design of the bourgeois home in the realistic novel.* New York 1992.

Berman, Russell A.: *The Rise of the Modern German Novel.* Cambridge, Mass. 1986 [Freytag, Stifter, Fontane].

Biedermann, Detlev Frhr. v.: *Der Roman als Kunstwerk. Eine Skizze als Beitrag zur Ästhetik.* Dresden 1870.

Blumenberg, Hans: Wirklichkeitsbegriff und Möglichkeit des Romans. In: *Nachahmung und Illusion.* Hrsg. von H.R. Jauß, 2. Aufl. München 1969, S. 9-27.

Booth, Wayne C.: *Die Rhetorik der Erzählkunst.* 2 Bde. Heidelberg 1974.

Bucher, Max: Der realistische Romanbegriff: Zwischen Ästhetik und Politik. In: *Realismus und Gründerzeit,* Bd. 1, 1976, S. 44-46.

Bullivant, Keith: Realismus und Romanästhetik: Überlegungen zu einem problematischen Aspekt der deutschen Literatur. In: OL 39 (1984), S. 1-13.

Delius, F.C.: *Der Held und sein Wetter. Ein Kunstmittel und sein ideologischer Gebrauch im Roman des bürgerlichen Realismus.* München 1971.

Demetz, Peter: Dutch Painting and the Theory of the Realistic Novel. In: *Comparative Literature* 15 (1963), S. 97-115.

Denkler, Horst (Hrsg.): *Romane und Erzählungen des Bürgerlichen Realismus. Neue Interpretationen.* Stuttgart 1980.

Dresch, Jean: *Le roman social en Allemagne, 1850-1900.* Paris 1913.

Edler, Erich: *Die Anfänge des sozialen Romans und der sozialen Novelle in Deutschland.* Frankfurt/M. 1977.

Floeck, Oswald: *Skizzen und Studienköpfe. Beiträge zur Geschichte des deutschen Romans seit Goethe.* Wien 1918.

Gilbert, Jane E.: *The factory novel in Germany between 1850 to 1917.* Diss. Berlin 1979.

Graevenitz, Gerhart von: Memoria und Realismus. Erzählende Literatur in der deutschen ›Bildungspresse‹ des 19. Jahrhunderts. In: *Memoria. Vergessen und Erinnern.* Hrsg. von Anselm Haverkamp, Renate Lachmann. München 1993, S. 283-304.

Hackmann, Rudolf: *Die Anfänge des Romans in der Zeitung.* Diss. Berlin 1938.

Hahl, Werner: *Reflexion und Erzählung. Ein Problem der Romantheorie von der Spätaufklärung bis zum programmatischen Realismus.* Stuttgart 1971.

Hamburger, Käte: *Die Logik der Dichtung.* 2. Aufl. Stuttgart 1968, bes. S. 118 ff.

Hasubek, Peter: Der Zeitroman. In: ZfdPh 87 (1968), S. 218-245.

Hatfield, Henry C.: Realism in the German Novel. In: *Comparative Literature* 3 (1951), S. 234-252.

Hellmann, Winfried: Objektivität, Subjektivität und Erzählkunst. Zur Romantheorie Friedrich Spielhagens. In: *Begriffsbestimmung*, S. 86-159.

Herminghouse, Patricia B.: Schloß oder Fabrik? Zur Problematik der Adelsdarstellung im Roman des Nachmärz. In: *Literaturwissenschaft und Sozialwissenschaften* 11 (1979), S. 245-261.

Hillebrand, Bruno: *Mensch und Raum im Roman. Studien zu Keller, Stifter, Fontane.* München 1971.

Hollyday, Guy T.: *Anti-Americanism in the German Novel 1841-1862.* Berne 1977

Huber, Doris: *Romanstoffe in den bürgerlichen Zeitungen des 19. Jahrhunderts.* Diss. Berlin 1943.

Kafitz, Dieter: *Figurenkonstellation als Mittel der Wirklichkeitserfassung. Dargestellt an Romanen der zweiten Hälfte des 19. Jahrhunderts (Freytag, Spielhagen, Fontane, Raabe).* Kronberg 1978.

Kaiser, Herbert: *Studien zum deutschen Roman nach 1848. Karl Gutzkow: Die Ritter vom Geiste. Gustav Freytag: Soll und Haben. Adalbert Stifter: Der Nachsommer.* Duisburg 1977

Kaiser, Nancy A.: *Social Integration and Narrative Structure. Patterns of Realism in Auerbach, Freytag, Fontane, and Raabe.* New York 1986.

Kaminsky, Alice R.: On Literary Realism. In: *The Theory of the Novel.* Hrsg. von John Halperin. New York 1974, S. 233-232.

Keiter, Heinrich: *Versuch einer Theorie des Romans und der Erzählkunst.* Paderborn 1876.

Keiter, Heinrich: *Katholische Erzähler der Neuzeit.* Paderborn 1880.

Keiter, Heinrich, Kellen, Tony: *Der Roman. Theorie und Technik des Romans und der erzählenden Dichtkunst, nebst einer geschichtlichen Einleitung.* 4. Aufl. Essen 1912.

Killy, Walther: *Romane des 19. Jahrhunderts. Wirklichkeit und Kunstcharakter* [zuerst 1963]. Göttingen 1967.

Kolbe, Jürgen: *Goethes ›Wahlverwandtschaften‹ und der Roman des 19. Jahrhunderts.* Stuttgart 1968.

Koopmann, Helmut (Hrsg.): *Handbuch des deutschen Romans.* Düsseldorf 1983.

Kreyßig, Friedrich: *Vorlesungen über den Deutschen Roman der Gegenwart. Literar- und culturhistorische Studien.* Berlin 1871.

Lehrer, Mark: *Intellektuelle Aporie und literarische Originalität. Wissenschaftsgeschichtliche Studien zum deutschen Realismus: Keller, Raabe und Fontane.* New York 1991.

Levine, George: Realism, or, In Praise of Lying: Some Nineteenth Century Novels. In: *College English* 31 (1970), S. 355-365.

Levine, George: Realism Reconsidered. In: *The Theory of the Novel.* Hrsg. von Halperin. New York 1974, S. 233-256.

Löwenthal, Leo: *Erzählkunst und Gesellschaft. Die Gesellschaftsproblematik in der deutschen Literatur des 19. Jahrhunderts.* Neuwied 1971.

Lübbe, Fritz: *Die Wendung vom Individualismus zur sozialen Gemeinschaft im romantischen Roman (von Brentano zu Eichendorff und Arnim). Ein Beitrag zur Vorgeschichte des Realismus.* Berlin 1931.

Lukács, Georg: Gottfried Keller [zuerst 1939]. In: G.L.: *Die Grablegung des alten Deutschland.* Reinbek 1967, S. 21-92; hier auch: Wilhelm Raabe [zuerst 1939/40], S. 93-119.

Lukács, Georg : *Die Grablegung des alten Deutschland* [1945] Reinbek 1967.

Mähly, Jakob: *Der Roman des neunzehnten Jahrhunderts.* Berlin 1872.

Majut, Rudolf: Der deutsche Roman vom Biedermeier bis zur Gegenwart. In: *Deutsche Philologie im Aufriß,* 2. Aufl. Bd. 2, Berlin 1960, Sp. 1357-1794, bes. Sp. 1463-1532.

Maler, Anselm, Schott, Sabine (Hrsg.): *Galerie der Welt. Ethnographisches Erzählen im 19. Jahrhundert.* Stuttgart 1988.

Martini, Fritz: ›Bürgerlicher‹ Realismus und der deutsche Roman im 19. Jahrhundert. In: WW 1 (1950/51), S. 148-159.

Martini, Fritz: Drama und Roman im 19. Jahrhundert. Perspektiven auf ein Thema der Formengeschichte. In: *Gestaltprobleme der Dichtung.* Festschrift für Günther Müller. Hrsg. von Richard Alewyn. Bonn 1957, S. 207-237.

Martini, Fritz: Zur Theorie des Romans im deutschen ›Realismus‹. In: Festgabe für Eduard Berend. Weimar 1959, S. 272-296.

Mayer, Hans: Der deutsche Roman im 19. Jahrhundert. In: H. M., *Von Lessing bis Thomas Mann.* Pfullingen 1959, S. 297-316.

McInnes, Edward: *»Eine untergeordnete Meisterschaft?« The critical Reception of Dickens in Germany 1837-1870.* Frankfurt/M. 1991.

Mielke, Hellmuth: *Der deutsche Roman.* 4. Aufl. Dresden 1912; 6. Aufl. Mielke-Homann, Dresden 1920.

Nitsche, Rainer: *Liebesverhältnisse. Untersuchungen zur literarischen Präsentation von Sexualität, Frau, Familie und Gesellschaft in Deutschland im 19. Jahrhundert.* Diss. Berlin 1975.

Ohrenstein, Ilse: *Die Entwicklung der Romantheorie in Deutschland seit dem ›Wilhelm Meister‹. Mit besonderer Berücksichtigung der Forderung nach Objektivität.* Diss. Wien 1922.

Osterkamp, Barbara: *Arbeit und Identität. Studien zur Erzählkunst des bürgerlichen Realismus.* Würzburg 1983.

Pascal, Roy: *The German Novel.* Manchester 1956.

Pineau, L.: *L'évolution du ›roman‹ en Allemagne au 19e siècle.* Paris 1908.

Preisendanz, Wolfgang: *Wege des Realismus. Zur Poetik und Erzählkunst im 19. Jahrhundert.* München 1977.

Rebing, Günther: *Der Halbbruder des Dichters. Friedrich Spielhagens Theorie des Romans.* Frankfurt 1972.

Rhöse, Franz: *Konflikt und Versöhnung. Untersuchungen zur Theorie des Romans von Hegel bis zum Naturalismus.* Stuttgart 1978.

Richter, Claus: *Leiden an der Gesellschaft. Vom literarischen Liberalismus zum poetischen Realismus.* Königstein 1978.

Roeder, Arbo von: *Dialektik von Fabel und Charakter. Formale Aspekte des Entwicklungsromans im neunzehnten Jahrhundert.* Diss. Tübingen 1969.

Rothe-Buddensieg, Margret: *Spuk im Bürgerhaus. Der Dachboden in der deutschen Prosaliteratur als Negation der gesellschaftlichen Realität.* Kronberg 1974.

Ruckhäberle, Hans-Joachim/Widhammer, Helmuth: *Roman und Romantheorie des deutschen Realismus. Darstellung und Dokumente.* Frankfurt/M. 1977.

Schian, Martin: *Der deutsche Roman seit Goethe.* Görlitz 1904.

Schöll, Norbert: *Vom Bürger zum Untertan. Zum Gesellschaftsbild im bürgerlichen Roman.* Düsseldorf 1973.

Sengle, Friedrich: Der Romanbegriff in der ersten Hälfte des 19. Jahrhunderts [zuerst 1959]. In: F.S.: *Arbeiten zur deutschen Literatur 1750-1850.* Stuttgart 1965, S. 175-196.

Spielhagen, Friedrich: *Beiträge zur Theorie und Technik des Romans*. Leipzig 1883.

Spiero, Heinrich: *Geschichte des deutschen Romans*. Berlin 1950.

Steinecke, Hartmut (Hrsg.): *Theorie und Technik des Romans im 19. Jahrhundert*. Tübingen 1970.

Steinecke, Hartmut: *Romantheorie und Romankritik in Deutschland. Die Entwicklung des Gattungsverständnisses von der Scott-Rezeption bis zum programmatischen Realismus*. 2 Bde. Stuttgart 1975 und 1976.

Steinecke, Hartmut (Hrsg.): *Romanpoetik in Deutschland: von Hegel bis Fontane*. Tübingen 1984.

Streit, Claudia: *(Re-)Konstruktion von Familie im sozialen Roman des 19. Jahrhunderts*. Frankfurt/M. 1997.

Swales, Martin: *Studies of German prose fiction in the age of European realism*. Lewiston 1995.

Thomas, Lionel: Bourgeois attitudes. Gustav Freytag's novels of life in the 19th-century Germany. In: *Proceedings of the Leeds Philos. and Lit. Soc.* 15 (1973), S. 59-74.

Thunecke, Jörg, Sagarra, Eda (Hrsg.): *Formen realistischer Erzählkunst*. Festschrift for Charlotte Jolles In Honour of Her 70th Birthday. Nottingham 1979.

Wagner, Reinhard: Die theoretische Vorarbeit für den Aufstieg des deutschen Romans im 19. Jahrhundert. In: ZfdPh 74 (1955), S. 353-363.

Walzel, Oskar: Objektive Erzählung. In: O.W.: *Das Wortkunstwerk. Mittel seiner Erforschung*. Leipzig 1926, S. 182-206.

Wehrli, Beatrice: *Imitatio und Mimesis in der Geschichte der deutschen Erzähltheorie unter besonderer Berücksichtigung des 19. Jahrhunderts*. Göppingen 1974.

Worthmann, Joachim: *Probleme des Zeitromans. Studien zur Geschichte des deutschen Romans im 19. Jahrhundert*. Heidelberg 1974.

Würtz, Katharina: *Das Problem des deutschen Gesellschaftsromans im 19. Jahrhundert – von Goethes ›Wilhelm Meister‹ bis 1914*. Diss. Masch. München 1944.

Žmegač, Viktor: Im Zeichen des »Spiegels«: Der sogenannte Realismus. In: V.Ž.: *Der europäische Roman. Geschichte seiner Poetik*. Tübingen 1990, S. 145-215.

Zuleger, Waltraud: *Die Starke Frau. Untersuchungen zu einem Weiblichkeitsbild in der epischen Literatur des 19. Jahrhunderts*. Frankfurt/M. 1999.

Der Zeitroman

Hasubek, Peter: Der Zeitroman. In: ZfdPh 87 (1968), S. 218-245.

Worthmann, Joachim: *Probleme des Zeitromans. Studien zur Geschichte des deutschen Romans im 19. Jahrhundert*. Heidelberg 1974.

Der historische Roman

Aust, Hugo: *Der historische Roman*. Stuttgart/Weimar 1994 (= Sammlung Metzler, Bd. 278).

Eggert, Hartmut: *Studien zur Wirkungsgeschichte des deutschen historischen Romans 1850-1875*. Frankfurt/M. 1971.

Fischer, Hans: *Der Ägyptologe Georg Ebers. Eine Fallstudie zum Problem Wissenschaft und Öffentlichkeit*. Wiesbaden 1993.

Geppert, Hans Vilmar: *Der »andere« historische Roman. Theorie und Strukturen einer diskontinuierlichen Gattung*. Tübingen 1976.

Gottschall, Rudolf von: *Studien zur neuen deutschen Literatur.* [3]1892.

Grolman, Adolf von: Über das Wesen des historischen Romanes. In: DVjs 7 (1929), S. 587-605.

Habitzel, Kurt/Mühlberger, Günter: ›Gewinner und Verlierer‹. Der historische Roman und sein Beitrag zum Literatursystem der Restaurationszeit (1815-1848/49). In: IASL 21 (1996), S. 91-123.

Hirschmann, Günther: *Kulturkampf im historischen Roman der Gründerzeit 1859-1878.* München 1978.

Klotz, Volker: *Abenteuer-Romane (Sue, Dumas, Ferry, Retcliffe, May, Verne).* München 1979.

Kraus, Otto: *Der Professorenroman.* Heilbronn 1884.

Kurz, Hermann: *Sämtliche Werke in zwölf Bänden.* Hrsg. von Hermann Fischer. Leipzig o.J. [1904].

Kurz, Isolde: *Hermann Kurz.* 3. Aufl. Stuttgart 1920.

Limlei, Michael: *Geschichte als Ort der Bewährung. Menschenbild und Gesellschaftsverständnis in den deutschen historischen Romanen (1820-1890).* Frankfurt/M. 1988.

Lukács, Georg: *Der historische Roman.* Berlin (Ost) 1955.

Moulin-Eckart, Richard Graf du: *Der historische Roman in Deutschland und seine Entwicklung.* Berlin 1905.

Müller, Elisabeth: *Georg Ebers: Ein Beitrag zum Problem des literarischen Historismus in der zweiten Hälfte des neunzehnten Jahrhunderts.* Diss. Masch. München 1951.

Müller, Harro: Schreibmöglichkeiten historischer Romane im 19. und 20. Jahrhundert. In: GR 69 (1994), S. 14-19.

Neuhaus, Volker: *Der zeitgeschichtliche Sensationsroman in Deutschland 1855-1878. ›Sir John Retcliffe‹ und seine Schule.* Berlin 1980.

Schiffels, Walter: *Geschichte(n) Erzählen. Über Geschichte, Funktionen und Formen historischen Erzählens.* Kronberg 1975.

Sottong, Hermann J.: *Transformation und Reaktion. Historisches Erzählen von der Goethezeit zum Realismus.* München 1992.

Wehrli, Max: Der historische Roman. In: *Helikon* 3 (1941), S. 89-109.

Wiesmüller, Wolfgang: Geschichte als Kassandra? Zum Verhältnis von Historie und Dichtung bei Adalbert Stifter. In: *Ästhetik der Geschichte.* Hrsg. von Johann Holzer und Wolfgang Wiesmüller, Innsbruck 1995, S. 61-75.

Wilkending, Gisela: Abenteuerroman, Reiseerzählung, Biographie, historischer Roman und Kriegserzählung – Atypische Literatur für junge Leserinnen. In: Lesesozialisation in der Mediengesellschaft. Ein Schwerpunktprogramm. Hrsg. von Norbert Groeben. Tübingen 1999, S. 161-174. (= IASL, 10. Sonderheft).

Der Bildungsroman

Baumgart, Wolfgang: Goethes ›Wilhelm Meister‹ und der Roman des 19. Jahrhunderts. In: ZfdPh 69 (1944/45), S. 132-148.

Boeschenstein, Hermann: *Gottfried Keller.* Stuttgart [2]1977.

Bollnow, O.F.: Der Nachsommer und der Bildungsgedanke des Biedermeier. In: *Beiträge zur Einheit von Bildung und Sprache im geistigen Sein.* Festschrift zum 80. Geburtstag von Ernst Ott. Hrsg. von Gerhard Haselbach/Günter Hartmann. Berlin 1957, S. 14-33.

Godde, Edmund: *Stifters Nachsommer und der ›Heinrich von Ofterdingen‹. Untersuchungen zur Frage der dichtungsgeschichtlichen Heimat des Nachsommer.* Diss. Bonn 1960.

Jacobs, Jürgen: *Wilhelm Meister und seine Brüder. Untersuchungen zum deutschen Bildungsroman.* München 1972.

Jacobs, Jürgen/Krause, Markus: *Der deutsche Bildungsroman. Gattungsgeschichte vom 18. bis zum 20. Jahrhundert.* München 1989.

Kaiser, Gerhard: *Gottfried Keller. Das gedichtete Leben.* Frankfurt/M. 1981, Taschenbuch-Ausgabe 1987.

Killy, Walther: Utopische Gegenwart. Stifter: ›Der Nachsommer‹. In: W.K.: *Romane des 19. Jahrhunderts* [zuerst 1963]. Göttingen 1967, S. 83-103.

Lange, Victor: Stifter. Der Nachsommer. In: *Der deutsche Roman.* Hrsg. von Benno von Wiese. Düsseldorf 1963, S. 34-75.

Linke, Wolfgang: *Die Arbeit in den Bildungsromanen des Poetischen Realismus.* Diss. Masch. Erlangen 1952.

Löwith, Karl: *Von Hegel zu Nietzsche.* Stuttgart [5]1964, bes. S. 284-311 und 312-329.

Majstrak, M.: *Das Problem von Individuum und Gemeinschaft in den großen nachklassischen Bildungsromanen Stifters und Kellers.* Diss. Masch. Bonn 1954.

Martini, Fritz: Der Bildungsroman. Zur Geschichte des Wortes und der Theorie. In: DVjs 35 (1961), S. 44-63.

Mayer, Gerhart: *Der deutsche Bildungsroman. Von der Aufklärung bis zur Gegenwart.* Stuttgart 1992.

McInnes, Edward: Zwischen ›Wilhelm Meister‹ und ›Die Ritter vom Geist‹: zur Auseinandersetzung zwischen Bildungsroman und Sozialroman im 19. Jahrhundert. In: DVjs 43(1969), S. 487-514.

Miles, David H.: The Picaro's Journey to the Confessional: The Changing Image of the Hero in the German Bildungsroman. In: PMLA 89 (1974), S. 980-992.

Müller, Klaus-Detlef: Utopie und Bildungsroman. Strukturuntersuchungen zu Stifters ›Nachsommer‹. In ZfdPh 90 (1971), S. 199-228.

Müller-Seidel, Walter: *Theodor Fontane. Soziale Romankunst in Deutschland.* Stuttgart [2]1980, bes. S. 285-300.

Ohl, Hubert: *Bild und Wirklichkeit.* Heidelberg 1968, bes. S. 37-91.

Pascal, Roy: *The German Novel.* Manchester 1956.

Seidler, Herbert: Wandlungen des deutschen Bildungsromans im 19. Jahrhundert. In: WW 11(1961), S. 148-162.

Selbmann, Rolf: *Der deutsche Bildungsroman.* 2., überarbeitete und erweiterte Auflage. Stuttgart/Weimar 1994 (= Sammlung Metzler, Bd. 214).

Selbmann, Rolf (Hrsg.): *Zur Geschichte des deutschen Bildungsromans.* Darmstadt 1988.

Sorg, Klaus-Dieter: *Gebrochene Teleologie. Studien zum Bildungsroman von Goethe bis Thomas Mann.* Heidelberg 1983.

5.3.1.2 Novelle

Aust, Hugo: *Novelle.* 3., überarbeitete und aktualisierte Auflage, Stuttgart/Weimar 1999 (= Sammlung Metzler, Bd. 256).

Eisenbeiß, Ulrich: *Didaktik des novellistischen Erzählens im Bürgerlichen Realismus.*

Literaturdidaktische Studien zu Gottfried Keller, Wilhelm Raabe und Theodor Storm. Frankfurt/M. 1985.

Ellis, John M.: *Narration in the German Novelle. Theory and Interpretation.* London. 1974.

Freund, Winfried (Hrsg.): *Deutsche Novellen. Von der Klassik bis zur Gegenwart.* München 1993.

Freund, Winfried: *Novelle.* Stuttgart 1998.

Kunz, Josef (Hrsg.): *Novelle.* Darmstadt 1968, ²1973.

Kunz, Josef: *Die deutsche Novelle im 19. Jahrhundert.* Berlin 1970, ²1978.

Lehmann, Jakob (Hrsg.): *Deutsche Novellen von Goethe bis Walser. Interpretationen für den Literaturunterricht.* 2 Bde., Königstein 1980.

Martini, Fritz: Die deutsche Novelle im ›bürgerlichen Realismus‹. Überlegungen zur geschichtlichen Bestimmung des Formtyps. In: WW 10 (1960), S. 257-278; Nachdr.: Kunz 1968, S. 346-384.

Paulin, Roger: *The Brief Compass. The Nineteenth-Century German Novelle.* Oxford 1985.

Polheim, Karl Konrad: *Novellentheorie und Novellenforschung.* Stuttgart 1965.

Polheim, Karl Konrad (Hrsg.): *Handbuch der Erzählung.* Düsseldorf 1980.

Schlaffer, Hannelore: *Poetik der Novelle.* Stuttgart 1993.

Silz, Walter: *Realism and Reality. Studies in the German Novelle of Poetic Realism.* Chapel Hill 1954, ⁴1965.

Swales, Martin: *The German* Novelle. Princeton 1977.

Weber, Albrecht: *Deutsche Novellen des Realismus. Gattung – Geschichte – Interpretationen – Didaktik.* München 1975.

Wiese, Benno von: *Novelle.* Stuttgart 1963, ⁸1982.

Wilpert, Gero von: *Die Gespenstergeschichte. Motiv – Form – Entwicklung.* Stuttgart 1994.

5.3.1.3 Dorfgeschichte (und Ghettogeschichte)

Aßmann, Wilhelm Georg: *Bodenständige Tendenzen im Poetischen Realismus (Ein Beitrag zur Frage bodenständiger Dichtung).* Diss. Masch. Bonn 1947.

Baur, Uwe: *Dorfgeschichte. Zur Entstehung und gesellschaftlichen Funktion einer literarischen Gattung im Vormärz.* München 1978.

Foerste, Lotte: *Plattdeutsche Erzähler des 19. Jahrhunderts.* Neumünster 1977.

Glasenapp, Gabriele von: *Aus der Judengasse. Zur Entstehung und Ausprägung deutschsprachiger Ghettoliteratur im 19. Jahrhundert.* Tübingen 1996.

Hahl, Werner: Gesellschaftlicher Konservatismus und literarischer Realismus. Das Modell einer deutschen Sozialverfassung in den Dorfgeschichten. In: *Realismus und Gründerzeit,* Bd. 1, 1976, S. 48-93.

Hein, Jürgen: *Dorfgeschichte.* Stuttgart 1976.

Herman, Luc: Die Nachwirkung der Idyllentradition bei der Rezeption der Dorfgeschichte im programmatischen Realismus. In: EG 42 (1987), S. 16-28.

Kim, Du Gyu: *Volkstümlichkeit und Realismus. Untersuchungen zu Geschichte, Motiven und Typologien der Erzählgattung* Dorfgeschichte. Bielefeld 1991.

Klanska, Maria: *Problemfeld Galizien in deutschsprachiger Prosa 1846-1914.* Wien 1991.

Miller, Norbert: Dorfgeschichte und Dorfroman. In: Glaser 1982, S. 179-205.

Schriewer, Franz: *Realismus und Heimatdichtung.* Flensburg 1953.

5.3.2 Drama

Altenhofer, Norbert (Hrsg.) *Komödie und Gesellschaft. Komödientheorien des 19. Jahrhunderts. Hettner – Hillebrand – Meredith.* Frankfurt/M. 1973.

Altmann, Georg: *Heinrich Laubes Prinzip der Theaterleitung. Ein Beitrag zur Ästhetik der dramatischen Kunst im 19. Jahrhundert.* Dortmund 1908.

Arnold, Robert F.: *Das Moderne Drama.* Straßburg 1908.

Aust, Hugo/Haida, Peter/Hein, Jürgen: *Volksstück. Vom Hanswurstspiel bis zum sozialen Drama der Gegenwart.* München 1989.

Bardeli, W.: *Theorie des Lustspiels im 19. Jahrhundert.* Diss. München 1935.

Bayerdörfer, Hans-Peter: ›Non olet‹ – altes Thema und neues Sujet. Zur Entwicklung der Konversationskomödie zwischen Restauration und Jahrhundertwende. In: *Euphorion* 67 (1973), S. 323-358.

Bayerdörfer, Hans-Peter, Conrady, Karl Otto, Schanze, Helmut (Hrsg.): *Literatur und Theater im Wilhelminischen Zeitalter.* Tübingen 1978.

Behrend, Martin: *Schiller – Wagner. Ein Jahrhundert der Entwicklungsgeschichte des deutschen Dramas.* Berlin 1901.

Behrens, Irene: *Die Lehre von der Einteilung der Dichtkunst, vornehmlich vom 16. bis 19. Jahrhundert.* Halle 1940.

Borchmeyer, Dieter: *Das Theater Richard Wagners. Idee, Dichtung, Wirkung.* Stuttgart 1982.

Boyer, Robert D.: *Realism in European Theatre and Drama. A Bibliography.* Westport, Conn. 1979.

Bucher, Max: Drama und Theater. In: *Realismus und Gründerzeit.* Bd. 1, 1976, S. 136-151.

Cowen, Roy C.: *Das deutsche Drama im 19. Jahrhundert.* Stuttgart 1988 (= Sammlung Metzler, Bd. 247).

Davies, Hugh S.: *Realism in the Drama.* Cambridge Univ. Press 1934.

Denkler, Horst: Volkstümlichkeit, Popularität und Trivialität in den Revolutionslustspielen der Berliner Achtundvierziger. In: *Popularität und Trivialität.* Hrsg. von Reinhold Grimm/Jost Hermand. Frankfurt/M. 1974, S. 77-100.

Dietrich, Margret: *Europäische Dramaturgie im 19. Jahrhundert.* Graz 1961.

Dietz, Gerda: *Das historische Drama vor dem Umbruch.* Diss. Bonn 1935.

Dithmar, Otto-Reinhard: *Deutsche Dramaturgie zwischen Hegel und Hettner und die Wende von 1848.* Diss. Heidelberg 1965.

Dohn, Walter: *Das Jahr 1848 im deutschen Drama und Epos.* Stuttgart 1912.

Dosenheimer, Elise: *Das deutsche soziale Drama von Lessing bis Sternheim.* Konstanz 1949; repr. Nachdr. Darmstadt 1967.

Eisenberg, Ludwig: *Großes Biographisches Lexikon der Deutschen Bühne im XIX. Jahrhundert.* Leipzig 1903.

Eloesser, Arthur: *Das Bürgerliche Drama. Seine Geschichte im 18. und 19. Jahrhundert.* Berlin 1898; Nachdr. Genève 1970.

Engelmann, Günther: *Das historische Drama im ausgehenden 19. Jahrhundert unter dem Zeichen des Renaissancismus und der nationalen Einigung.* Diss. München 1957.

Flatz, Roswitha: *Krieg im Frieden. Das aktuelle Militärstück auf dem Theater des deutschen Kaiserreichs.* Frankfurt/M. 1976.

Flatz, Roswitha: Das Bühnen-Erfolgsstück des 19. Jahrhunderts. In: *Handbuch des deutschen Dramas.* Hrsg. von Walter Hinck, Düsseldorf 1980, S. 301-310.

Friedmann, Siegismund: *Das Deutsche Drama des neunzehnten Jahrhunderts in sei-*

nen Hauptvertretern. Übers. von Ludwig Weger, 2 Bde. Leipzig 1900 und 1903.

Fuchs, Albert: Der Verfall der deutschen dramatischen Form im 19. Jahrhundert. In: *Bull. de la Fac. des lettres de Strasbourg* 34 (1955/56), S. 293-300.

Gaedertz, Karl Theodor: *Die plattdeutsche Komödie im neunzehnten Jahrhundert.* Hamburg 1894.

Ghirardini-Kurzweil, Susanne: *Das Theater in den politischen Strömungen der Revolution von 1848.* Diss. München 1960.

Gottschall, Rudolf von: Die dramatischen Dichter in Frankreich und Deutschland. In: R.v.G.: *Literarische Todtenklänge und Lebensfragen.* 2. Aufl. Berlin 1885.

Gottschall, Rudolf von: *Zur Kritik des modernen Dramas. Vergleichende Studien.* Berlin ²1900.

Hahm, Thomas: *Die Gastspiele des Meininger Hoftheaters im Urteil der Zeitgenossen unter besonderer Berücksichtigung der Gastspiele in Berlin und Wien.* Diss. Köln 1970.

Hein, Jürgen (Hrsg.): *Theater und Gesellschaft. Das Volksstück im 19. und 20. Jahrhundert.* Düsseldorf 1973.

Hein, Jürgen: *Das Wiener Volkstheater. Raimund und Nestroy.* Darmstadt 1978, ³1997.

Hettner, Hermann: *Das moderne Drama. Ästhetische Untersuchungen* [zuerst 1852]. Berlin 1924.

Hinck, Walter (Hrsg.): *Geschichte als Schauspiel. Deutsche Geschichtsdramen. Interpretationen.* Frankfurt/M. 1981.

Hoffmeier, Dieter: *Die Meininger – Streitfall und Leitbild. Untersuchungen zur Wirkungsgeschichte der Gastspielaufführungen eines spätfeudalen Hoftheaters.* Diss. Berlin 1988.

Holl, Karl: *Geschichte des deutschen Lustspiels.* Leipzig 1923, bes. S. 265-286 und 286-303; fotomech. Nachdr. Darmstadt 1964.

Jahn, Jürgen (Hrsg.): *Der Briefwechsel zwischen Gottfried Keller und Hermann Hettner.* Berlin (Ost) 1964.

Kaufmann, F.W.: *German Dramatists of the 19th Century.* Los Angeles 1940.

Kiefer, Sascha: *Dramatik der Gründerzeit. Deutsches Drama und Theater 1870-1890.* St. Ingbert 1997.

Kindermann, Heinz: *Theatergeschichte Europas.* Bd. 7: *Realismus.* Salzburg 1965, bes. S. 117-245.

Klaar, Alfred: *Das moderne Drama dargestellt in seinen Richtungen und Hauptvertretern.* 3 Bde. Leipzig 1883/84.

Klein, Wilhelm: *Der Preußische Staat und das Theater im Jahr 1848. Ein Beitrag zur Geschichte der Nationaltheateridee.* Berlin 1924.

Klotz, Volker: Diagnostische Bemerkungen zum Bühnenschwank am Beispiel von Labiche, Feydeau, Schönthan, Arnold/Bach und anderen. In: *Trivialliteratur.* Hrsg. von Annamaria Rucktäschel/Hans Dieter Zimmermann. München 1976, S. 205-229.

Klotz, Volker: Enge und Weite der Lokalposse. In: *Sprache im technischen Zeitalter* 1979, Heft 69, S. 78-90.

Klotz, Volker: *Bürgerliches Lachtheater. Komödie – Posse – Schwank – Operette.* München 1980, Neuausg. Reinbek 1987.

Kord, Susanne: *Ein Blick hinter die Kulissen. Deutschsprachige Dramatikerinnen im 18. und 19. Jahrhundert.* Stuttgart 1992.

Kosch, Wilhelm: *Das deutsche Theater und Drama im 19. Jahrhundert.* Leipzig 1913; 3. völlig umgearb. u. erw. Fass. u.d.T.: *Das deutsche Theater und Drama im 19. und 20. Jahrhundert.* Würzburg 1939.

Litzmann, Berthold: *Das deutsche Drama in den litterarischen Bewegungen der Gegenwart.* Hamburg 1894, [4]1897.

Löb, Ladislaus: *From Lessing to Hauptmann. Studies in German Drama.* Foxton 1974.

Lohrmann, Heinrich-Friedrich: *Die Entwicklung zur realistischen Seelenhaltung im Zeitdrama von 1840-1850.* Diss. Kiel 1931.

Martersteig, Max: *Das deutsche Theater im neunzehnten Jahrhundert. Eine kulturgeschichtliche Darstellung.* Leipzig 1904, [2]1924.

Martini, Fritz: Soziale Thematik und Formwandlungen des Dramas. In: DU 5,5 (1953), S. 73-100.

Martini, Fritz: Drama und Roman im 19. Jahrhundert. In: *Gestaltprobleme der Dichtung.* Festschrift für G. Müller. Bonn 1957, S. 207-237.

McInnes, Edward: *German Social Drama 1840-1900: From Hebbel to Hauptmann.* Stuttgart 1976.

McInnes, Edward: *Das deutsche Drama des 19. Jahrhunderts.* Berlin 1983.

Merbach, Paul Alfred: *Heinrich Marr (1797-1871). Ein Beitrag zur Geschichte des deutschen Theaters im 19. Jahrhundert.* Leipzig 1926, Nachdr. Nendeln 1978.

Meske, Gunnar: *Die Schicksalskomödie. Trivialdramatik um die Mitte des 19. Jahrhunderts am Beispiel der Erfolgsstücke von Charlotte Birch-Pfeiffer.* Diss. Köln 1972.

Meyer, Curt: *Alt-Berliner politisches Volkstheater 1848. Die Schaubühne.* 1951.

Neubuhr, Elfriede (Hrsg.): Geschichtsdrama. Darmstadt 1980 (= Wege der Forschung, Bd. 485).

Osborne, John (Hrsg.): *Die Meininger. Texte zur Rezeption.* Tübingen 1980.

Osborne, John: *The Meininger Court Theatre 1866-1890.* Cambridge 1988.

Pallus, Klaus: *Grundzüge der Dramentheorie Otto Ludwigs. Ein Beitrag zur Geschichte der bürgerlichen Literaturtheorie im 19. Jahrhundert.* Diss. Masch. Greifswald 1960.

Pargner, Birgit: *Zwischen Tränen und Kommerz. Das Rührtheater Charlotte Birch-Pfeiffers (1800-1868) in seiner künstlerischen und kommerziellen Verwertung. Quellenforschung am Handschriften-Nachlaß.* Bielefeld 1998.

Placzek, Heinz Walter: *Das historische Drama zur Zeit Hebbels.* Berlin 1928.

Richter, Renate: *Studien über das Drama des Historismus 1850-1890.* Diss. Rostock 1935.

Rommel, Otto: *Die Alt-Wiener Volkskomödie. Ihre Geschichte vom barocken Welt-Theater bis zum Tode Nestroys.* Wien 1952.

Rüden, Peter von: *Sozialdemokratisches Arbeitertheater (1848-1914). Ein Beitrag zur Geschichte des politischen Theaters.* Frankfurt/M. 1973.

Ruprecht, H.-G.: *Eugène Scribes Theaterstücke auf den Bühnen in Wien, Leipzig, Weimar und Berlin. Eine geschmackssoziologische Studie über den Erfolg der Scribeschen Theaterstücke in den deutschsprachigen Bearbeitungen des 19. Jahrhunderts.* Diss. Saarbrücken 1965.

Sauer, Klaus/Werth, German: *Lorbeer und Palme. Patriotismus in deutschen Festspielen.* München 1971, bes. S. 52-95.

Saxer, Johann U.: *Gottfried Kellers Bemühungen um das Theater. Ein Beitrag zur Problematik des deutschen Theaters im späteren 19. Jahrhundert.* Winterthur 1957.

Schanze, Helmut: Büchners Spätrezeption. Zum Problem des »modernen« Dramas in der zweiten Hälfte des 19. Jahrhunderts. In: *Gestaltungsgeschichte und Gesellschaftsgeschichte*. Hrsg. von Helmut Kreuzer. Stuttgart 1969, S. 338-351.

Schanze, Helmut: Die Anschauung vom hohen Rang des Dramas in der zweiten Hälfte des 19. Jahrhunderts und seine tatsächliche ›Schwäche‹. In: *Beiträge zur Theorie der Künste im 19. Jahrhundert*. Hrsg. von H. Koopmann u.a., Frankfurt/M. 1971, Bd. 1, S. 85-96.

Schanze, Helmut: Theorie des Dramas im ›Bürgerlichen Realismus‹. In: *Deutsche Dramentheorien. Beiträge zu einer historischen Poetik des Dramas in Deutschland.* Hrsg. von Reinhold Grimm. Frankfurt/M. 1971, Bd. 2, S. 374-393.

Schanze, Helmut: Probleme der »Trivialisierung« der dramatischen Produktion in der zweiten Hälfte des 19. Jahrhunderts. In: *Das Triviale in Literatur, Musik und bildender Kunst*. Hrsg. von Helga de la Motte-Haber. Frankfurt/M. 1972, S. 78-88.

Schanze, Helmut: *Drama im Bürgerlichen Realismus (1850-1890). Theorie und Praxis*. Frankfurt/M. 1973.

Schlenther, Paul: *Theater im 19. Jahrhundert. Ausgewählte theatergeschichtliche Aufsätze.* Hrsg. von Hans Knudsen. Berlin 1930.

Schmidt-Dengler, Wendelin: Die Unbedeutenden werden bedeutend. Anmerkungen zum Volksstück nach Nestroys Tod: Kaiser, Anzengruber und Morre. In: *Die andere Welt. Aspekte der österreichischen Literatur des 19. und 20. Jahrhunderts.* Festschrift für Hellmuth Himmel. Bern 1979, S. 133-146.

Schönert, Jörg: Zur Diskussion über das »moderne Drama« im Nachmärz (1848-1870). Realismus – Klassizität – epigonale Praxis. In: DVjs 53 (1979), S. 658-694.

Schradi, Manfred: *Gott-Mensch-Problem und Christus-Darstellung im deutschen Drama des 19. Jahrhunderts.* Diss. Freiburg 1953.

Sengle, Friedrich: *Das deutsche Geschichtsdrama*. Stuttgart 1952. 3. unveränd. Aufl. u.d.T.: *Das historische Drama in Deutschland. Geschichte eines literarischen Mythos*. Stuttgart 1974.

Siebert, Edward Henry: *A typology of Friedrich Halm's drama*. Univ. of Connecticut 1973; DA 34 (1973/74) 1868 A.

Sittenberger, Hans: *Studien zur Dramaturgie der Gegenwart. Erste Reihe: Das dramatische Schaffen in Österreich.* München 1898.

Škreb, Zdenko: Die Gesellschaft in den Dramen Eduard von Bauernfelds. In: *Zeit- und Gesellschaftskritik in der österreichischen Literatur des 19. und 20. Jahrhunderts.* Hrsg. von Institut für Österreichkunde. Wien 1973, S. 57-73.

Sprengel, Peter: *Die inszenierte Nation. Deutsche Festspiele 1813-1913.* Mit ausgewählten Texten. Tübingen 1991.

Stroka, Anna/ Szyrocki, Marian/Urbanowicz, Mieczyslaw: *Das deutsche und österreichische Drama des 19. Jahrhunderts.* Warszawa 1971.

Thalmann, Marianne: *Die Anarchie im Bürgertum. Ein Beitrag zur Entwicklungsgeschichte des liberalen Dramas.* München 1932.

Valenta, Reinhard: *Franz von Poccis Münchener Kulturrebellion. Alternatives Theater in der Zeit des bürgerlichen Realismus.* München 1991.

Weier, Winfried: Entwicklungsphasen des Todesproblems in der deutschen Tragödie zwischen Idealismus und Realismus. In: *Literaturwissenschaftliches Jahrbuch* N.F. 5 (1964), S. 143-175.

Wiese, Benno von: *Die deutsche Tragödie von Lessing bis Hebbel* [zuerst 1948]. Hamburg [8]1973.

Wiese, Benno von (Hrsg.): *Deutsche Dramaturgie des 19. Jahrhunderts.* Tübingen 1969.
Witkowski, Georg: *Das deutsche Drama des neunzehnten Jahrhunderts in seiner Entwicklung dargestellt.* Leipzig ⁴1913.
Ziegler, Klaus: Das deutsche Drama der Neuzeit. In: *Deutsche Philologie im Aufriß,* 2. Aufl. Berlin 1960, Bd. 2, Sp, 1997-2350.
Ziegler, Klaus: Stiltypen des deutschen Dramas im 19. Jahrhundert. In: *Formkräfte der deutschen Dichtung vom Barock bis zur Gegenwart.* Göttingen 1963, S. 141 164.

5.3.2.1 Hebbel

Aust, Hugo: Hebbel aus realistischer Sicht (am Beispiel von Theodor Fontanes Kritik über *Herodes und Mariamne*). In: *Hebbel-Jahrbuch* 51 (1996), S. 49-63.
Heald, David: Hebbel's conception of realism. In: *New German Studies* 1 (1973), S. 15-27.
Ritzer, Monika: Hebbels Tragödie der Notwendigkeit und die Poetik des realistischen Dramas. In: *Studien zur Literatur des Frührealismus.* Hrsg. von Günter Blamberger u.a. Frankfurt/M. 1991, S. 77-118.
Thomsen, Hargen: Hebbel und der Realismus. In: *Hebbel-Jahrbuch* 50 (1995), S. 115-153.

5.3.2.2 Ludwig

Ricklefs, Ulfert: Otto Ludwigs Dramentheorie. Zum Problem der Kontinuität zwischen Frührealismus und poetischem Realismus. In: *Studien zur Literatur des Frührealismus.* Hrsg. von Günter Blamberger u.a. Frankfurt/M. 1991, S. 45-76.
Rüsing, Hans-Peter: *Otto Ludwigs Agnes-Bernauer-Fragmente. Zur Krise des Dramas im bürgerlichen Realismus.* Frankfurt/M. 1994.

5.3.3 Lyrik

Aleksandrowicz, Jzsabela: Die deutsche Lyrik des Realismus in der Zwischenkriegszeit in Polen. In: *Germanica Wratislaviensia* 27 (1976), S. 213-218.
Anderle, Martin: *Deutsche Lyrik des 19. Jahrhunderts. Ihre Bildlichkeit: Metapher – Symbol – Evokation.* Bonn 1981.
Bark, Joachim: *Der Wuppertaler Dichterkreis. Untersuchungen zum Poeta Minor im 19. Jahrhundert.* Bonn 1969.
Berger, Kurt: *Das schöpferische Erleben des lyrischen Dichters in der Nachfolge Goethes.* Marburg 1951.
Birk, B.: *Ein Jahrhundert schwäbischer politischer und patriotischer Dichtung.* Diss. München 1927.
Böckmann, Paul: Wandlungen der Ausdruckssprache in der deutschen Lyrik des 19. Jahrhunderts. In: *Langue et littérature.* Actes du VIIIe Congrès de la

Fédération Internationale des Langues et Littératures Modernes, vol. 21, Université de Liège 1961, S. 61-82.

Böckmann, Paul: Deutsche Lyrik im 19. Jahrhundert. In: *Formkräfte der deutschen Dichtung vom Barock bis zur Gegenwart.* Göttingen 1963, S. 165-186.

Broecker, A.: *Die Wirkung der deutschen Revolution auf die Dichtung der Zeit mit besonderer Berücksichtigung der politischen Lyrik.* Diss. Bonn 1912.

Closs, August: Die neuere deutsche Lyrik vom Barock bis zur Gegenwart. In: *Deutsche Philologie im Aufriß*, 2. Aufl., Bd. 2, Berlin 1960, Sp. 133-348.

Deutschland Deutschland. Politische Gedichte vom Vormärz bis zur Gegenwart. Bremen 1969.

Erbe, Hans Walter: Die bürgerliche Lyrik des späten 19. Jahrhunderts. In: *Die Sammlung.* Zt. f. Kultur u. Erziehung 3 (1948), S. 471-480.

Ermatinger, Emil: *Die deutsche Lyrik seit Herder. Bd. 3: Vom Realismus bis zur Gegenwart.* 2. Aufl. Leipzig 1925.

Forster, Franz: Theodor Storms ›Meeresstrand‹ und ›Die Stadt‹. Probleme der Lyrikdefinition. – Zur Gattungspoetik und einigen Fragen ihrer Systematik. In: *Jahrbuch der Grillparzer-Gesellschaft* 12 (1976), S. 27-37.

Gaster, Bernhard: *Die deutsche Lyrik in den letzten fünfzig Jahren. Neun Vorträge.* Wolfenbüttel 1905.

Giroday, Wronique de la: *Die Übersetzertätigkeit des Münchner Dichterkreises.* Wiesbaden 1978.

Grab, Walter/Friesel, Uwe (Hrsg.): *Noch ist Deutschland nicht verloren. Eine historisch-politische Analyse unterdrückter Lyrik von der Französischen Revolution bis zur Reichsgründung.* München 1970.

Häntzschel, Günter: »In zarte Frauenhand. Aus den Schätzen der Dichtkunst.« Zur Trivialisierung der Lyrik in der zweiten Hälfte des 19. Jahrhunderts. In: ZfdPh 99 (1980), S. 199-226.

Häntzschel, Günter: Lyrik und Lyrikmarkt in der zweiten Hälfte des 19. Jahrhunderts. Forschungsbericht und Projektskizzierung. In: IASL 7 (1982), S. 199-246.

Häntzschel, Günther (Hrsg.): *Gedichte und Interpretationen. Bd. 4: Vom Biedermeier zum Bürgerlichen Realismus.* Stuttgart 1984.

Häntzschel, Günter: *Bibliographie der deutschsprachigen Lyrikanthologien.* 1840-1914. 2 Bde., München 1991.

Häntzschel, Günter: *Die deutschsprachigen Lyrikanthologien 1840 bis 1914. Sozialgeschichte der Lyrik des 19. Jahrhunderts.* Wiesbaden 1997.

Häntzschel, Günter (Hrsg.): *Gefühl und Reflexion: Studien zu Friedrich Hebbels Lyrik.* Neuried 1997.

Henel, Heinrich: Erlebnisdichtung und Symbolismus. In: DVjs 32 (1958), S. 71-98; wiederabgedr. in: *Zur Lyrik-Diskussion.* Hrsg. von Reinhold Grimm. Darmstadt 1966, S. 218-254.

Hess, Günther: Allegorie und Historismus. Zum ›Bildgedächtnis‹ des späten 19. Jahrhunderts. In: *Verbum et signum.* Hrsg. von Hans Fromm u.a. München 1975, Bd. 1, S. 555-591.

Hinck, Walter: Epigonendichtung und Nationalidee. Zur Lyrik Emanuel Geibels. In: ZfdPh 85 (1966), S. 267-284.

Hollander, Brigitte von: *Die Theorie der Lyrik von Hebbel bis Liliencron.* Diss. Jena 1943.

Jahn, D.: *Die Entwicklung der Gegenständlichkeit in der deutschen Lyrik des 19. Jahrhunderts.* Diss. Masch. Jena 1953.

Kaiser, Gerhard: *Geschichte der deutschen Lyrik von Heine bis zur Gegenwart.* 3 Teile, Frankfurt/M. 1991.

Kaiser, Herbert: Die ästhetische einheit der lyrik Geibels. In: WW 27 (1977), S. 244-257.

Killy, Walther: *Wandlungen des lyrischen Bildes.* Göttingen ³1961, bes. S. 94-115.

Koopmann, Helmut: Die Vorteile des Sprachverfalls. Zur Sprache der Lyrik im 19. Jahrhundert. In: *Das 19. Jahrhundert. Sprachgeschichtliche Wurzeln des heutigen Deutsch.* Hrsg. von Rainer Wimmer. Berlin 1991, S. 307-324.

Krausnick, Michael: *Paul Heyse und der Münchner Dichterkreis.* Bonn 1974

Mahal, Günther (Hrsg.): *Lyrik der Gründerzeit.* Tübingen 1973.

Mahr, Johanna (Hrsg.): ›*Die Krokodile‹. Ein Münchner Dichterkreis. Texte und Dokumente.* Stuttgart 1987.

Martini, Fritz: Spätzeitlichkeit in der Literatur des 19. Jahrhunderts. Überlegungen zu einem Problem der Forschungsgeschichte. In: *Stoffe Formen Strukturen. Studien zur deutschen Literatur.* Festschrift für Hans Heinrich Borcherdt. München 1962, S. 440-470.

Martini, Fritz: Theodor Storms Lyrik. Tradition – Produktion – Rezeption. In: *Schriften der Theodor-Storm-Gesellschaft* 23 (1974), S. 9-27.

Müller, Günther: *Geschichte des deutschen Liedes vom Zeitalter des Barock bis zur Gegenwart.* München 1925; fotomech. Nachdr. Bad Homburg v.d.H. 1959.

Müller, Harro: *Theodor Storms Lyrik.* Bonn 1975.

Neumann, Rolf: *Die deutsche Kriegsdichtung von 1870/71.* Breslau 1911.

Oppert, Kurt: Das Dinggedicht. Eine Kunstform bei Mörike, Meyer und Rilke. In: DVjs 4 (1926), S. 747-783.

Pestalozzi, Karl: *Die Entstehung des lyrischen Ich.* Berlin 1970.

Petzet, Christian: *Die Blütezeit der deutschen politischen Lyrik von 1840 bis 1850. Ein Beitrag zur deutschen Literatur- und Nationalgeschichte.* München 1902.

Prel, Carl du: *Psychologie der Lyrik. Beiträge zur Analyse der dichterischen Phantasie.* Leipzig 1880.

Rademacher, Gerhard: *Technik und industrielle Arbeitswelt in der deutschen Lyrik des 19. und 20. Jahrhunderts. Versuch einer Bestandsaufnahme.* Bern 1976.

Reich-Ranicki, Marcel (Hrsg.): *1000 Deutsche Gedichte und ihre Interpretationen.* Bd 4: *Von Heinrich Heine bis Friedrich Nietzsche.* Frankfurt/M. ²1995.

Richter, Karl: Die späte Lyrik Theodor Fontanes. In: *Fontane aus heutiger Sicht. Analysen und Interpretationen seines Werks. Zehn Beiträge.* Hrsg. von Hugo Aust. München 1980, S. 118-142.

Rieger, Burghard: *Poetae studiosi. Analysen studentischer Lyrik des 19. und 20. Jahrhunderts. Ein Beitrag zur exaktwissenschaftlichen Erforschung literarischer Massenphänomene.* Frankfurt/M. 1970.

Rischke, Anne-Susanne: *Die Lyrik in der »Gartenlaube« 1853-1903. Untersuchungen zu Thematik, Form und Funktion.* Diss. Frankfurt/M. 1982.

Ruprecht, Dorothea: *Untersuchungen zum Lyrikverständnis in Kunsttheorie, Literarhistorie und Literaturkritik zwischen 1830 und 1860.* Göttingen 1987 (= Palaestra, Bd. 281).

Schlaffer, Heinz: Das Dichtergedicht im 19. Jahrhundert. Topos und Ideologie. In: JDSG 10 (1966), S. 297-335.

Schlaffer, Heinz: *Lyrik im Realismus. Studien Über Raum und Zeit in den Gedichten Mörikes, der Droste und Liliencrons.* Bonn 1966, ³1984.

Schönert, Jörg: Die populären Lyrik-Anthologien in der zweiten Hälfte des 19. Jahrhunderts. Zum Zusammenhang von Anthologiewesen und Trivialliteraturforschung. In: *Sprachkunst* 9 (1978), S. 272-299.

Schwab, Heinrich W.: Das Vereinslied des 19. Jahrhunderts. In: *Handbuch des Volksliedes*. Hrsg. von Rolf Wilhelm Brednich u.a. München 1973, Bd. 1, S. 863-898.

Segebrecht, Wulf: *Das Gelegenheitsgedicht. Ein Beitrag zur Geschichte und Poetik der deutschen Lyrik*. Stuttgart 1977.

Selbmann, Rolf: *Die simulierte Wirklichkeit. Zur Lyrik des Realismus*. Bielefeld 1999.

Sengle, Friedrich: Storms lyrische Eigenleistung. Abgrenzung von anderen großen Lyrikern des 19. Jahrhunderts. In: *Schriften der Theodor-Storm-Gesellschaft* 28 (1979), S. 9-33.

Spiero, Heinrich: *Geschichte der deutschen Lyrik seit Claudius*. Leipzig 1908, ²1915.

Wieland, Klaus: *Der Strukturwandel in der deutschsprachigen Lyrik vom Realismus zur frühen Moderne*. Bonn 1996.

Wiese, Benno von: *Politische Dichtung in Deutschland*. Berlin 1931.

Wiese, Benno von (Hrsg.): *Die deutsche Lyrik*. Bes.: »Von der Nachromantik zum Realismus«, Bd. 2, Düsseldorf 1964.

Zimmer, Hasko: *Auf dem Altar des Vaterlands. Religion und Patriotismus in der deutschen Kriegslyrik des 19. Jahrhunderts*. Frankfurt/M. 1971.

Ballade

Benzmann, Hans: *Die soziale Ballade in Deutschland. Typen, Stilarten und Geschichte*. München 1912

Bianchi, Lorenzo: *Von der Droste bis Liliencron. Beiträge zur deutschen Novelle und Ballade*. Neudr. Leipzig 1932.

Braungart, Wolfgang (Hrsg.): *Bänkelsang. Texte – Bilder – Kommentare*. Stuttgart 1985.

Fischer, Gertrud: *Der Verfall des Gehaltes der heldischen Ballade von Strachwitz und Fontane zu den Epigonen (1840-1880)*. Diss. Masch. München 1958.

Gottschalk, Hanns: *Strachwitz und die Entwicklung der heldischen Ballade*. 1940.

Grimm, Gunter E. (Hrsg.): *Deutsche Balladen*. Stuttgart 1988.

Hinck, Walter: *Die deutsche Ballade von Bürger bis Brecht. Kritik und Versuch einer Neuorientierung*. Göttingen 1968, ²1972.

Hirschenauer, Rupert/Weber Albrecht (Hrsg.): *Wege zum Gedicht*. Bd. 2: *Interpretationen von Balladen*. München 1964.

Kampe, Konrad: *Hebbels Balladen*. Hamburg 1937.

Kayser, Wolfgang: *Geschichte der deutschen Ballade*. Berlin 1936.

Kohler, Ernst: *Die Balladendichtung im Berliner »Tunnel über der Spree«*. Berlin 1940.

Laufhütte, Hartmut: *Die deutsche Kunstballade. Grundlegung einer Gattungsgeschichte*. Heidelberg 1979.

Stolte, Heinz: Hebbels Balladen. Requiem auf eine ausgestorbene Dichtart. In: *Hebbel Jahrbuch* 1974, S. 11-43.

Weißert, Gottfried: *Ballade*. Stuttgart/Weimar ²1992 (= Sammlung Metzler, Bd. 192).

5.3.4 Verserzählung

Ahlers, Nicole: *Das deutsche Versepos zwischen 1848 und 1914.* Frankfurt/M.
   1998.
Arndt, Johanna: *Das kulturgeschichtliche Epos bei A. F. v. Schack. H. Hart und J.
   Pape.* Diss. Königsberg 1928.
Aust, Hugo: Die Mythisierung der Gründungsidee. Robert Hamerlings ›Homun-
   kulus‹ auf dem Hintergrund der epischen Produktion um 1870. In: *Mythos und
   Mythologie in der Literatur des 19. Jahrhunderts.* Hrsg. von H. Koopmann.
   Frankfurt/M. 1979, S. 263-275.
Brinkmann Scheihing, Beatriz: *Spanische Romanzen in der Übersetzung von Diez,
   Geibel und von Schack. Analyse und Vergleich.* Marburg 1975.
Dohn, Walter: *Das Jahr 1848 im deutschen Drama und Epos.* Breslau 1912.
Hirschstein, Hans: *Die französische Revolution im deutschen Drama und Epos nach
   1815.* Stuttgart 1912.
Jäger, Georg: Die Gattungsrestauration am Beispiel des Epos. In: *Realismus und
   Gründerzeit,* Bd. 1, S. 151-159.
Kühnel, Jürgen: Nationale Versepik. In: Glaser 1982, S. 282-289.
Lechner, Manfred: *Joseph Victor von Scheffel. Eine Analyse seines Werks und seines
   Publikums.* Diss. München 1962.
Locher, Kaspar T.: Gottfried Kellers »Der Apotheker von Chamounix«. Versuch
   einer Rettung. In: JDSG 16 (1972), S. 483-515.
Maiworm, Heinrich: Epos der Neuzeit. In: *Deutsche Philologie im Aufriß,* 2. Aufl.
   Bd. 2, Berlin 1960, Sp. 685-748.
Schueler, H.J.: *The German verse epic in the nineteenth and twentieth centuries.* The
   Hague 1967.
Taube, René: Paradise Lost Forever. A Study of the German Philosophical Epics
   in the Nineteenth Century. In: GR 35 (1960), S. 185-201.
Ueding, Gert: *Wilhelm Busch. Das 19. Jahrhundert en miniature.* Frankfurt/M.
   1977.
Winterscheidt, Friedrich: *Deutsche Unterhaltungsliteratur der Jahre 1850-1860.*
   Bonn 1970, bes. S. 205 ff.
Zäch, Alfred: *Conrad Ferdinand Meyers Dichtung »Engelberg« und die Verserzäh-
   lung des 19. Jahrhunderts.* Zürich 1971.

5.3.5 Unterhaltungs-, Trivial- und Kolportageliteratur

Baumbach, Karl: *Der Colportagebuchhandel und die Gewerbenovelle.* Berlin 1883.
Bollenbeck, Georg: »Mich lockt der Wald mit grünen Zweigen aus dumpfer Stadt
   und trüber Luft«. Zu Trivialisierungstendenzen des Wanderermotivs in der Ly-
   rik des 19. Jahrhunderts. In: *Sprachkunst* 9 (1978), S. 241-271.
Carter, T.E.: Freytag's »Soll und Haben«; A Liberal National Manifesto as a Best-
   Seller. In: GLL 21 (1967/68), S. 320-329.
Denkler, Horst: Volkstümlichkeit, Popularität und Trivialität in den Revolutionslustspielen der Berliner Achtundvierziger. In: *Popularität und Trivialität.* Hrsg.
   von R. Grimm/ J. Hermand. Frankfurt/M. 1974, S. 77-100.
Edler, Erich: *Die Anfänge des sozialen Romans und der sozialen Novelle in Deutsch-
   land.* Frankfurt 1977.

Fetzer, Günther, Schönert, Jörg: Zur Trivialliteraturforschung 1861-1976. In: IASL 2 (1977), S. 1-39.

Foltin, Hans Friedrich: Zur Erforschung der Unterhaltungs- und Trivialliteratur, insbesondere im Bereich des Romans. In: *Studien zur Trivialliteratur*. Hrsg. von Heinz Otto Burger. Frankfurt/M. 1968, S. 242-270.

Häntzschel, Günter: »In zarte Frauenhand. Aus den Schätzen der Dichtkunst.« Zur Trivialisierung der Lyrik in der zweiten Hälfte des 19. Jahrhunderts. In: ZfdPh 99 (1980), S. 199-226.

Hilscher, Elke: *Der Bilderbogen im 19. Jahrhundert.* München 1977.

Horovitz, Ruth: *Vom Roman des Jungen Deutschland zum Roman der Gartenlaube. Ein Beitrag zur Geschichte des deutschen Liberalismus.* Breslau 1937.

Hügel, Hans-Otto: *Untersuchungsrichter, Diebsfänger, Detektive. Theorie und Geschichte der deutschen Detektiverzählung im 19. Jahrhundert.* Stuttgart 1978.

Kazmaier, Martin: Harfenklänge – Anmerkungen zu Melancholie und Eskapismus des deutschen Bürgertums. In: *Rhetorik, Ästhetik, Ideologie. Aspekte einer kritischen Kulturwissenschaft.* Stuttgart 1973, S. 277-317.

Kienzle, Michael: *Der Erfolgsroman. Zur Kritik seiner poetischen Ökonomie bei Gustav Freytag und Eugenie Marlitt.* Stuttgart 1975.

Klein, Albert: *Die Krise des Unterhaltungsromans im 19. Jahrhundert. Ein Beitrag zur Theorie und Geschichte der ästhetisch geringwertigen Literatur.* Bonn. 1969.

Klotz, Volker: *Abenteuer-Romane. Sue, Dumas, Ferry, Retcliffe, May, Verne.* München 1979.

Kreuzer, Helmut: Trivialliteratur als Forschungsproblem. Zur Kritik des deutschen Trivialromans seit der Aufklärung. In: H.K.: *Veränderungen des Literaturbegriffs.* Göttingen 1975, S. 7-26.

Langenbucher, Wolfgang: *Der aktuelle Unterhaltungsroman. Beiträge zu Geschichte und Theorie der massenhaft verbreiteten Literatur.* Bonn 1964, bes. S. 66-88.

Langenbucher, Wolfgang E.: Robert Prutz als Theoretiker und Historiker der Unterhaltungsliteratur. Eine wissenschaftsgeschichtliche Erinnerung. In: *Studien zur Trivialliteratur.* Hrsg. von H.O. Burger. Frankfurt/M. 1968, S. 117-136.

Morciniec, Dorota: Das Aschenbrödel in der ›Gartenlaube‹. Ein Beitrag zum bürgerlichen Trivialroman. In: *Germanica Wratislaviensia* 27 (1976), S. 137-148.

Mosse, George L.: Was die Deutschen wirklich lasen. Marlitt, May, Ganghofer. In: *Popularität und Trivalität*, 1974, S. 101-120.

Oberembt, Gert: Konfessionelle Belletristik im Spiegel der Kritik. Studien zur Rezeption der katholischen Zeitromane Ida Hahn-Hahns in der 2. Hälfte des 19. Jahrhunderts. In: *Kleine Beiträge zur Droste-Forschung* 3 (1974/75), S. 72-106.

Radeck, H.: *Zur Geschichte von Roman und Erzählung in der »Gartenlaube« (1853-1914). Heroismus und Idylle als Instrument nationaler Ideologie.* Diss. Erlangen-Nürnberg 1967.

Rosenstrauch, Hazel E.: Zum Beispiel Die Gartenlaube. In: *Trivialliteratur.* Hrsg. von A. Rucktäschel/H.D. Zimmermann. München 1976, S. 169-189.

Schenda, Rudolf: *Volk ohne Buch. Studien zur Sozialgeschichte der populären Lesestoffe 1770-1910.* Frankfurt/M. 1970.

Schenda, Rudolf: *Die Lesestoffe der Kleinen Leute. Studien zur populären Literatur im 19. und 20. Jahrhundert.* München 1976.

Schönert, Jörg: Die populären Lyrik-Anthologien in der zweiten Hälfte des 19. Jahrhunderts. Zum Zusammenhang von Anthologiewesen und Trivialliteraturforschung. In: *Sprachkunst* 9 (1978), S. 272-299.

Sichelschmidt, Gustav: *Liebe, Mord und Abenteuer. Eine Geschichte der deutschen Unterhaltungsliteratur.* Berlin 1969.

Škreb, Zdenko/Baur, Uwe (Hrsg.): *Gattungen der Trivialliteratur*. Kronberg 1978.
Steinbrink, Bernd: *Abenteuerliteratur des 19. Jahrhunderts in Deutschland*. Tübingen 1983.
Winterscheidt, F.: *Deutsche Unterhaltungsliteratur der Jahre 1850-1860*. Bonn 1970.
Wiora, Walter: Der Trend zum Trivialen im 19. Jahrhundert. Ein kulturgeschichtliches Nachwort. In: *Das Triviale in Literatur, Musik und bildender Kunst*. Hrsg. von Helga de la Motte-Haber. Frankfurt/M. 1972, S. 261-290.

5.3.6 Die Realisten

5.3.6.1 von Ebner-Eschenbach

Brankamp, Agatha C.: *Marie von Ebner-Eschenbach. The author, her time, and her critics*. Bonn 1990.
Gorla, Gudrun: *Marie von Ebner-Eschenbach: 100 Jahre später. Eine Analyse aus der Sicht des ausgehenden 20. Jahrhunderts mit Berücksichtigung der Mutterfigur, der Ideologie des Matriarchats und formaler Aspekte*. Bern 1999.
Polheim, Karl Konrad (Hrsg.): *Marie von Ebner-Eschenbach*. Bern 1994.
Steiner, Carl: *Of reason and love. The life and works of Marie von Ebner-Eschenbach*. Riverside Cal. 1994.

5.3.6.2 Fontane

Fontane Blätter Bd. 1 ff. 1965 ff.
Aust, Hugo: *Theodor Fontane. Ein Studienbuch*. Tübingen 1998.
Chambers, Helen: *The Changing Image of Theodor Fontane*. Columbia 1997.
Grawe, Christian/Nürnberger, Helmuth (Hrsg.): *Fontane-Handbuch*. Stuttgart 2000.
Jolles, Charlotte: *Theodor Fontane*. Stuttgart/Weimar [4]1993 (= Sammlung Metzler, Bd. 114).
Nürnberger, Helmuth: *Fontanes Welt*. Berlin 1997.

5.3.6.3 von François

Fox, Thomas C.: *Louise von François and ›Die letzte Reckenburgerin‹. A feminist reading*. New York 1988.
Scheidemann, Uta: *Die Wunschbiographien der Louise von François. Dichtung und prosaische Lebenswirklichkeit im 19. Jahrhundert*. Frankfurt/M. 1993.
Schuch, Uta: *»Die im Schatten stand«. Studien zum Werk einer vergessenen Schriftstellerin: Louise von François*. Stockholm 1994.

5.3.6.4 Freytag

Herrmann, Renate: *Gustav Freytag. Bürgerliches Selbstverständnis und preußisch-deutsches Nationalbewußtsein.* Diss. Würzburg 1974.

Ping, Larry L.: *Gustav Freytag and the Prussian gospel. Novels, liberalism and history.* Ann Arbor, Mich. 1994.

Wicke, Richard: *Gustav Freytags Romane ›Soll und Haben‹ und ›Die verlorene Handschrift‹: ein Beitrag zur Geschichte des Gesellschaftsromans im 19. Jahrhundert.* Diss. Masch. Würzburg 1949.

5.3.6.5 Keller

Boeschenstein, Hermann: *Gottfried Keller.* Stuttgart [2]1977.

Bomers, Jost: Realismus versus Romantik. Kellers ›Pankraz‹ als realistischer ›Anti-Taugenichts‹. In: WW 43 (1993), S. 197-212.

Graef, Eva: *Martin Salander. Politik und Poesie in Gottfried Kellers Gründerzeitroman.* Würzburg 1992.

Kaiser, Gerhard: *Gottfried Keller. Das gedichtete Leben.* Frankfurt/M. 1981.

Metz, Klaus-Dieter: *Gottfried Keller.* Stuttgart 1995.

5.3.6.6 Ludwig

Lillyman, William: *Otto Ludwig's ›Zwischen Himmel und Erde‹. A Study of its Artistic Structure.* The Hague 1967.

Pilling, Claudia (Hrsg.): *Otto Ludwig. Das literarische und musikalische Werk.* Frankfurt/M. 1999.

Ricklefs, Ulfert: Otto Ludwigs Dramentheorie. Zum Problem der Kontinuität zwischen Frührealismus und poetischem Realismus. In: *Studien zur Literatur des Frührealismus.* Hrsg. von Günter Blamberger u.a. Frankfurt/M. 1991, S. 45-76.

5.3.6.7 Marlitt

Arens, Hans: *E. Marlitt. Eine kritische Würdigung.* Trier 1994.

Brauer, Cornelia: *Eugenie Marlitt – Bürgerliche, Christin, Liberale, Autorin. Eine Analyse ihres Werkes im Kontext der ›Gartenlaube‹ und der Entwicklung des bürgerlichen Realismus.* Diss. Erfurt, Mühlhausen 1994.

Schönberg, Jutta: *Frauenrolle und Roman. Studien zu den Romanen der Eugenie Marlitt.* Frankfurt/M. 1986.

5.3.6.8 Meyer

Bünter, Jean P.: »Lebendig abgeschieden«. C.F. Meyers Berglyrik sub specie mortis. Biographie und Metaphantasie. Bern 1991.

Fehr, Karl: Conrad Ferdinand Meyer. Stuttgart [2]1980 (= Sammlung Metzler, Bd. 102).

Gerlach, U. Henry: Conrad-Ferdinand-Meyer-Bibliographie. Tübingen 1994.

Laumont, Christoph: Jeder Gedanke als sichtbare Gestalt. Formen und Funktionen der Allegorie in der Erzähldichtung Conrad Ferdinand Meyers. Göttingen 1997.

Osborne, John: Vom Nutzen der Geschichte. Studien zum Werk von Conrad Ferdinand Meyer. Paderborn 1994.

Sand, Christian: Anomie und Identität. Zur Wirklichkeitsproblematik in der Prosa von Conrad Ferdinand Meyer. Stuttgart 1980.

5.3.6.9 Raabe

Jahrbuch der Raabe-Gesellschaft 1960 ff.

Bertschik, Julia: Maulwurfsarchäologie. Zum Verhältnis von Geschichte und Anthropologie in Wilhelm Raabes historischen Erzähltexten. Tübingen 1995.

Denkler, Horst: Wilhelm Raabe. Legende – Leben – Literatur. Tübingen 1989.

Fuld, Werner: Wilhelm Raabe. Eine Biographie. München 1993.

Hampl, Ingeborg: »Grenzfälle«. Familien- und Sozialstrukturen im Erzählwerk Wilhelm Raabes. Passau 1995.

Helmers, Hermann: Wilhelm Raabe. Stuttgart [2]1978 (= Sammlung Metzler, Bd. 71).

Lensing, Leo A., Peter, Hans-Werner (Hrsg.): Wilhelm Raabe. Studien zu seinem Leben und Werk. Braunschweig 1980.

Meyer-Krentler, Eckardt: »Unterm Strich«. Literarischer Markt, Trivialität und Romankunst in Raabes ›Der Lar‹. Paderborn 1986.

Roebling, Irmgard: Wilhelm Raabes doppelte Buchführung. Paradigma einer Spaltung. Tübingen 1988.

Sammons, Jeffrey L.: The shifting fortunes of Wilhelm Raabe. A history of criticism as a cautionary tale. Columbia, SC 1992.

Vormweg, Uwe: Wilhelm Raabe. Die historischen Romane und Erzählungen. Paderborn 1993.

5.3.6.10 von Saar

Bergel, Kurt (Hrsg.): Ferdinand von Saar. Zehn Studien. Riverside, Calif. 1995.

Klauser, Herbert: Ein Poet aus Österreich. Ferdinand von Saar – Leben und Werk. Wien 1990.

5.3.6.11 Spielhagen

Fischerbacher-Bosshardt, Andrea: *Anfänge der modernen Erzählkunst. Untersuchungen zu Friedrich Spielhagens theoretischem und literarischem Werk.* Bern 1988.

Lamers, Henrike: *Held oder Welt? Zum Romanwerk Friedrich Spielhagens.* Bonn 1991.

Rebing, Günther: *Der Halbbruder des Dichters. Friedrich Spielhagens Theorie des Romans.* Frankfurt 1972.

5.3.6.12 Stifter

Adalbert Stifter-Institut. Vierteljahrsschrift 1952 ff.

Begemann, Christian: *Die Welt der Zeichen. Stifter-Lektüren.* Stuttgart 1995.

Naumann, Ursula: *Adalbert Stifter.* Stuttgart 1979 (= Sammlung Metzler, Bd. 186).

5.3.6.13 Storm

Schriften der Theodor-Storm-Gesellschaft 1952 ff.

Bollenbeck, Georg: *Theodor Storm. Eine Biographie.* Frankfurt/M. 1988.

Choi, Byungje: *Realismus und Lyrik. Untersuchungen zum Gedichtwerk Theodor Storms.* Diss. Passau 1994.

Coghlan, Brian, Laage, Karl-Ernst (Hrsg.): *Theodor Storm und das 19. Jahrhundert.* Berlin 1989.

Fasold, Regina: *Theodor Storm.* Stuttgart/Weimar 1997 (= Sammlung Metzler, Bd. 304).

Personenregister

Sammlung Metzler

Printed in the United States
By Bookmasters